BENVENUTI

(WILLKOMMEN)

Sardinien

Draußen mehr erleben

mit MARCO POLO Autor Timo Lutz

Vor gut zwei Jahrzehnten ist der gebürtige Schwabe Timo Lutz in seine Wahlheimat Sardinien ausgewandert und hat inzwischen wohl jede Bucht besucht und jeden Berg erklommen. Komm mit auf seine Trauminsel und erlebe, warum Sardinien nicht nur Sand und Strand, sondern auch Berg, Tal, wilde Natur und jede Menge spannende Kultur und Hammer-Sonnenuntergänge bedeutet.

INHALTSVERZEICHNIS
*OUTDOOR GUIDE SARDINIEN

Nordosten

Nordwesten

Landesinnere Nord

Ostküste

Landesinnere Süd

Südliche Küste

DIGITALES EXTRA

GPX-Tracks als Download zur einfachen Orientierung
QR-Code scannen oder über Website short.travel/4y5kl herunterladen

Legende

Aktivitäten

🚶 Zu Fuß
🚴 Mit dem Fahrrad
〰 Am & im Wasser
🤽 Fun & Action
🌿 Naturerlebnis
❄ Wintersport

⭐ Outdoor-Highlight
🍴 Lokale Spezialitäten
ℹ Serviceangaben
🕐 Beste Zeit
⚙ Ausrüstung
📍 GPS-Koordinaten

Preise Aktivitäten/pro Erw.

€   bis 10 €
€€   bis 25 €
€€€ über 25 €

Preise Unterkunft/pro DZ

€   bis 75 €
€€   bis 150 €
€€€ über 150 €

Das Beste zuerst

Rund um den alten Wachturm von Isola Rossa (Ostküste) blüht zwischen April und Mai purpur die Mittagsblume

BEST OF ENTSPANNT
*TYPISCHES FÜR GENIESSER

Windiges Wandererlebnis am Capo Testa – am besten im Frühjahr oder Herbst, wenn es noch nicht so heiß ist

Viel Grün in der urbanen Wüste

Das Schönste aus allen Kontinenten gedeiht mitten in den Häuserschluchten von Cagliari. Riesige Gummibäume, ganze Mauern aus Kakteenstauden, in Reih und Glied aufgeräumte Vasen und Töpfe – dazu kaum Besucher, plätschernde Quellen und eine herrliche Ruhe: Die hupenden Autokolonnen der chaotischen Mini-Metropole scheinen in weite Ferne zu rücken.
→ S. 164 Südliche Küste

Entspannen auf der grünen Wiese

Ab ins wohlig dampfende Blubberwasser auf der Schafweide! Aber bitte immer den Weidezaun schließen, denn dieses Wellness-Erlebnis ist Selbstverpflichtung, die nur funktioniert, weil jeder mitmacht! Landluft und 35 Grad heißes Schwefelwasser gibt es für lau bei Benetutti in Zentralsardinien.
→ S. 110 Landesinneres Nord

Zwischen Steinungeheuern und Hippie-Stränden spazieren

Ein Leuchtturm an Sardiniens Nordspitze hat es um sich: Ringsherum stapeln sich wunderbare Granit-steinskulpturen in einmaligen Formen auf dem Felskap von Capo Testa. Genieße die steife Brise, die hier an der Straße von Bonifacio eigentlich immer weht. Auf einem Küstenspaziergang kannst du ausspannen und anschließend wie die Hippies in den 1970er-Jahren im magischen Mondtal meditieren.
→ S. 76 Nordosten

Zur einsamen Landkapelle kraxeln

Ob nun heiliger Ort oder nur meditative Stille: Wenn du bei Luogosanto zu der kleinen Landkapelle wanderst, ist innehalten angesagt. So schön ist die Ruhe und die Aussicht auf das Bergplateau hier!
→ S. 107 Landesinneres Nord

Zu Wildpferden mit dem Drahtesel

Ganz entspannt auf zwei Rädern können Groß & Klein durch Sardiniens Wildpferdereservat radeln. Auf einer im Sommer hitzegeplagten Hochebene hat sich eine uralte Mini-Rasse von Wildpferden erhalten, die sich gar nicht scheu erleben lassen.
→ S. 184 Landesinneres Süd

BEST OF ADRENALINKICK
*DIE EXTRAPORTION ACTION

Immer besten Wind im Segel: Perfekte Bedingungen zum Surfen und Kiten findest du in Porto Pollo

Sturzbach und Seil

Richtig spektakulär seilst du dich bei einer Canyoning-Tour im Rio Pitrisconi im unzugänglichen Bergland von San Teodoro auf natürlichen Wasserrutschen in eiskalte Badebecken ab. Allein schon die Anfahrt zum rauschenden Rinnsal ist abenteuerlich und hat es in sich!

→ S. 88 Nordosten

Zipline und zerfurchter Granit

Funsportparadies für Hasenfüße: Bei Arzachena kannst du ohne überproportionale Anstrengung über den Granit schweben! Und dich danach auf der Yoga-Plattform wieder auf den Boden der Tatsachen zurückbeamen.

→ S. 81 Nordosten

Schwerelos zum Sonnenuntergang

Mit dem Gleitschirm Richtung Meer gleiten: Das geht in spektakulärer Kulisse bei Castelsardo! Die Thermik gibt den Takt vor, aber mit etwas Glück kannst du dem gleißenden Sonnenlicht entgegengleiten. Das Ganze natürlich ganz entspannt: Du hängst schließlich bei deinem Fluglehrer am Gleitschirm.

→ S. 57 Nordwesten

Surfer Dudes spotten

Hier bricht immer die perfekte Welle, und wenn der Mistral aus der Straße von Bonifacio bläst, zieht er auf dem gegenüberliegenden Strand das Meer spiegelglatt. Perfekt also zum Kiten, Surfen, Baden oder einfach nur an der Beachbar abhängen und Dudes und Girls beim Wellenritt zuschauen.

→ S. 84 Nordosten

Kultur mit dem Quad erkunden

Auf Offroad-Tour rund um Orgosolo kannst du verwunschene alte Steineichenwälder, die himmlische Ruhe versunkener Siedlungen und streitlustige Straßenmalereien erkunden. Zwischendurch ist Staub schlucken und querfeldein preschen auf dem Quad angesagt!

→ S. 113 Landesinneres Nord

BEST OF MIT KINDERN
*SPANNENDES FÜR KLEIN & GROSS

Entschleunigungserlebnis im Eseltakt: In der Region Ogliastra kann man die Gegend auf dem Rücken der Lasttiere erkunden

Ganz nah ran an die großen Tümmler

Der Natur ganz nah: In Golfo Aranci kannst du mit Kind & Kegel Delfine aus nächster Nähe beobachten! Hautnah im Schlauchboot mit professionellem Guide, auf eigene Faust im Kajak oder einfach nur mit dem Fernglas von der Küste aus kannst du mit deinen Kleinen die faszinierenden Meeressäuger erleben.

→ S. 86 Nordosten

Rosa Wunder in den alten Salinen

Wo früher Salz, das weiße Gold der Insel, abgebaut wurde, leuchtet heute alles rosa: Abertausende von Flamingos haben die alten Salinen vor Cagliari bevölkert, und dank der unzähligen Spazierwege kommst du ganz nah ran!

→ S. 164 Südliche Küste

Entschleunigen im Eseltakt

Einfach mal die innere Uhr auf einen ganz anderen Rhythmus einstellen? Das funktioniert super beim Eselwandern durch die Ogliastra, denn selbst wenn du der Herr über das Nutztier bist, musst du dich dem tierischen Takt anpassen. Ideal, um einfach mal loszulassen!

→ S. 140 Ostküste

Gumpen, Kiesel und Karibikstrände erkunden

Natur-Triathlon: Von Radeln über Laufen bis zu Schwimmen ist in dem Naturreich von Coccorrocci für alle Kinder etwas dabei.

→ S. 134 Ostküste

Dino-Spass und Sardinien im Kleinkinderformat

Sardiniens einziger Kinder-Erlebnispark bietet Astronomie, Dinosaurierkunde, ein Regenwaldreservat mit allerlei exotischen Tieren sowie die Sehenswürdigkeiten Sardiniens im Kleinformat liebevoll für Kinder (und Erwachsene) aufbereitet. Auf den schönen Spielplätzen kann sich der Nachwuchs aller Altersgruppen austoben!

→ S. 190 Landesinneres Süd

BEST OF BEI REGEN
*SCHÖN, AUCH WENN ES REGNET

Ganz schön unterirdisch: Die große Grotte von Su Mannau lockte einst schon die Ursarden in ihre Hallen

Bei Regen am besten unter die Erde

Sardiniens schönste Grotte Su Mannau kannst du auch bei Regen besuchen: Dort unten tropft es ohnehin jahrein, jahraus von den Steinen, und ein uralter Bach plätschert vor sich hin. Schon die Urzeitarden fanden hier Unterschlupf.

→ S. 192 Landesinneres Süd

Ab in die Altstadtgassen

Zugegeben, auf den alten Pflastersteinen kann es bei Regen recht rutschig zugehen. Aber in den Altstadtgassen von Castelsardo ist bei Schlechtwetter eine ganz besondere Stimmung: Kaum Menschen, Zwielicht, und wenn der Himmel aufreißt, liefert der Blick auf den Golf von Asinara ein Stimmungsbild sondergleichen!

→ S. 48 Nordwesten

Mystische Kirchenruinen erkunden

Das Dach ist nicht geflickt, also musst du mit Schirm in die Kirche! Das ist ausnahmsweise erlaubt, denn das ehemalige Gotteshaus bei Martis ist schon seit Jahrzehnten entweiht – dafür aber ein schaurig schöner Lost Place, gerade bei Regen.

→ S. 56 Nordwesten

Regenwald-Feeling

Tropisch und exotisch geht es in den Hügeln von Telti zu. Besonders beeindruckend ist das Regenwald-Feeling im Rhododendronwald, wenn es überall plätschert und tropft. Nur Gummistiefel oder feste Schuhe solltest du dabeihaben!

→ S. 106 Landesinneres Nord

Wasser zu Wasser

Wenn schon Irland-Feeling auf Sardinien, dann richtig! Zum spektakulärsten Küstenwasserfall der Insel kannst du auch bei Regen laufen – Wasser führt der Riu Salighes ohnehin nur nach starken Regenfällen, ist dann aber umso spektakulärer! Nur bei den rutschigen Steinplatten musst du ein wenig Obacht geben.

→ S. 50 Nordwesten

Entdecke Sardinien

Die Felsküste im Golf von Orosei (Ostküste) ist als Bade- und Schnorchelparadies bekannt

Heutzutage erobern höchstens Schafherden die einst unbezwingbaren Nuraghenfestungen

Sardinien ist mehr als eine Badeinsel: Wie eine Reise durch die Erdgeschichte präsentiert sich die Landschaft, die sich hinter jeder Kurve zu ändern scheint. Und die Insel liegt ziemlich isoliert: Afrika ist näher als das italienische Festland und das Inselvolk mitunter etwas eigen.

Was die Natur in Jahrmillionen erschaffen hat

Geografisch hat Sardinien nichts mit Italien gemein: Zusammen mit Korsika wurde die Insel vom Süden des heutigen Frankreichs abgespalten und gedreht. Im Gegensatz zu Italien ist Sardinien deshalb nicht erdbebengefährdet, und seine Vulkane sind seit Jahrmillionen erloschen. Die Insel trägt den Spitznamen „kleiner Kontinent", so vielseitig sind ihre Landschaften mit den riesigen Hochebenen, Gebirgstreppen und sanften Hügellandschaften. Und reich an Bodenschätzen ist sie: Schon die Phönizier durchlöcherten die Berge im Südwesten der Insel auf der Suche nach Mineralien und Metallen. Hohe Berge fehlen dage-

gen: Das Gennargentu-Massiv ist mit seinen 1800 m kein Gebirgsriese. Dafür aber umso ausgehöhlter: Die Wassermassen, die sich im Winter auf der Insel abregnen, haben weit verzweigte Höhlen und tiefe Schluchten geschaffen. Seit den 1950er-Jahren versucht man, die Wassermassen in riesigen Stauseen zu bändigen. Es gibt nur einen natürlichen See, den Lago di Baratz bei Alghero, dafür umso mehr Lagunen, Strandseen und eine Küstenlinie mit über 700 Stränden. Einer schöner als der andere, und so unterschiedlich wie die Geologie der Insel.

Alt, älter, am ältesten: die Insel der Hundertjährigen

„A kennt'annos" wünscht man sich auf Sardinien gerne zum Geburtstag: „Auf hundert Jahre". Über 300 Hundertjährige zählt die Insel. Dem Geheimnis der Langlebigkeit versuchen Forscher seit Jahrzehnten auf die Spur zu kommen. Ausschlaggebend ist wohl eine schlichte und gesunde Ernährung, viel Bewegung, ein erfülltes Sozialeben und eiserne Familien-

15 KM
lang ist der größte Strand der Insel, Platamona

1834 M
hoch ist der höchste Berg, die Punta La Marmora in den Gennargentu-Bergen

ÜBER 70 KM
ist die Karsthöhle von Bue Marino lang. Die Erkundung dauerte über 25 Jahre

NATUR IN ZAHLEN

4 TAGE
benötigt man für Sardiniens längsten Fernwanderweg, den Selvaggio Blu von Santa Maria Navarrese nach Cala Sisine

kostenpflichtige Straßen oder Autobahnen gibt es auf Sardinien

ÜBER 700
Strände und Buchten zählt die Insel

1850 KM
misst die Küste der Insel

Fast **2 SCHAFE**
kommen auf 1 Sarden
Auf der Insel leben 1,6 Mio. Menschen und fast 3 Mio. Schafe

82,6 JAHRE
beträgt die überdurchschnittlich hohe Lebenserwartung der Sarden. Hier gibt's auch besonders viele Hundertjährige

In den sardischen Weinbergen wird der beliebte „Wein der 100-jährigen" produziert

der Sonne gedöst. Zumindest morgens und abends – kein Sarde würde sich in die gleißende Mittagssonne knallen, das überlassen sie lieber den 15 Mio. Urlaubern, die jedes Jahr ihre Insel bereisen.

„Eya" und „Ajo" – die sardische Sprache

Auch wenn die offizielle Amtssprache Italienisch ist, wächst auch heute noch ein Großteil der Sarden zweisprachig auf: Sie lernen vor allem das Sardische, eine Sprache, die wie das Italienische romanischen Ursprungs ist. Jedes Dorf hat seinen eigenen Dialekt. Im Norden spricht man Gallurese, das vom Korsischen abstammt. Alghero kommt dir spanisch vor? Kein Wunder: In der Hafenstadt sprechen ältere Menschen noch Katalanisch. Übrigens: Das sardische Wort für „Ja" lautet „Eya" und sollte in deinem Wortschatz nicht fehlen. „Ajo" bedeutet so viel wie „los geht's".

Umweltschutz und Nachhaltigkeit

Mit Ausnahme einiger weniger Fabrikanlagen rund um Cagliari und Porto Torres ist die Insel weitgehend industriefrei – und die Wasserqualität dementsprechend gut. Auf Sardinien wird der Abfall penibel getrennt – für das Studieren des Müllkalenders brauchst du schon fast einen Uni-Abschluss. Wenigen Sarden und so manchem Urlauber ist das zu viel, und da landet der Müllsack kurzerhand im Straßengraben. Und da liegt auch gerne mal ein Kühlschrank oder ein Autoreifen. Das finden auch die meisten Sarden ziemlich daneben. Mit der Nachhaltigkeit ist es so eine Sache auf der Insel – noch immer gibt es überall Plastik, auch wenn Einkaufstüten und Einweggeschirr nur noch aus nachwachsendem Material verkauft werden dürfen. Obwohl die Strände meist supersauber sind und vor Saisonbeginn von Treibgut gereinigt werden, ist auch Mikroplastik im westlichen Mittelmeer ein Thema. So mancher Sarde verbringt einen Teil seines Strandtags damit, kleine Plastikteilchen einzusammeln – nimm dir ein Beispiel daran!

bande. Die Sarden lieben ihre Natur und viele sind Selbstversorger: Obst und Gemüse stammen aus dem eigenen Garten, auf dem Land kommen viele ballaststoffreiche Hülsenfrüchte auf den Speiseplan, und Wein und Fleisch werden nur in Maßen genossen. Die Sarden sind naturverbunden – und etwas eigenbrötlerisch. Man sagt, die sardische Seele sei eine verschlossene, die nichts über den Weg traut, das übers Meer kam. Deswegen wird man dir keinesfalls feindselig, aber stets misstrauisch begegnen. **Insider-Tipp** Außer es gibt etwas zu feiern: Dann sind alle willkommen, vor allem auf den Herbst- und Erntedankfesten in der Barbagia. Da musst du unbedingt mitmachen! Und sporteln können die Sarden – zumindest ihrem Sportequipment nach zu urteilen. Das neueste Bike, die schillerndsten Outdoor-Klamotten – absolute Pflicht! Das Essen ist immer dabei – kein Naturpark und keine Forstwirtschaft, die ohne Picknickplatz auskommt. Im Winter wird am Wochenende in die Berge gefahren, im Sommer aber lieber in

SPICKZETTEL ITALIENISCH

ja/nein/vielleicht sì/no/forse
bitte per favore
danke grazie
Gute(n) Tag!/Abend!/Nacht!
Buon giorno!/Buona sera!/Buona notte!
Hallo!/Tschüss! Ciao!/Ciao!
Auf Wiedersehen! Arrivederci!
Ich heiße … Mi chiamo …
Wie heißen Sie?/Wie heißt du?
Come si chiama?/Come ti chiami?
Ich möchte …/Haben Sie …? Vorrei …/
Avete …?
Das gefällt mir (nicht). (Non) mi piace.
gut/schlecht buono/cattivo
**Entschuldige!/Entschuldigen
Sie!** Scusa!/Scusi!

Insel der Schafe?

Das helle Bimmeln der Glöckchen der Schaf- und Ziegenherden, die tagein, tagaus durch die einsame Landschaft ziehen, ist dein ständiger Begleiter auf jeder Tour durch das sardische Inland. Hirten gehören heute zu Sardinien wie der Sand an den Strand: In unzähligen Familienbetrieben wird Käse in der Einöde hergestellt. Das klingt alles wildromantisch, aber Begriffe wie „Urlaub" oder „Sonntag" kennen die ca. 30 000 Hirten Sardiniens nicht. Mehr Berufung als Beruf – von Generation zu Generation wird dieses Handwerk weitergegeben. Aber erst seit 200 Jahren: Zuvor war Sardinien stark bewaldet, der Forst war Gemeingut und durfte von jedem genutzt werden. Dann führten die Piemontesen den Privatbesitz ein, und die den Sarden heiligen Wälder wurden zu vier Fünfteln abgeholzt. Auf den gerodeten Flächen konnte man nicht viel mehr machen als Schafe weiden zu lassen. Deswegen gibt es heute auf der Insel fast doppelt so viele Schafe wie Einwohner.

In den verwinkelten Gassen, wie hier in Bosa, geht alles seinen gemächlichen Gang

TIERE & PFLANZEN
*HINEIN INS NATURPARADIES

Die Küste Sardiniens wird geprägt von schroffen Felsen, Macchiabüschen, Mastixsträuchern und Kiefern

Sardiniens Tier- und Pflanzenwelt ist faszinierend: Mini-Hirsche, seltene Vögel und freilaufende Herden von Wildpferden leben in einer würzig duftenden und bunt blühenden Flora. In Nationalparks und Wäldern wird dieser natürliche Reichtum bewahrt.

Seltene Tiere

Sardinien hat mehrere Naturschutzgebiete, darunter den riesigen Nationalpark des Gennargentu und des Golfs von Orosei. In Wäldern aus Stein- und Korkeichen leben Wildschweine, Wildkatzen und der seltene sardische Hirsch, über den Tälern segeln Raubvögel wie Falken, Milane und Steinadler. An der Westküste bei Bosa wurden Gänsegeier wieder angesiedelt. Das Hochplateau von Gesturi ist Heimat der heute noch freilebenden Wildpferde, auf der Insel Asinara sind seltene Albino-Esel heimisch. An der Küste gibt es in riesigen Lagunenseen unzählige faszinierende Vogelarten. Durch viele stolzieren pinkfarbene Flamingos, die man hier auf der Insel

auch Sa gente arrubia, das rote Volk, nennt. Die faszinierende Unterwasserwelt Sardiniens kann man am besten in den Meeresschutzgebieten beobachten, beispielsweise rund um La Maddalena im Norden, Tavolara im Nordosten und am Capo Carbonara im äußersten Südosten der Insel. Mit etwas Glück kann man Delfine erspähen, z. B. vor Golfo Aranci, Alghero oder ganz einfach im Hafenbecken von Cagliari.

… und würzige Macchia

Die oft undurchdringliche Strauchvegetation aus Myrte, Erdbeerbäumen, Zistrosen, Mastixsträuchern, Oleander, Ginster und Schwarzdorn blüht nicht nur im Frühling, sondern auch im Herbst. Viele aromatische Heilpflanzen wie Strohblume, Myrte, Rosmarin, Thymian, Lorbeer, Salbei, Lavendel, Fenchel, Pfefferminze und Melisse sind echtes Superfood für die Seele. Was heute Urlauber wie Einheimische fasziniert, nämlich die vielfältigen Düfte, Gerüche und Farben der zahllosen Pflanzenarten, ist das Ergebnis historischer Umweltsünden. Schon die Römer

Flamingos Chia, Cabras, San Teodoro, Budoni: In allen großen Lagunenseen ist das rosa Federvieh heimisch. Vor den Toren der Inselhauptstadt Cagliari lebt ganzjährig eine riesige Flamingokolonie!

7 TYPISCHE TIERE

Mufflons Die gehörnten Wildschafe wurden wohl schon in der Neusteinzeit auf Sardinien ausgewildert. Die scheuen Zeitgenossen leben vor allem in der Ogliastra, dem Gennargentu und Supramonte und Monte Albo, sowie vom Menschen angesiedelt am Capo Figari, dem Limbara und auf Asinara.

Cavallini della Giara Giara-Pferde, die kleinwüchsigen Pferdchen der Giara di Gesturi, leben ohne Zaun und Zucht auf einem Tafelberg mitten in der Marmilla-Ebene.

Gänsegeier Die scheuen Aasfresser leben vor allem an der Westküste von Bosa bis Alghero und in den Tafelbergen von Monte Minerva.

Weiße Esel von Asinara Die Albino-Esel sind das Wahrzeichen von Asinara, der ehemaligen Gefängnisinsel im äußersten Nordwesten Sardiniens.

Sardischer Hirsch Die sardischen Hirsche sind kleiner als auf dem Festland und waren fast ausgestorben. Deswegen sind sie in ihrer Heimat, dem Sarrabus, rund um Arbus und im Sulcis streng geschützt! Wenn du an der Costa Rei urlaubst, kannst du Ende August nicht selten die brunftenden Huftiere röhren hören.

Schildkröten Auf Sardinien weit verbreitet sind die griechische Landschildkröte und die sardische Breitrandschildkröte. Sie werden über 20 cm groß und leben in Bächen und Wiesen. Nur im Sommer trauen sie sich auf der Suche nach Wasser über Straßen.

Korkeichen Die immergrüne Eiche wächst vor allem in der Region Granit-Gallura in riesigen Wäldern. Die Korkrinde schützt sie vor Waldbränden, wird aber in großem Stil zu Flaschenkorken und Dämmmaterial verarbeitet.

6 TYPISCHE PFLANZEN

Erdbeerbaum Er gehört zu den typischen Bäumen der Macchia und trägt gleichzeitig Blüten und gelbe sowie genießbare rote Früchte. Die sind zwar nicht sonderlich lecker, dienen aber zur Herstellung von Marmelade und der Honig der Pflanze ist bittersüß.

Wilde Orchideen Über 60 wilde Orchideenarten wachsen auf Sardinien. Vor allem das Schmetterlings-Knabenkraut ist auf der Insel weit verbreitet und wird auf Sardinien besonders groß.

Currykraut (Elicrisio) Die graue Pflanze mit gelben Blüten ist eine wahre Duftexplosion! Blätter und Blüten der Strohblume werden aufwendig zu ätherischen Ölen und Parfums gepresst und destilliert. Praktisch: Elicrisio-Öl funktioniert wunderbar als Anti-Blaue-Flecken-Mittel!

Pfingstrosen Die Sarden nennen sie auch Sarrosa dei Monti. Die Bergrose ist die Nationalblume der Insel und blüht prächtig purpurrot in den Bergen des Gennargentu im April und Mai.

Phönizischer Wacholder Das harte Holz dieser Zypressenart wurde traditionell als hochwertiges Bauholz genutzt. Heute ist der Baum streng geschützt. Ein paar geschäftstüchtige Sarden erzeugen aus den Beeren sardischen Gin.

nutzten die riesigen Waldbestände Sardiniens als Rohstoffquelle, und in der letzten Hälfte des 19. Jh. wurden sardische Hölzer wie Eiche und Eibe zu Schwellen für die italienische Eisenbahn oder zu Holzkohle verarbeitet.

Legaler Mundraub auf Sardisch

Alles, was am Straßenrand wächst, gehört jedem! Insider-Tipp An Bachläufen und Wasseradern gedeihen Feigen. Auf Sardinien gibt es zwei Ernten im Jahr – im Juni und September – und die leckeren Früchte passen bestens zu rohem Schinken oder sardischem Pecorino-Käse. Die Früchte können einfach vom Baum gepflückt werden, im Gegensatz zu ihren Namensvettern, den Kaktusfeigen, die charakteristisch für niedrige Hanglagen sind. Diese Ohrenkakteen blühen von März bis April und können Ende August geerntet werden – aber bloß nicht mit bloßer Hand, die Schale ist voller klitzekleiner feiner Stacheln. Immer gegen den Wind stellen und mit einem gespaltenen Schilfrohr oder einer aufgeschnittenen Plastikflasche drehend von der Opuntie pflücken, dann vorsichtig die Stacheln mit einem Messer entfernen, waschen und mit Messer und Gabel schälen! Von März bis Mai wächst wilder Spargel aus den Büschen am Straßenrand. Viele Sarden sind wahre Meister im Erspähen der dünnen, grünen Sprossen, von denen nur die nicht holzigen Enden genießbar sind. Schmeckt würziger als Zuchtspargel und ist lecker als Risotto, mit Fregola und Bauchspeck oder als Frittata!

Unter Bäumen träumen

Vor allem rund um Budoni und Siniscola, Orosei Barisardo und in Santa Margherita di Pula sorgen Schirmpinien für Abkühlung und Schatten am Strand. Beim ohrenbetäubenden Zirpen der Zikaden kannst du ganz ohne Sonnenschirm in den Tag träumen. Der Eukalyptus wurde aus Australien auf die Insel gebracht, weil er schnell wächst und die

Frisch geschält: Korkeichen wachsen vor allem im Nordosten der Insel

Sümpfe der Insel trockenlegte – seither ist Malaria auf Sardinien Geschichte! Allerdings breiten sich die schattigen, hochwachsenden Bäume unkontrolliert aus und im Sommer herrscht unter ihnen erhöhte Waldbrandgefahr.

Vorsicht bei diesen Tieren

Die einzigen giftigen Tiere auf Sardinien sind zwei Spinnenarten: Der Stich der **Schwarzen Witwe** ruft Bauchkrämpfe und Kopfschmerzen hervor. Ein Biss der **Braunen Violinspinne** verursacht starke Schmerzen und du solltest schnell einen Arzt aufsuchen. Beide Spinnen sind zum Glück nicht bissfreudig und sehr selten. Die auf Sardinien heimische Zornnatter ist hingegen ungefährlich.

Ebenfalls selten sind **Petermännchen**, die sich im niedrigen Wasser am Strand aufhalten. Ein Tritt auf ihren Stachel ist äußerst schmerzhaft und kann einen Tag wehtun! Hausmittel gegen den Schmerz ist heißes Wasser oder im Notfall auch heißer Sand, keinesfalls Eis!

KLIMA & WETTER
*DURCHS JAHR

An den Stränden wie dem Scoglio di Peppino an der Costa Rei im Süden kann man oft schon im Januar die Sonne genießen

Sardiniens Klima ist von regenreichen Wintermonaten und heißen Sommern geprägt. Dazwischen liegen die besten Outdoor-Zeiten: Von April bis Juni und von Mitte September bis Ende Oktober ist die perfekte Zeit fürs Aktiv-Sein. Vor allem in der Nebensaison können die ein, zwei Grad Temperaturunterschied von Nord nach Süd einen großen Unterschied machen. Im Süden dauert die Badesaison von Ende April bis Ende Oktober, im Nordosten zwei, im Nordwesten und Westen drei Wochen weniger.

MONAT FÜR MONAT
Januar – Sonne satt

Der Januar ist eine milde Schönwetterperiode – mit viel Sonne, viel Wind und wenig Regen. Das ideale Wetter also für lange ausgedehnte Strandspaziergänge oder große Wandertouren in den Bergen. Nachts kann es allerdings doch knackig kalt werden – also warm anziehen!

Februar – Schnee im Anmarsch

Der Februar kann recht stürmisch sein – dann stauen sich die Westwinde in den Bergen, Feuchtigkeit fällt vor allem in den Bergen des Gennargentu und am Limbara-Massiv im Norden der Insel nicht selten als Schnee. Da die Berge wintersporttechnisch kaum erschlossen sind, wird selbst eine Schneeschuhwanderung zum stürmischen Abenteuer.

März – Wellen rollen an

Wellenreiter haben ihre helle Freude – wenn die drehenden Winde an den Küsten Wellen im Sekundentakt aufbäumen, haben Bretterfreunde ihr Eldorado! Nur der dicke Neoprenanzug sollte immer im Gepäck sein. Wandern geht fast immer – und die kräftig blühende Macchia sorgt für tolle Duft- und Farberlebnisse in der Natur.

April – der macht, was er will

Aprilwetter gibt es auch auf Sardinien! Es kann wechselhaft werden, vom Wintereinbruch bis zum

FRÜHLING

Angenehm mild und
Wonnemonat Mai

Der März ist vom Wind bestimmt, ab
Mitte Mai beginnt der Sommer

Wenige Urlauber unterwegs, perfekt
für Wanderungen, Stadterkundungen,
Biketouren und Wellenreiten

Die Regenjacke sollte immer dabei
sein, pack lange Hosen, Sonnencreme
und eine Strandmuschel gegen den
Wind ein

SOMMER

Mistral sorgt für
angenehme Abkühlung

Der sardische Sommer ist heiß und
trocken, im Juli werden 40 °C erreicht

Badesaison von Mai bis Oktober, der
Hochsommer ist perfekt zum Baden
und für Wassersport, für Wanderungen
zu heiß

Sonnenschutz und Badetuch sollten
immer dabei sein, außerdem ausreichend Trinkwasser

DIE JAHRESZEITEN

WINTER

Sonne, kalte Nächte,
Schnee

Dezember oft sonnig, Januar klar und
kalt, im Februar Schnee in den Bergen

Der winterliche Mistral kann in starken
Böen wehen. Nachts wird es vor allem
am Meer unangenehm klamm

Januar ist Trainingsmonat für Renn-
radler; Wandern am Vormittag, da es
nachmittags oft wolkig wird

Winterklamotten und T-Shirts, Windjacke für Strandspaziergänge

HERBST

Spätsommer bis Oktober,
wenig Regen

Im Süden dauert die Badesaison bis
Ende Oktober

Oktober ist idealer Outdoor-Monat,
November kann verregnet und
windig sein

Von Badeklamotten bis Übergangs-
jacke kannst du jetzt alles gebrauchen

Oktober ist Olivenzeit: Im Herbst wird das wertvolle Gut nach traditioneller Methode geerntet

Frühsommer ist alles drin. Dafür ist die Insel herrlich grün! In den endlosen Hügellandschaften kommt Irland-Feeling auf. Ideal zum Wandern, Mountainbiken und Cruisen mit dem (Miet-)Wagen.

Mai – Sardinien blüht auf

Der Wonnemonat ist oft sonnig und heiter – und die Insel blüht prächtig auf! Vor allem an der Küste ist es frühsommerlich. **Insider-Tipp** Wer im Sommer an der Ostsee badet, findet an Sardiniens Küsten im Mai schon Badetemperaturen. Die hohe Luftfeuchtigkeit staut sich häufig in den Bergen auf, wo es zur Mittagszeit schon wolkig sein kann. Regenkleidung immer griffbereit halten!

Juni – auch Warmduscher springen ins Wasser

Im Juni ist Sommer – und es gibt Sonne satt! Zum Wandern solltest du die Vormittagsstunden nutzen und nachmittags am Meer abtauchen. Vor allem im Süden erreicht die Quecksilbersäule oft schon 30 °C. Jetzt ist Saison für Ausflüge zum Wasser – das Mittelmeer erreicht angenehme Temperaturen, sodass auch der Sprung vom Boot ins kühle Nass nicht zum Kälteschock wird!

Juli – jetzt wird's heiß

Der siebte Monat ist mit Abstand der heißeste! 40 °C plus sind keine Seltenheit, vor allem Richtung Monatsende. Am besten hältst du es da am Meer aus. Wassersportfans kommen voll auf ihre Kosten. Bei großer Hitze hoffen alle auf kühlen Mistralwind – der glättet das Meer im Osten und lässt Sandkörner fliegen, Windsurfer und Kiter haben aber ihre helle Freude. Im Westen kann vor allem an der Costa Verde das Baden aufgrund der hohen Wellen gefährlich sein. Auf rote Flaggen achten: Dann ist der Sprung ins kühle Nass risikoreich und mit Kids ein No-Go!

August – Hochsaison

Wenn die Insel unter den Touristenströmen ächzt, zeigt sich der Sommer in seiner ganzen Pracht. Das Wasser hat Badewannentemperatur, die Nächte werden länger und sorgen für angenehme Abkühlung. Ab und an kann es regnen – das Klima bereitet sich gegen Monatsende auf einen Mini-Herbst vor, der aber oft nur von kurzer Dauer ist.

September – perfekt für Outdoor-Freunde

Vor allem die Morgenstunden sind perfekt für Aktivsportler – wandern, radeln, laufen – und dann zur Mittagszeit ins wohlig warme Meer springen! Auch deswegen, weil sich gegen Mittag in den Bergen oft Wolken bilden. Da sich die Insel merklich leert, ist wieder genug Platz für alle. Während am Meer noch Badesaison ist, wird in den Bergen der Wein geerntet und die Sarden bereiten sich auf den kurzen Winter vor. Die Badetage an der Ostküste werden kürzer, da die Sonne früh hinter den Bergen untergeht. Dafür haben vor allem Wohnmobilisten an der Westseite ihre helle Outdoor-Freude – die langen Sonnenuntergänge sorgen für romantische Abende im Camperkino!

Oktober – jetzt wird's ruhig

Vor allem im Südosten, rund um Costa Rei und Villasimius, ist es noch spätsommerlich. Der Rest der Insel klappt die Gehsteige hoch – die Saison ist vorbei, auch wenn noch eitel Sonnenschein herrscht. Ideal ist der Herbst zum Wandern und Genießen. Die Macchia steht in ihrer zweiten Blüte der Saison, und gelegentliche Schauer sorgen für den langersehnten Regen.

November – der Winter klopft langsam an

Vor allem in den Bergen und auf den Hochebenen der Insel kann es ungemütlich werden, während es an der Küste oft noch sonnig ist – vor allem in den Morgenstunden. Aber der Winter steht vor der Tür, kurze Tage und lange Nächte lassen die Temperaturen sinken.

Dezember – Weihnachten und eitel Sonnenschein

Outdoor-Freunde nutzen die kurzen Tage für ein paar Stunden Wandern, radeln oder hüllen sich in dickes Neopren – Wellenreiten kannst du auf Sardinien auch im Winter! Vor allem im Süden sorgt die kurze Wintersonne für angenehme Temperaturen. Mittägliche Strandspaziergänge bei 20 °C in Cagliari sind keine Seltenheit! **Insider-Tipp** Die ganzjährig geöffneten Strandbars am Stadtstrand Poetto servieren in den Adventswochen Spritz statt Glühwein! Nur nachts mummeln sich die wenigen Urlauber in dicke Decken ein oder genießen geröstete Kastanien am offenen Feuer.

WETTER IN SARDINIEN

■ Hauptsaison
■ Nebensaison

	JAN.	FEB.	MÄRZ	APRIL	MAI	JUNI	JULI	AUG.	SEPT.	OKT.	NOV.	DEZ.
Tagestemperaturen	14°	15°	17°	29°	23°	28°	31°	31°	28°	24°	19°	15°
Nachttemperaturen	7°	7°	8°	10°	14°	18°	20°	20°	19°	15°	12°	8°
☀	5	5	6	8	9	10	11	10	8	7	5	4
🌂	7	7	6	5	5	2	1	1	3	6	7	8
≋	14	13	14	15	17	20	23	24	23	21	18	15

☀ Sonnenschein Stunden/Tag   🌂 Niederschlag Tage/Monat   ≋ Wassertemperatur in °C

Sportlich ist der Abstieg zur Neptungrotte über die Escala del Cabirol im Nordwesten Sardiniens mit ihren 654 Stufen allemal

Über 1900 km Meeresküste umgeben Sardinien und seine über 200 Inseln. Absoluter Trend im Frühling und Herbst: Wanderungen in den Bergen und an der Küste. Wassersport wie Schnorcheln und Tauchen, Segeln und Surfen kannst du rund um die Insel betreiben. Funsport? Oft Fehlanzeige, Klettergärten und Adventure-Parks gibt es nur wenige, dafür kannst du dir in den menschenleeren Landschaften dein eigenes Outdoor-Programm zusammenstellen.

Tauchen und Schnorcheln

Ideale Bedingungen finden Schnorchler an den Felsküsten, besonders dort, wo der steinige Meeresboden den unzähligen Fischen, Garnelen und Seeigeln Lebensraum mit Verstecken und gutem Nahrungsangebot bietet. Dazu brauchst du weder Guide noch Profi-Equipment: Maske, Schnorchel und Flossen, und es kann losgehen. Tauchkurse für Anfänger, Fortgeschrit-

tene und Profis an den schönsten Stellen in der Inselwelt des Nationalparks La Maddalena bietet dir z.B. Orso Diving *(orsodiving.com)*. Ganz im Südosten bei Villasimius kannst du im Meerespark Capo Carbonara Wrack- und Naturtauchen (Tauchschule Ocean Blue | Kala e Moru | *oceanblue-diving.com*) und im Diving Center Capo Galera (Fertilia | *capogalera.com*) kannst du bei Alghero auf Tauchstation gehen.

SUP, See- und Meerkajak

Die Steilküste im Osten zwischen Orosei, Cala Gonone und Santa Maria Navarrese ist bei ruhiger See hervorragend geeignet für Touren mit dem Kajak oder zum Stand-up-Paddeln – ideal, um vorbei an den Ausflugsdampfern in die schmalsten Fjorde, die kleinsten Buchten und in Meeresgrotten zu gelangen. Aber auch die Küste bei Cagliari, Porto Torres oder Cala Caterina di Pittinuri bietet ideale Bedingungen! Sardiniens unzählige Seen sind noch weitgehend unbekanntes Paddelrevier, bieten aber nur

Radeln in Alghero: Die Hafenstadt hat ein gut ausgebautes Radwegenetz

Platz zum Paddeln: Dein SUP kannst du an allen Ecken der Insel, wie hier im Nordosten in Porto Rotondo, auspacken

bei guten Wasserständen schöne Bedingungen. Ausnahme: die Stauseen von Isili und Mulargia.

Segeln

Sporthäfen gibt es rund um die Küste der Insel. Der Segelklassiker ist die Gallura-Küste rund um die Costa Smeralda, mit den Inseln des Nationalparks La Maddalena bis zur Nachbarinsel Korsika. Im Kommen ist der mistralgeplagte Nordwesten als Segelrevier im Golf von Asinara mit Häfen in Castelsardo, Stintino und Alghero. Windtechnisch besonders anspruchsvoll ist die Küste des Sulcis rund um Sant'Antioco und Carloforte. Leichte Segelkatamarane kannst du an vielen Segelzentren, z. B. an der Costa Rei, in Porto Taverna, Budoni, Porto Pollo und Vignola Mare mieten. Ganzjährig gesegelt wird in Cagliari im Windsurfing Club *(scuolavelawindsurfingclub.it)*.

Klettern und Canyoning

Mit Eisenleitern, Stiften oder Klammern und Seilen gesichert, führt die Ferrata di Giorrè bei Cargeghe südöstlich von Sassari eine fast senkrecht abfallende Felswand entlang *(ferratagiorre.it)*. Königliche Aussichten hast du im Klettersteig Via Ferrata della Regina hoch über dem mittelalterlichen Mini-Dorf Monteleone Rocca Doria *(ferrataregina.it)*. Freikletterer finden bei Ulassai, am Lago di San Sebastiano (Isili), am Sella del Diavolo (Cagliari) und bei Domusnovas abgesteckte Parcours. Freeclimber-Highlight ist die Felsnadel Punta Caroddi, die sich 128 m über dem Traumstrand von Cala Goloritzé erhebt. Die spektakulären Kletterstrecken auf der Insel Tavolara im Nordosten und auf der Mini-Insel Pan di Zucchero bei Masua sind nur mit Führern erlaubt. Canyoning ist kein großes Thema auf Sardinien, vor allem weil die Sturzbäche in der Urlaubszeit zum Canyoning oft zu wenig Wasser führen. Große Ausnahme: der Rio Pitrisconi bei San Teodoro.

Radfahren und Mountainbiken

Die Fahrten von der Küste hinauf in die Berge fordern mit Höhenunterschieden von weit über 1000 m heraus. In den Zügen und in vielen Überlandbussen können meist nur zwei bis drei Fahrräder mitgenommen werden. Top-Adresse für MTB- und Rennradtouren im Süden ist Dolce Vita Biketours *(dolcevitabiketours.com)*. Radwege gibt es auf der Insel nur vereinzelt, und sie enden nicht selten im Nirgendwo. Wenn du mit Kindern und Drahteseln unterwegs

MARCO POLO
OUTDOOR-KNIGGE

Sei freundlich und hilfsbereit

Ein Lächeln und ein freundlicher Gruß kosten nichts. Wenn andere in Schwierigkeiten sind, biete ihnen deine Hilfe an, sei es bei der Orientierung, mit einem Pflaster oder dem Fahrradwerkzeug.

Lass dir Zeit

Lass Hektik und Stress zu Hause, wenn du in die Natur reist. Spüre ihren Rhythmus, lass dir Zeit und nimm die Landschaft mit allen Sinnen wahr.

Bleib auf festen Wegen

Auch wenn Abstecher ins Wilde locken, diese Welt gehört den Tieren und Pflanzen – sei ein guter Gast und bleib auf deinem Pfad.

Sei leise

Das tut dir und allen um dich herum gut: einfach mal das Handy stumm schalten und leise sprechen. Plötzlich sind die Geräusche der Natur ganz nah und du kommst selbst zur Ruhe.

Bleib wachsam

Rüste dich gut aus und hab immer ein Auge auf Wetter und Gelände. Sonst bringst du nicht nur dich selbst in Gefahr, sondern auch die Retter, die dir im Notfall zu Hilfe eilen.

Nimm nur Erinnerungen mit

Widersteh der Verlockung, Pflanzen, Steine oder sogar Tiere einzufangen und mitzunehmen. Sie gehören hierher, also nimm nur ein Foto für deine Erinnerungen mit.

Hinterlasse nur Fußspuren

Ob Taschentuch, Brottüte oder Bananenschale – hinterlasse keine Abfälle. Das, was andere liegen gelassen haben, kannst du mitnehmen und im nächsten Mülleimer entsorgen. So lässt du die Natur sauberer zurück, als du sie vorgefunden hast.

Mach dich schlau

Neben „Benimmregeln" gibt es auch Gesetze, an die du dich halten musst, etwa in Naturschutzgebieten. Bereite dich auf deinen Trip vor, so lernst du auch etwas über die Menschen, die an deinem Reiseziel leben.

bist, achte darauf, dass meist auf befahrenen Landstraßen geradelt werden muss. Auf Feldwegen bist du mit dem MTB willkommen, und in den zahlreichen Staatsforsten (Übersicht unter *sardegnaforeste. it/foreste/mappa*) findest du beste Bedingungen auf Waldwegen.

Wandern und Trekking

Auf eigene Faust loswandern? Geht wunderbar! Aber wer ernsthafte Trekking-Ambitionen hat, sollte sich ortskundigen Führern anvertrauen, z. B. den von der Deutschen Lisa Dell geleiteten Keya Tours (Tel. +39 34 86 53 06 82, *keya.eu*) in Orosei und der von der Berlinerin Sandra geleiteten Società Gorropu (*gorropu.com*). Die Berge, die einsamen Hochplateaus im Supramonte um Dorgali, Baunei, Urzulei und Oliena haben ihre Tücken: Alljährlich müssen Wanderer, die sich überschätzen, mit der Bergrettung aus den tiefen Schluchten gerettet werden. Offizielle Wanderkarten gibt es zum Download unter *sardegnasentieri.it*.

Reiten

Die Sarden sind Pferdenarren und exzellente Reiter. So findest du inselweit zahlreiche Möglichkeiten, die Insel bei ein- oder mehrtägigen Exkursionen zu Pferd zu entdecken. Auch in vielen Agriturismi kannst du Reitstunden nehmen. An der Costa del Sud findet man beste Reitmöglichkeiten beim Maneggio di Giancarlo Cabras *(cavalcareachia.it)*. Im Nordosten bietet das Centro Equestre Li Tauli in Cugnana Ausritte entlang der Küste an *(sardinia horses.com)*. Rund um den Liscia-Fluss reitet es sich bestens auf der Prugnola Ranch von Giuseppe *(laprugnolaranch.com)*, und sommerliche Strandausritte ab Marina di Orosei oder Touren in die Berge von Irgoli bietet der junge Pferdenarr Francesco *(edoraequitours.it)* an.

Kiten für Könner und blutige Anfänger: Valledoria bietet für alle den richtigen Wind

Kiten und Windsurfen

Für Wind- und Kitesurfer sind die windreichen Küsten im Norden von Olbia bis Castelsardo ideales Revier. Sardiniens Branchentreff für Surfer ist Porto Pollo bei Palau mit seinen hippen Strandbars sowie Valledoria an der Coghinas-Mündung. Auch der Westen bei Stintino, Alghero und auf der Sinis-Halbinsel (Capo Mannu, Putzu Idu, Funtana Meiga) sorgt für mächtig Surferspaß. Im Süden sind Torre Chia und Capo Carbonara bei Villasimius windspitze.

5 PERFEKTE TAGE

* VIEL ERLEBEN IN KURZER ZEIT

TAG 1: Yachten und Felsen

Vom Fährhafen in Olbia geht's über das schicke Porto Cervo zur Naturschönheit Capo Testa

🚐 ca. 2,5 Std.

🚐 ca. 2,5 h

TIRRENO

MAR

SARDEGNA

Madalena - La Maddalena

Arzachena

Olbia ✈

Tempio Pausánia

Siniscó

Ozieri

Macomèr

TAG 5: Küste und Berge

Schnorcheln am Felsenturm, Culurgiones zur Stärkung und eine Wandertour in den Bergen

TAG 2: Alte Städte und traumhafte Strände

Durch die Altstadt von Castelsardo, baden am Traumstrand in Stintino und ein Sundowner im quirligen Alghero

🚐 ca. 2 h

ca. 2 h

Tortolì

TAG 4: Inselhauptstadt und Strände

Flanieren und genießen in Cagliari und dann ab an die schönsten Strände der Südküste

ca. 2 h

Sinnai

Sestu

Selargius

Casteddu/Cagliari

Assemini

Capoterra

Cabras

Oristano

Terralba

Guspini

acidro

TAG 3: Flamingos und alte Steine

Flamingos, versunkene Städte und einsame Landschaften erwarten dich hier

M E D I T E R R A N E O

5 PERFEKTE TAGE
*VIEL ERLEBEN IN KURZER ZEIT

Das Panorama rund um La Peloso ganz im Nordwesten der Insel wirkt wie eine Fototapete

Du möchtest in kurzer Zeit möglichst viele Orte entdecken und Aktivitäten unternehmen, die das Flair Sardiniens ausmachen? Dann sind „5 perfekte Tage" genau das Richtige. Willst du nebenher auch entschleunigen, solltest du dich nur auf die Nord- oder die Südhälfte konzentrieren oder 10-14 Tage Erlebnisurlaub einplanen.

TAG 1: JACHTEN UND FELSEN
Im Nordosten von der Costa Smeralda bis Santa Teresa Gallura

• **Erst mal ankommen –** klassisch in Olbia. Nach einer kurzen Tour durch die Hafenstadt, das Haupteinfallstor der Insel, kannst du dir die ersten sardischen Spezialitäten gönnen – zum Beispiel ein Panino al Polpo oder überbackene Miesmuscheln. → S. 90

• **Und jetzt Yachten gucken.** Jeder fährt nach Porto Cervo – doch der Hafenort hat außer Edel-Shopping und Luxuskarossen nicht viel zu bieten. Den perfekten Blick bietet der Leuchtturm von Porto Cervo. Dort kannst du die schönsten Yachten der Welt aus nächster Nähe bestaunen und im Windschatten des Leuchtturms schnorcheln. → S. 78

• **Zum Sonnenuntergang geht's ins Granitparadies.** Ein perfekter Tagesabschluss ist ein Spaziergang durch die Felsenwelt von Capo Testa. Genieße die Seeluft und die wahnsinnige Aussicht auf die Nachbarinsel Korsika. Am besten bleibst du bis zum Sonnenuntergang im Valle della Luna – ein magischer Moment! → S. 76

TAG 2: ALTE STÄDTE UND TRAUMHAFTE STRÄNDE
An der Nordwestküste von Castelsardo bis Alghero

• **Auftakt in Castelsardos Altstadt:** Die engen, verwinkelten Gassen der Festungsstadt ziehen jeden in den Bann. Und von hier aus hast du schon den Golf von Asinara bestens im Blick. → S. 48

• **Dann geht's zu einer Strandberühmtheit.** Selfie-Fans kommen hier mehr als auf ihre Kosten. La Pelosa bei Stintino ist immer überfüllt, aber einfach traumhaft! Und das Panorama mit Blick auf Asinara ist einfach atemberaubend. → S. 55

• **Perfekter Tagesabschluss:** Rund um Alghero cruisen. Alghero bietet ein Rundum-sorglos-Urlaubspaket: nicht nur tolle Strände, sondern auch eine char-

SCHÖNER SCHLAFEN

Im Nordosten
• Die Campinginsel Isola dei Cabbiani ist von Wasser umgeben. Die Plätze sind begehrt – rechtzeitig vorbestellen (*isoladeigabbiani.it/de, €€€*).

An der Nordwestküste
• Mitten auf dem Kap Punta Giglio thront die Unterkunft in spektakulärer Natur. Am besten reist du mit dem Fahrrad an (*rifugiodimare.it/en, €*).
• Klosterruhe! Dieses Hotel teilt sich den Innenhof aus dem 14. Jh. mit den benachbarten Franziskanermönchen (*sanfrancescohotel.com, €€*).

Im Südwesten auf der Sinis-Halbinsel
• Ein herrlicher Experience-Agriturismo auf Sardinien zum Reiten, Schlemmen, Baden und nachhaltig Urlauben in Chalets mit Mini-Pool in West-Sardinien (*www.ischeas.com, €€€*).
• Am Abend gefühlt am Ende der Welt den Sonnenuntergang auf ein paar Gartenstühlen hoch über den Klippen erleben. Ideal zum Runterkommen und offline gehen (*poecyliaresort.it, €€€*).

Im Südosten
• Ein schwimmendes Tiny Home im Hafen von Cagliari. Vielleicht kommen Delfine zum Frühstück vorbei (*thehomeboatcompany.com, €€*).
• Mitten im Kletter- und Trekking-Paradies versteckt sich Sardiniens einziger Bergcampingplatz bei Ulassai (*campingtheleme.com, €*).

Im Osten
• Eine ganze Naturparkanlage mitsamt hauseigenem Nuraghen, Anlegesteg für Kanus am Cedrino-See liegt bei Dorgali auf dem Land (*agriturismoneule.com, €€*).

Bombastische Bastionen an der Promenade von Alghero

mante Altstadt, eine nur über eine endlos lange Treppe oder über den Seeweg erreichbare Super-Grotte und zum Tagesabschluss eine Sundowner-Location auf den alten Bastionen mit Traumausblick. Perfekter Begleiter zum Tagesabschluss: katalanisches Flair und spanisch angehauchte Meeresküche. → S. 52

TAG 3: FLAMINGOS UND ALTE STEINE
Über die Sinis-Halbinsel zum Capo Pecora
• **Weiter geht es die Westküste entlang,** vorbei an Bosa bis zum Felsbogen von S'Archittu. An den Lagunen von Cabras kannst du rosarotes Federvieh beobachten, bevor es steinreich weitergeht. → S. 58/59
• **Die in Teilen versunkene Hafenstadt von Tharros** zieht dich garantiert in ihren Bann! Und baden kannst du dort natürlich auch. → S. 40
• **Hier hast du eine ganz schön kurvige Wegstrecke vor dir.** Aber es lohnt sich: Der Südwesten Sardiniens ist durchlöchert, schroff und authentisch! Richtig einsam ist es am Capo Pecora, dem wilden Felskap südlich der Costa Verde. → S. 168
• **Wer mehr Zeit hat,** kann einen Abstecher zum Inselarchipel Sant'Antioco machen. Dort kannst du alles machen: baden, dünenwandern, radeln, kitesurfen oder einfach den Sonnenuntergang genießen. → S. 169

31

TAG 4: INSELHAUPTSTADT UND STRÄNDE
Im Südosten von Cagliari bis Arbatax

* **Cagliari ist das Herz der Insel!** Hier kannst du dich in engen Gassen verlieren, auf großen Boulevards flanieren und zum Schlemmen in der inselgrößten Markthalle versumpfen. Nicht verpassen: Die Fischhalle ist Erlebnisgastronomie pur! → S. 175
* **Und jetzt: Ab ans Meer!** Egal, ob Villasimius oder Costa Rei, Cardedu oder Marina di Gairo: Bei diesen Traumstränden kannst du nichts falsch machen! Am besten fährst du einfach die Küste entlang und hältst dort an, wo es dir spontan am besten gefällt. → S. 124
* **Weiter geht's nach Arbatax.** Die südliche Ogliastra ist Entspannung pur. Die Strände sind hier weitläufiger und die Saison kürzer. Hier kannst du an kilometerweiten Stränden oft fast allein flanieren! Aber den Absprung solltest du trotzdem schaffen: z. B. an den rostroten Klippen von Arbatax. → S. 136

TAG 5: KÜSTE UND BERGE
An Sardiniens Ostküste

* **Auch wenn du nur wenig Zeit hast:** Gönn dir eine Fahrt entlang der Küste oder eine Tour zu den Traumstränden. Mach zumindest einen kurzen (Schnorchel-)Stopp beim Felsturm von Pedra Longa. Und anschließend ab zu den Eseln auf der Golgo-Hochebene! → S. 140
* **Wenn du schon im Osten weilst,** darfst du die Culurgiones nicht verpassen. Die kunstvoll kreierten Kartoffeltaschen gibt es mit Butter und Salbei, mit wenig Sugo oder frittiert. Egal wofür du dich entscheidest: Culurgiones sind einfach lecker! → S. 146
* **Ab ins Inland.** Vorbei an der Quelle des Powerflusses von Su Gologone erreichst du das spannende Inland der Insel. Weiße Bergriesen – vom Kalkklotz des Corrasi-Massivs bis zum Bergrücken des Monte Albo kannst du dich hier in den Bergen austoben. → S. 112

Abtauchen an der langen Felsnadel: die Pedra Longa an Sardiniens Ostküste

SOUVENIRS & MITBRINGSEL

Sardisches Superfood

Nur Food-Banausen würden aus ihrem Sardinienurlaub ohne Lebensmittel im Gepäck nach Hause fahren. Honig aus Eukalyptus- und Orangenblüten ist gesund und hilft bei Erkältungen. Dass Olivenöl gesund ist, weiß mittlerweile wirklich jeder. So mancher sardische Hundertjährige schwört zudem auf die lebensverlängernde Wirkung des kräftigen Insel-Rotweins.

Teppiche und Körbe

In vielen sardischen Dörfern stehen in den Häusern noch die Handwebstühle, mit denen aus der Wolle der Inselschafe Teppiche und Decken nach uralten Mustern gewebt werden. Auf den Treppenabsätzen der alten Häuser von Castelsardo flechten die Frauen kunstvolle Körbe und Flechtarbeiten, die sie an willige Touristen verkaufen.

Keramik als Kunst

Halte Ausschau nach modernen Kunsthandwerksläden oder nach den I.S.O.L.A.-Shops in den Flughäfen: Hier wird zertifizierte Töpferkunst vertrieben, die in jedes moderne Ambiente passt: Sie schaffen es oft in die edelsten Luxusherbergen und Designerläden der Insel.

Mirto muss mit

Wenn der Winter kommt, werden Myrtenbeeren gesammelt, monatelang in Hochprozentiges eingelegt und zum Sommer mit Zucker aufgekocht und als Mirto kredenzt. Am Geschmack scheiden sich die Geister: Für die einen der perfekte Abschluss zum Festtagsmenü, für die anderen schmeckt der sardische Likör nach Hustensaft. Deswegen vorher unbedingt probieren!

Kitsch aus Kork

Mitbringsel aus und mit Kork gibt es an jeder Ecke. Von Beuteln über Postkarten bis hin zu Obstschalen wird so ziemlich alles verkork(s)t. Wenn unter der umweltfreundlichen Korkschicht eine Flasche Mirto-Likör steckt, kann man sich das Souvenir immerhin noch schöntrinken!

Messerscharfe Mitbringsel

(Fast) jeder Sarde hat ein Hirtenmesser aus Pattada, Santu Lussurgiu oder Arbus in der Tasche. Sie werden aus bestem Stahl handgeschmiedet, der Griff ist aus poliertem, ausgesucht schönem Horn. So stabil, dass du auf deinen Wandertouren ohne Schweizer Taschenmesser auskommst. Bloß nicht ins Handgepäck damit!

DIE REGIONEN IM ÜBERBLICK
*HIER IST FÜR JEDEN WAS DABEI

FRANCE
ITALIA

Golfo dell' Asinara

Porto Torres

Nordwesten → S. 37

Wilde Küste und grünes Hinterland – für Strand- und Kulturfans

• Sassari

Lago d. Coghinas

• Alghero

• Ozier

Landesinneres Nord → S. 93

Berge, Hügel und Kultur – für Bergfexe und Abenteurer:innen

Lago Omode

F. Tirso

• Oristano

Golfo di Oristano

Landesinneres Süd → S. 177

Kornkammer und Beschau- lichkeit – für Naturliebende und Ruhesuchende

• Guspini

• Villacidro

F. Mannu

• Iglesias

CAGLIA

• Carbonia

Santa Teresa
Gallura
La Maddalena

F. Liscia

Olbia

Nordosten → S. 65

Glamour und türkisblaues Wasser – für Bade- und High-Society-Fans

Nuoro

Dorgali

Golfo di Orosei

Orgosolo

Ostküste → S. 121

Sardiniens Outdoor-Region – für unternehmungslustige Draußen-Freunde

Arbatax

F. Flumendosa

Südliche Küste → S. 149

Sonne, Strand und Dolce Vita – für Strandläufer und Wassermenschen

Golfo di Cagliari

Wahnsinnsausblick nach kurzem Kletterspaziergang am Belvedere von Capo Caccia: die Grotta delle Brocche Rotte

Nordwesten

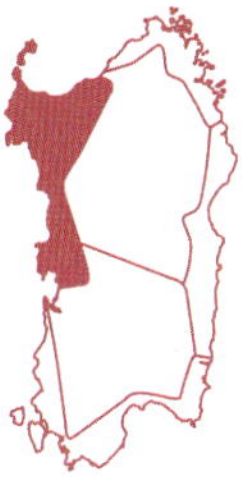

WILDE KÜSTE UND GRÜNES HINTERLAND

Die nordwestliche Ecke ist anders als der Rest der Insel: Wilde Küstenlinien zum Entlangpaddeln und Klippenspringen, ockergelbe Strände zum Baden, Surfen und Wellenreiten und ein sattgrünes Hinterland zum Wandern und Erleben per pedes oder auf dem Rad. Der winterliche Mistral bringt jede Menge feuchte Luft ins Land, sodass alles viel grüner erscheint als im Rest der Insel. Wilde weiße Esel und rosarote Flamingos gehören zu den Einwohnern hier. Spannende Städte wie Castelsardo, Bosa und Alghero machen den Westen aber auch zum Kultur-Highlight. Absolutes Muss nach jedem Tag an der frischen Luft: die unvergesslichen Sonnenuntergänge am Golf von Asinara und hinter dem Mare di Sardegna!

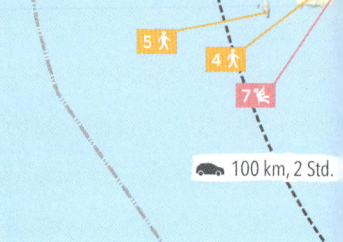

AUF EINEN BLICK

*NORDWESTEN

11
Stintin
10
6
8
MARE
MEDITERRANEO
Von den Kalkklippen hinein in den Naturpark ★
5
4
7
100 km, 2 Std.

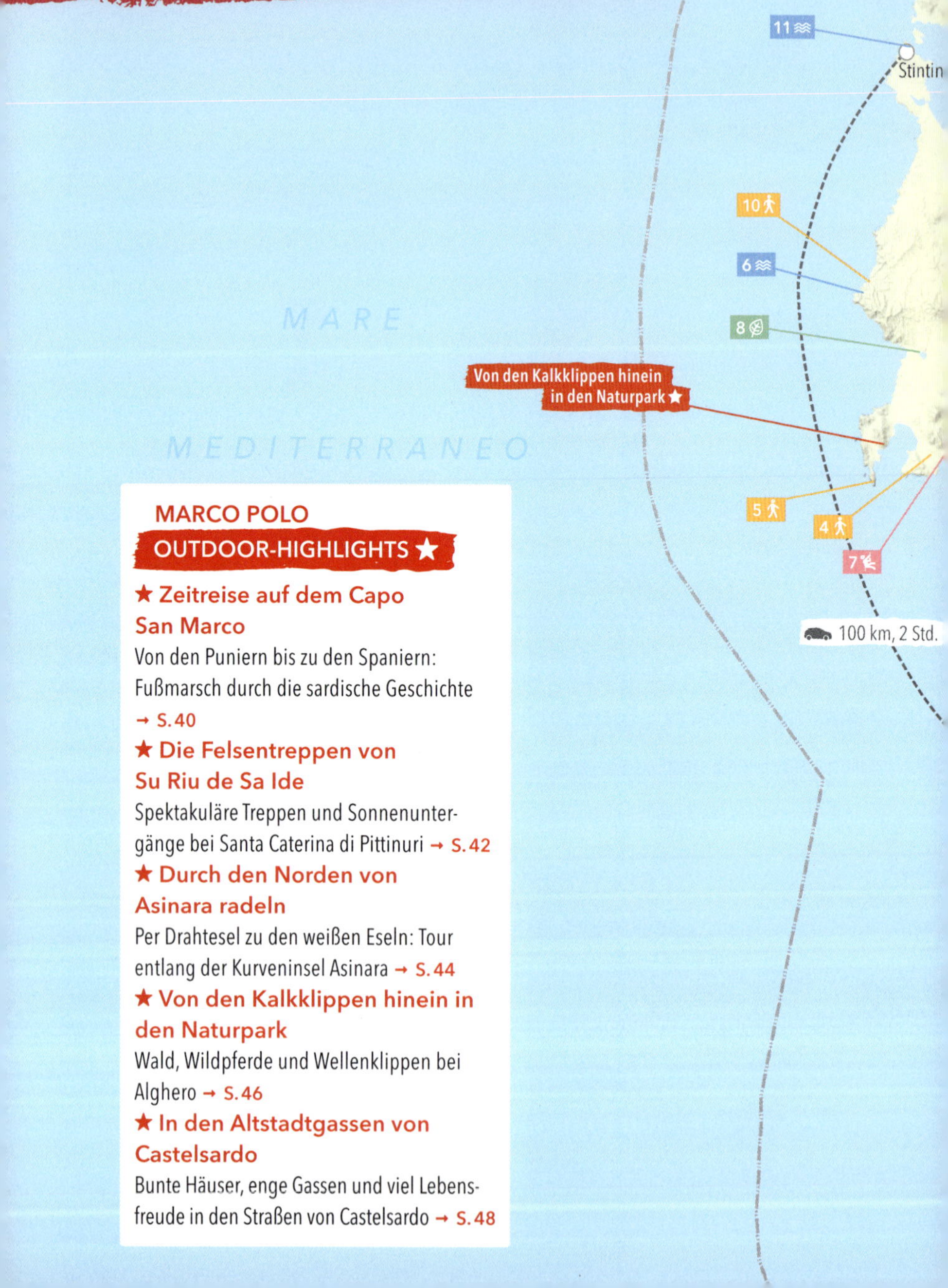

MARCO POLO OUTDOOR-HIGHLIGHTS ★

★ Zeitreise auf dem Capo San Marco

Von den Puniern bis zu den Spaniern: Fußmarsch durch die sardische Geschichte → S. 40

★ Die Felsentreppen von Su Riu de Sa Ide

Spektakuläre Treppen und Sonnenuntergänge bei Santa Caterina di Pittinuri → S. 42

★ Durch den Norden von Asinara radeln

Per Drahtesel zu den weißen Eseln: Tour entlang der Kurveninsel Asinara → S. 44

★ Von den Kalkklippen hinein in den Naturpark

Wald, Wildpferde und Wellenklippen bei Alghero → S. 46

★ In den Altstadtgassen von Castelsardo

Bunte Häuser, enge Gassen und viel Lebensfreude in den Straßen von Castelsardo → S. 48

Arzachena

Olbia

Durch den Norden von
Asinara radeln ★

In den Altstadtgassen
von Castelsardo ★

14 ≋

17 ⊘   Tempio Pausania

Porto Torres

Castelsardo

16 🎿

15 🎿

12 🎿

9 🚶

SS 131

Sorso

13 🚶

SS 127

Sassari

🚗 70 km, 1,5 Std.

4 🍴

22 ⊘

Ozieri

Alghero

6 🍴

5 🍴

2 🍴

ITALIA

SARDEGNA

3 ≋

3 🍴

Nuoro

2 🚶

Bosa

🚗 105 km, 2 Std.

Macomèr

Die Felsentreppen von
Su Riu de Sa Ide ★

1 🚶

19 ≋

20 ≋

21 ⊘

1 🍴

18 🚲 Cabras   Oristano

Zeitreise auf dem
Capo San Marco ★

OUTDOOR-HIGHLIGHTS
*DIE BESTEN ERLEBNISSE DRAUSSEN

Zeitreise auf dem Capo San Marco ★

Ein Spaziergang zum südlichen Zipfel der Sinis-Halbinsel wirkt wie eine Zeitreise durch die Geschichte Sardiniens. Die beeindruckenden Monumente aus den unterschiedlichsten Epochen auf kleinstem Raum bewundern und gleich danach ins kühle Nass springen – einzigartig! Auf dem Weg entdeckst du Tharros, die größte Ruinenstadt Sardiniens, und kannst am Leuchtturm am Capo San Marco einen herrlichen Sonnenuntergang erleben.

Von San Giovanni in Richtung Kap

Am Capo San Marco sticht aus den schilfverkleideten Fischerhütten die frühchristliche Kirche San Giovanni heraus. Beeindruckend, wie die wenigen kleinen Fenster die Nischen und Bögen des frühchristlichen Gotteshauses erleuchten!
Steuere jetzt einfach geradewegs auf das Kap zu. Nur ein paar hundert Meter weiter links liegt Tharros, die größte Ruinenstadt Sardiniens. Bisher hat man nur das punisch-römische Zentrum ausgegraben, aber beim Spaziergang durch die antiken Gassen, Wohnviertel und Thermen kannst du erleben, wie imposant die Hafenstadt gewesen sein muss.

Kurios: Viele alte Mauern sind seit langem im Meer versunken und geben ihre Schätze nur langsam frei. Nicht selten, dass nach einer Winter-Sturmflut antike Vasen an den Strand gespült werden!

Zuerst geht's zum alten Wachturm

Im Jahr 1050 hatten die Einwohner von ständigen Piratenüberfällen die Nase voll und gründeten einige Kilometer landeinwärts Aristiane, das heutige Oristano. Um die Küste und den Meereszugang zum Golf von Oristano zu überwachen, errichteten 500 Jahre später die spanischen Besatzer den wuchtigen Wachturm San Giovanni. Mit Kanonen und Rutten zum Verschießen von Brandgeschossen sollte der strategisch wichtige Zugang zum Golf verteidigt werden. **Insider-Tipp** Heute kannst du auf dem Turm den herrlichen Rundblick genießen.

Weiter zum Leuchtturm

Jetzt wird noch ein Stück gewandert! Die Tour ist am schönsten kurz vor Sonnenuntergang, deswegen legst du am besten nach der Kultur-Tour einen Badestopp am feinen Kieselstrand unterhalb des Torre di San Giovanni ein. Dann einfach Richtung Süden spazieren! Unterwegs liegt ein weiterer Wachturm, die kaum erschlossenen und erforschten Ruinen einer weiteren phönizischen Siedlung und die Reste von Gefechtsstationen aus dem Zweiten Weltkrieg. Wenn die Sonne untergeht und das Leuchtfeuer des Faro di Capo San Marco seine Kreise zieht, ist dein Tag am Südzipfel der Sinis-Halbinsel perfekt!

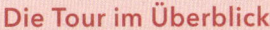

Die Tour im Überblick

🚶 **Leichte Wanderung zum Capo San Marco, 3,5 km einfach, etwa 45 Min. pro Strecke auf Feldwegen**

ℹ️ *Bus ARST 430 (arstspa.info/430.pdf) von Mitte Juni bis Mitte Sept. ab Oristano nach San Giovanni di Sinis | Oristano Richtung Tharros / San Giovanni, großer Parkplatz (zur Saison gebührenpflichtig)*

🕐 *Ganzjährig, am schönsten zum Sonnenuntergang*
⚙️ *Trinkwasser, Sonnenschutz, Mückenspray*
📍 *39.883648, 8.438575 (Parkplatz), 39.86001, 8.43437 (Leuchtturm)*

✔ **DOWNLOAD GPX-Track**

Die am besten erhaltenen Überreste von Tharros stammen aus der Zeit der Eroberer vom italienischen Festland (li.), den Wachturm San Giovanni errichteten einst die Spanier (re.)

Die Felsentreppen von Su Riu de Sa Ide ★

An der Kalkküste von Porto Pozzo bis Santa Caterina hat die Witterung ganze Arbeit geleistet und Höhlen und Buchten in die Küste gefräst. Der kleine Felsfjord Cala di Su Riu de Sa Ide mit seinen spektakulären Felstreppen ist perfekt zum Baden und Genießen des Sonnenuntergangs!

Spektakuläre Kalkklippen

Der Weiler Santa Caterina di Pittinurri hat mehr Buchstaben im Ortsnamen als Einwohner und ist weniger wegen seines ockerfarbenen Kieselstrands als wegen der beeindruckenden Kalkklippen spektakulär. Bei Mistralwind tummeln sich hier Profi-Windsurfer in anspruchsvollen Wellen. Und fast 30 m über dem Meer thront der Wachturm von Pittinurri. Vom Felskap aus hast du einen herrlichen Blick auf die Küste.

Vom Turm aus spazierst du die Küste entlang, vorbei am Mini-Meeresarm Cala di Sa Culumbera. Die türkisfarbene Bucht kann vom Meer her angefahren werden. **Insider-Tipp** In Santa Caterina di Pittinurri gibt es einen kleinen SUP- und Kanuverleih oder

du hangelst dich die Küstenwand entlang – ein paar Freeclimber haben einige kurze Abstiege abgesteckt und Palestra di Roccia Santa Caterina di Pittinurri getauft.

Einige Meter weiter Richtung Inland führt ein gut ausgetretener Trampelpfad die Küste entlang. Im schroffen Sedimentgestein wächst nur wenig. Deshalb ist es hier im April und Mai am schönsten, wenn gelbe Wucherblumen blühen. Im Sommer ist es hier dagegen brütend heiß.

Abstieg zu den Felsen

Gut, dass der Abstieg nach Su Riu de Sa Ide nur kurz ist. Dafür wird's hier spektakulär: Auf den kalkigen Felstreppen tummeln sich immer ein paar Badegäste, vor allem aber Hobby-Klippenspringer: Das Wasser ist tief und glasklar, und eine Felsentreppe erleichtert den Ein- und Ausstieg. Aber gleich wieder hochzuklettern wäre viel zu langweilig! Der sanfte Wellengang hat hier eine Grotte in den Felsen geschlagen, in die du einfach hineinschwimmen kannst.

Zum Sonnenuntergang bleiben

Hier nur kurz zum Baden zu bleiben wäre viel zu schade. Warte unbedingt bis zum Sonnenuntergang! Die glatt gewaschenen Felsterrassen eignen sich wunderbar als Sitzgelegenheit zum Sundowner. Richtung Norden ändert sich die Landschaft plötzlich. Aus weißem Sedimentgestein wird rostrote Lava – das Vulkangestein stammt von den Magmaströmen des Montiferru-Vulkans. Wer will, kann bis zum Wasserfall von Capo Nieddu weiterwandern, die Tour ist aber nicht abgesteckt und führt über mehrere Viehweiden.

Die Tour im Überblick

🚶 **Einfache Küstenwanderung zu Sprungfelsen und Badebucht, 1 km pro Strecke, jeweils etwa 20 Min.**

ℹ️ *Von Oristano auf der SS 292 nach Cuglieri, dann den Ausschilderungen zum Hotel La Baja folgen und parken | SUP-Verleih: facebook.com/santacaterinasportenatura*

🕐 *Im Sommer*

⚙️ *Turnschuhe, Wasserschuhe, Sonnenschutz, Trinkwasser, Schnorchelausrüstung und Action-Cam!*

📍 *40.105281, 8.487162 (Parkplatz am Wachturm), 40.112304, 8.487292 (Su Riu de Sa Ide)*

✔️ **DOWNLOAD GPX-Track**

Die Felsen in der Cala di Su Riu de Sa Ide wurden von Wasser und Wind glatt geschliffen (li.). Am besten bleibt man bis zum Sonnenuntergang – die Abendstimmung ist magisch (re.)

Durch den Norden von Asinara radeln ★

Auf der Isola Asinara saßen einst Schwerverbrecher und Mafiabosse ein. Heute ist das einzigartige Eiland vor Stintino ein Nationalpark. Zwischen unzähligen einsamen Buchten konnte sich ungestört eine einzigartige Flora und Fauna entwickeln, und die legendären weißen Albino-Esel von Asinara vermehren sich hier unbeschwert und ungestört.

Mit der Fähre zu den Albino-Eseln

Seit der Hochsicherheits-Strafvollzug 1997 nach hundert Jahren eingestellt wurde, ist die Insel fast unbewohnt. Die kleine Fähre von Porto Torres legt im ehemaligen Gefängniskomplex von Cala Reale an. Halte dich einfach rechts: Es gibt nur eine Straße Richtung Norden.

Türkisblaues Wasser, niedriger Buschwald – was heute so hübsch aussieht, ist das Resultat einer alten Umweltsünde. Die Insel-Macchia wurde weitgehend gerodet, um Flüchtige möglichst schnell erkennen zu können. Flüchten will aus dem Paradies heute keiner mehr – auch die Albino-Esel nicht, die nur hier leben und sich nicht von vorbeifahrenden Bikern, E-Autos und Urlauber-Bummelzügen stören lassen.

Zu Besuch bei den schweren Jungs

Vorbei an der Siedlung Trabuccato und dem spanischen Wachturm kommst du nach Cala d'Oliva. Ein Jahrhundert lang diente die Anlage als Hochsicherheitsgefängnis. Die Zellen der schweren Jungs – vor allem auch Mafia-Mitglieder – kannst du heute im *carcere* (Gefängnis) bestaunen. Nach so schwerer Kost tut ein Trip zum Abkühlen am Strand gut: Auf einem alten Eselspfad strampelst du bis zur Traumbucht Cala Sabina weiter.

Asinara von oben

Zurück in Cala d'Oliva, folgst du dem Feldweg bis zum höchsten Punkt von Asinara durch das Wäldchen Elighe Mannu zu einem der zahllosen Geisterdörfer der Insel. In den Case Bianche waren die dort Inhaftierten weitgehend autonom und betrieben Viehwirtschaft. Auch wenn es noch so erbarmungslos bergauf geht: Den Brandwachtpunkt von Scomunica darfst du nicht verpassen. <mark>Insider-Tipp</mark> Von hier aus hast du den besten Blick auf die über 110 Küstenkilometer, die der Insel ihren Namen gaben, denn Asinara bedeutet so viel wie „kurvig" oder „gewunden". Zurück geht's wieder auf demselben Weg. Wenn du MTB-technisch fit bist, kannst du zurück den ausgeschilderten Sentiero del Leccio nehmen – der Wanderweg hat allerdings ein paar knifflige Abstiegsstellen.

Die Tour im Überblick

🚲 **Mittelschwere MTB-Tour auf der Insel Asinara, 33 km, ca. 5 Std. auf ausgeschilderten Wegen**

ℹ️ *Ab Porto Torres mit der Fähre der Delcomar (delcomar.it) | € | Abfahrtszeiten beachten! Nur eine kleine Jugendherberge (sognasinara.it) mit wenigen Betten*

🕐 *Herbst bis Frühjahr*
⚙️ *Sonnenschutz, Trinkwasser und Snacks; Bike-Verleih in Porto Torres (ebikeasinara.it)*
📍 *40.838976, 8.399020 (Fähranleger in Porto Torres), 41.087644, 8.346096 (Cala Sabina), 41.096760, 8.295504 (Scomunica)*

✔ DOWNLOAD GPX-Track

Tierisch gut: Nicht nur in der Bucht von Cala d'Oliva auf der Insel Asinara (li.), die von den Albino-Eseln (italienisch: asino) bewohnt wird (re.), geht es ziemlich entspannt zu

Von den Kalkklippen hinein in den Naturpark ★

Der Wild- und Naturpark Prigionette-Porto Conte ist ein ganz besonderes Natur-reservat. Hier wachsen nicht nur seltene Flockenblumen und Strandflieder, sondern hier grasen neben Rehen und Hirschen auch ausgewilderte Kühe, Ziegen und Pferde. Auf einem Spaziergang kann man dieser einzigartigen Flora und Fauna begegnen.

Steil bergauf zum Monte Timidone

Zugegeben – es geht erst mal ganz schön bergauf. Du folgst den grünen Markierungen auf den Monte Timidone durch einen aufgeforsteten, schattigen Wald. Der würzige Duft der Kiefern ist sommerlich-frisch, und Zikaden zirpen um die Wette. Lass dich nicht vom Aufstieg stressen, einfach öfter Pause machen. Lange Zeit vor der Aufforstung gab es hier die sardischen Zwergpalmen – die wachsen auf Sardinien nur an der Westküste von Alghero bis Oristano und sind die einzige heimische Palmenart der Insel. Wenn du erst mal oben bist, wirst du mit dem tollen Blick auf das Kalk-Kap von Capo Caccia und die nördliche Westküste der Insel belohnt. Wo es hoch geht, geht es auch wie-der runter – und dein Weg führt dich nach Cala Barca (Bucht des Bootes), die wohl so heißt, weil hier im 17. Jh. ein französisches Segelschiff unter-gegangen ist. Kein Wunder – in der engen Bucht türmen sich die Wellen meterhoch auf, die Gischt spritzt und der Wind tost durch die Flora. **Insider-Tipp** Hier kannst du verweilen und stundenlang auf das ungezähmte Meer starren. Nur Obacht mit Kindern – es gibt keinerlei Geländer vor den senk-recht ins Meer abfallenden Klippen!

Einzigartige Pflanzen- und Tierwelt

Apropos Flora: Hier im Naturpark wachsen Arten von Flockenblumen und Strandfliedern, die nur hier auf der Insel ihre Wurzeln in die wenigen Zenti-

*An der Küste brechen wilde Wellen an den Kalkfelsen (li.),
während im Park von Porto Conte ungezähmte Kaltblüter,
die Giara-Wildpferde (re.), und andere Huftiere warten*

meter rote Erde krallen, die den zerklüfteten Kalkstein bedecken. Wanderst du durch den Pinienhain
ins Inland, kannst du an der Wildfütterungsstation
allerlei Huftiere erspähen: Rehe, Hirsche, Ziegen,
Wildpferde und ein paar weiße Albino-Esel – alle
ein wenig scheu, außer wenn du sie beim Mit-
tagsmahl ertappst. Allerdings ist Prigionette kein
Streichelzoo – die Fauna wird hier dank des Natur-
park-Statuts weitgehend in Ruhe gelassen. Auf der
Brandschutzschneise, die als Waldweg ausgebaut
ist, kommst du direkt zurück zum Ausgangspunkt.

Abkürzung für Faule

Vom Parkeingang führt der Waldweg nach rechts
geradewegs zur Futterstelle und zur Cala Barca.
Auch gut bei unsicherer Witterung und mit Kids
und Kegel machbar.

Die Tour im Überblick

🚶 **Anfangs steile, dann einfache Wanderung, 15 km, etwa 5 Std., 360 hm**

ℹ️ *Mit der Stadtbuslinie ARST Nr. 9321
(arstspa.info/9321.pdf) ab Alghero bis
Haltestelle Arca di Noe' oder von Alghero
nach Capo Caccia über die Küstenstraße
SP 55 | Fahrrad- und E-Bike-Verleih bei
bikealghero.com auf Anfrage*

🕐 *Frühjahr und Spätsommer bis Winter*
⚙️ *Wanderschuhe, Trinkwasser und Snacks*
📍 *40.616289, 8.187904 (Parkplatz am
Eingang der Oasi Naturale Le Prigionette),
40.605364, 8.149282 (Cala Barca)*

✔ **DOWNLOAD GPX-Track**

In den Altstadtgassen von Castelsardo ★

An der Nordwestküste thront Castelsardo, die Felsenfestung, von der aus die Genueser Bauherren einst die Meerenge zwischen Sardinien und Korsika im Blick haben wollten. Altstadtgassen, Festungsmauern, ein Leuchtturm, der heute Kirchturm ist: Castelsardo hat Charme! Ein Korbflecht-Museum ist in der alten Schlossruine anzuschauen.

Hoch hinauf zum Castello Doria

So pittoresk und romantisch, wie sich die alten Häuser heute auf einem riesigen Felsen an der Nordküste hinaufreihen, war es hier nicht immer. Castelsardo hat eine turbulente Vergangenheit: Einst hieß der Fels Castel Genovese, dann unter spanischer Herrschaft Castillo Aragonés, bis schließlich die Savoyer der Festungsstadt ihren heutigen Namen gaben. Mit herrlichem Ausblick thront 115 m über dem Meer die alte Festungsruine und die beeindruckende mittelalterliche Altstadt mit ihren engen Gassen und uralten Wohnhäusern, die du unbedingt erkunden solltest!
Los geht's im neuen Teil der Stadt, in dem die Bars, Fischrestaurants und Andenkenläden die Besucher-

scharen erwarten. Über die Via Cristoforo Colombo und die Via Brigata Sassari ersteigst du den Burgberg über steile Treppen, bevor du die Festung über die in engen Kehren gewundene Via Sottu La Polta betrittst. Gleich links liegt das alte Schloss Castello Doria, benannt nach der ligurischen Gründerfamilie.

Alte Flechtkunst entdecken

Die Körbe aus Castelsardo gehören zu den weltweit bekanntesten Mitbringseln sardischen Kunsthandwerks. In der alten Burgruine ist der Flechtkunst ein ganzes Museum gewidmet. Außerdem gibt es die Strohboote aus Cabras zu sehen, die die Lagunenfischer noch traditionell auf den Binnengewässern bei Oristano nutzen. Den Besuch kannst du dir übrigens auch bis zum Schluss aufheben – das Museum hat im Sommer bis nach Mitternacht geöffnet!

Insider-Tipp ==Egal welchen Weg du nimmst, irgendwann landest du an der Concattedrale di Sant'Antonio Abate, deren majestätisches Kirchenschiff hoch über dem Golf von Asinara thront.== Ihr Kirchturm war einst der höchste Leuchtturm des Mittelmeerraums und wurde erst später zum Campanile.

Abstecher zum Stadtpark am Meer

Gleich neben dem Kirchplatz führt eine Stahltreppe an den alten Festungsmauern entlang nach unten. Halte dich rechts: Entlang der Mauern wurde der schöne Parco di Lu Grannadu angelegt, in dem du herrlich entspannen und aufs Meer blicken kannst. Zieht es dich eher zum Bummeln in die Altstadt, dann biegst du einfach links ab und flanierst durch die Unterstadt zurück zum Ausgangspunkt.

Die Tour im Überblick

🚶 **Einfache Stadttour durch die Altstadtgassen, 1,5 km, etwa 2 Std., beliebig verlängerbar**

ℹ️ *Ab Sassari mit der Überland-Buslinie ARST 721 (arstspa.info/721.pdf) oder 724 (arstspa.info/724.pdf) | Schönste Anfahrt von Sorso über die Küstenstraße SS 200*

🕐 *Ganzjährig*
⚙️ *Bequeme Schuhe, Sonnenschutz*
📍 *40.913291, 8.713695 (Parkhaus PARKinogga Via Colombo), 40.911485, 8.721039 (Parkplatz-Alternative auch für Wohnmobile am östlichen Ortseingang)*

✔ DOWNLOAD GPX-Track

Vom Leuchtfeuer zum Kirchturm umfunktioniert: Der Turm von Castelsardo (li.) thront hoch über dem wilden Meer. Die Stadt mit ihren bunten Häusern (re.) ist u. a. für kunstvoll hergestellte Körbe bekannt

MEHR ERLEBEN
*WEITERE ABENTEUER & AUSFLÜGE

Beim Anblick des Winter-Wasserfalls am Capo Nieddu muss man unweigerlich an die Grüne Insel Irland denken

Wilder Nordwesten: Rund um Alghero kannst du in Grotten absteigen, vor alten Silberminen abtauchen und rund um Porto Torres und Stintino Meeresgrotten erpaddeln, in Postkartenbuchten baden oder erkunden, wo einst Ufos landeten. Irland- und Mond-Feeling kommt in der Gegend von Bosa auf. Und bei Castelsardo kannst du durch verlassene Kirchen streifen, übers Wasser gleiten oder dir für lau Fangopackungen verpassen.

BEI BOSA
Wo Sardinien wie Irland aussieht
1 🚶 Einfache Wanderung zum Küstenwasserfall am Capo Nieddu, 1,5 km einfach, ca. 20 Min.
Capo Nieddu – das schwarze Kap – nennen die Sarden die kerzengerade Steilküste im Westen, an der die bröckeligen alten Lavaströme des vor Jahrtausenden erloschenen Vulkans von Montiferru ins Meer abfallen. Jedes Jahr im Frühjahr bietet sich dir hier ein Spektakel, das so wohl keiner von Sardinien erwartet: Der nur im Winter Wasser führende Fluss Riu Salighes stürzt sich über 40 m

über die Basaltkante ins Meer, das hier zur kalten Jahreszeit nicht selten mit voller Gischt gegen die Felsen peitscht. Irland-Feeling pur! Zur Kaskade führt ein kurzer Feldweg die Küste entlang, zurück geht's auf demselben Pfad.

ℹ️ *Richtung Capo Nieddu, an der langen Geraden der SS 292 bei GPS 40.140223, 8.513106 abbiegen, Richtung Meer, am Ende der Asphaltpiste am Straßenrand parken* 🕐 *Jan.–Anfang April* 📍 *40.139951, 8.472409 (Parken), 40.146576, 8.464030 (Aussichtspunkt)*

In Mittelaltergassen eintauchen
2 🚶 Stadtspaziergang auf der südlichen Flussseite durch Bosa, 2 km, 2 Std. bis ½ Tag
Es sieht so aus, als würden die bunten Häuser des Städtchens den Hang hochklettern, um das alte genuesische Kastell einzunehmen. Bosa ist mittelalterlich, aber lebendig, und der authentische Charme der alten Häuser und ihrer Bewohner wickelt sicher auch dich um den Finger. Starte deine Entdeckungstour am Temo, dem einzigen schiffbaren Flusslauf der Insel, wo du den Fischern

Bilderbuchstädtchen Bosa: Mittelaltergassen, eine wuchtige Burg und Sardiniens einziger schiffbarer Fluss

Wie aus einer anderen Welt: die Mondlandschaft von Cane Malu bei Bosa

beim Flicken ihrer Netze zuschauen kannst. Dann schlendere durch die alte Gasse Corso Vittorio Emanuele II. und schaue in den kleinen Künstlerateliers vorbei. Durch enge Gassen geht es kreuz und quer nach oben, bis zum Castello Malaspina, in dem neben einer Top-Aussicht auf das Temo-Tal die herrliche, reich affreskierte Mittelalterkapelle Nostra Signora de Sos Regnos Altos lockt. **Insider-Tipp** Mit etwas Glück lädt man dich auf dem Weg zurück in einen der alten Weinkeller zu einem Gläschen süßen Malvasiawein ein, denn fast an jedem Wochenende gibt es irgendein Fest in Bosa.
ⓘ *Mit dem Auto nach Bosa, Parken am Parcheggio al ponte Vecchio, weitere Parkplätze am Ende der Via delle Conce | castellodibosa.com, € ⏱ Ganzjährig ⦿ 40.294017, 8.503102*

Mondlandschaft und Naturschwimmbad

3 ≋ Zum Naturschwimmbad Cane Malu in Bosa, 1–2 Std.

Eine karge und unwirtliche Szenerie liegt nördlich der Temo-Mündung bei Bosa: Krater, Felsen und Staub, von Salz und Sonne ausgebleicht und grau. Fast wie auf dem Mond – wäre da nicht das strahlende, leuchtende Blau des Meeres, das sich hier

in den verwitterten Kalkfels ein Naturschwimmbad gegraben hat. Cane Malu, böser Hund, nennen die Sarden diesen Küstenabschnitt, der nur an Land so unwirtlich ist. Unter Wasser blühen Seeanemonen, krabbeln Seeigel und tummeln sich Meeräschen im glasklaren Meer. Da die Küste recht schroff ist, Badeschuhe nicht vergessen!
ⓘ *In Bosa am Ende der Viale Alghero am Kreisverkehr nach Sas Covas und Porto di Bosa abbiegen, am Hafen vorbeifahren | Am Straßenrand der Via Sas Covas parken ⏱ Mai–Okt., wenn kein Mistral-Wind herrscht ⦿ 40.292638, 8.475252*

RUND UM ALGHERO
Zeitreise mit Badestopp

4 🚶 Nuraghenfestung und Badestopp auf Capo Cacchia, mindestens 1 Std.

In der Nähe von Fertilia liegt diese wuchtige Nuraghenfestung. Um die ganz aus Kalkstein gebaute Wehranlage, die etwa um 1500 v. Chr. entstanden ist, verteilt sich eine antike Stadt aus etwa 200 Rundhütten. Von etwa 50 sind heute noch die Umrisse zu sehen. Die Hütten waren ziemlich stabil, und bis in die heutige Zeit werden die sar-

Am Ende der endlos langen Rehbocktreppe wartet die wunderbare Grotta di Nettuno

Nur einen Katzensprung vom Capo Caccia entfernt liegt eine der schönsten Nuraghenfestungen

dischen Schäferhütten Pinnettas nach ähnlicher Bautechnik errichtet. Nicht ganz so stabil war der dritte Turm der Festung: Der ist wohl schon vor Urzeiten eingestürzt. Vielleicht wurden hier sogar Baumeister ausgebildet? Jedenfalls gibt in Palmavera ein steinernes Baumodell Auskunft darüber, wie die Nuraghen ursprünglich aussahen. Du hast genug von Kultur? Etwas westlich der Ausgrabungen liegt die Bucht Porto Conte, die die alten Römer Portus Nimpharum (Hafen der Nymphen) nannten. Der natürliche Hafen war schon in der Antike Anlaufpunkt der phönizischen Handelsflotten. Davon ist nicht mehr viel zu sehen – nur noch glasklares Wasser und ein traumhafter Strand.

🛈 *Straße SS 127 von Alghero nach Capo Caccia | Parken am Straßenrand vor der Ausgrabungsstätte | nuraghepalmavera.it | € ⏲ Ganzjährig*
📍 *40.594527, 8.242783*

Die Grotte am Ende der langen Treppe

5 🚶 **Steiler Abstieg zur Grotta di Nettuno in Alghero, ca. 20 Min. hinab, 30 Min. zurück**

Hut ab, wenn du beim Zählen der 654 Treppenstufen bis zum Meer nicht außer Atem kommst – schlappe 240 hm musst du auf 450 m überwinden, um zu Italiens schönster Meeresgrotte zu gelangen. Am Ende der 1954 erbauten Escala del Cabirol (Rehbocktreppe), wie sie auf Katalanisch heißt, warten ein unterirdischer See, bezaubernde Tropfsteinlandschaften und ein Bootsanlegesteg, an dem jede Menge Besucher von Ausflugsbooten ausgespuckt werden. Die fahren nämlich ab Alghero bis zur Grotta di Nettuno und bieten unterwegs Badestopps und Delfinbeobachtung (ohne Sichtungsgarantie!) an. ==Insider-Tipp Die Neptungrotte ist kein Geheimtipp und gut besucht – wenn du es ruhiger magst, solltest du zur ersten Führung um 9 Uhr aufbrechen.==

🛈 *Mit der Stadtbuslinie ARST Nr. 9321 (arstspa. info/9321.pdf) ab Alghero bis Endhaltestelle | Mit dem Auto von Alghero nach Capo Caccia über die Küstenstraße SP 55, am Ende der Stichstraße parken | grottadinettuno.it und Infos über Schließungen bei rauer See: facebook.com/Grottadinettunofficial | €€ ⏲ April–Nov. bei ruhiger See*
📍 *40.563401, 8.163301*

Am Ruinen-Strand von Argentiera ist facettenreiches Faulenzen angesagt

Für Lost-Places-Freunde

6 ≋ Zum Strand am alten Silberbergwerk in Argentiera

Eine wahrlich kontrastreiche Umgebung für einen Badetag ist Argentiera. Über der halbmondförmigen Bucht thronen die Gerippe der Geisterstadt des 1963 geschlossenen Silberbergwerks. Hier kannst du an zwei feinkieseligen Stränden planschen, die steil ins Wasser abfallen. Das glasklare, blaugrün schimmernde Wasser bietet unzählige Möglichkeiten zum Schnorcheln und Tauchen entlang der Felswände. Bei Wind schlägt das Meer in Argentiera allerdings hohe Wellen!

ⓘ *Von der SP 69 von Santa Maria la Palma nach Pozzo San Nicola nach Argentiera abbiegen | €* 🕐 *Juni–Sept.* 📍 *40.739632, 8.149494*

Baden & Klettern

7 🧗 Zum Strand Le Bombarde mit Kletterpark

Das azurblaue, glasklare Meer von Le Bombarde ist nicht das Einzige, was diesen Strand einmalig macht. Schattige Parkplätze, Strandkiosks und Restaurants sowie ein kleiner Kletter- und Adventure-Park *(ilparcodeipini.com)* runden das Komplettpaket der Badebucht ab. Eingegrenzt wird der einen halben Kilometer lange Sandstrand von roten Vulkanfelsen, zwischen denen du wunderbar schnorcheln kannst.

ⓘ *Westlich von Alghero, Abfahrt von der SS 127 bis (ausgeschildert) | €* 🕐 *Juni–Sept., im Winter ist der Südostteil militärisches Sperrgebiet* 📍 *40.585189, 8.257135*

Einmal um Sardiniens einzigen See

8 🏇 Einfache Wanderung oder Ausritt am Lago Baratz, Wanderung 6,5 km, 3 Std., Ausritte ab 1 Std. bis 2,5 Std.

Im Nordwesten liegt Sardiniens einziger natürlicher See, der Lago Baratz. In dem nur etwa 5 m tiefen Binnengewässer fühlen sich Seevögel bis hin zu Sumpfschildkröten wohl, und der See sieht aufgrund der stark wechselnden Wasserstände je nach Jahreszeit ganz unterschiedlich aus. Nach der letzten Eiszeit wurde der See vom Meer abgekapselt, eine riesige Dünenlandschaft, durchzogen von einem Pinienhain, trennt den Süßwassersee vom wilden Strand von Porto Ferro. Um den See

Bei einem Strandritt am Lago di Baratz hast du den See stets im Blick

Weltraumbahnhof aus der Antike: der wundersame Altar von Monte d'Accoddi

führt ein Rundweg, auf dem du die einmalige Landschaft entdecken kannst. Mückenspray einpacken! Am besten entdeckst du diese spannende Gegend vom Pferderücken aus: Die lokale Reitschule bietet Kinderkurse, Anfängerreiten und Ausritte bis zum Strand.

ℹ️ *Mit dem Auto zur Reitschule Maneggio di Baratz | SP 69 von Santa Maria la Palma nach Palmadula, nach Lago di Baratz abbiegen, parken an der Reitschule, maneggiobarratz.it | Der Spaziergang um den See startet am Wanderparkplatz, Tour unter sardegnasentieri.it/sentieri/sentiero-del-lago | €€* 🕐 *Ganzjährig* 📍 *40.675566, 8.228851 (Reitschule), 40.681644, 8.218633 (Wanderparkplatz)*

BEI STINTINO UND PORTO TORRES
Steinzeit-Ufo-Landeplatz

9 🚶 **Spaziergang am Stufentempel von Monte d'Accoddi, 2 Std.**

Ein Tempelberg aus der Steinzeit? Der Stufen-Zikkurat von Monte d'Accoddi, zwischen Sassari und Porto Torres gelegen, ist ziemlich rätselhaft, denn Sonnentempel wie in Mesopotamien gibt es im gesamten Mittelmeerraum nicht. Dazu Menhire, kugelige Findlinge und Steintische, noch älter als der Terrassentempel und viel älter als die Nura-

ghen – wirklich mysteriös, was die ganz alten Sarden uns hier hinterlassen haben. Dass hier außerirdische Kräfte im Spiel waren, dessen sind sich Ufo-Forscher wie Erich von Däniken ganz sicher. Demnach sind die Aliens sogar hier gelandet! Weniger fantasieanregend ist die Entdeckung von Monte d'Accoddi. Sein Geheimnis lag über Jahrtausende unter der Erde verborgen, bis im Zweiten Weltkrieg die leichte Anhöhe von der italienischen Armee als Basis für Flugabwehrgeschütze genutzt wurde. Die Soldaten stießen dabei auf unterirdische Steinhöhlen, die in den frühen 1950er-Jahren erstmals ausgegraben wurden.

ℹ️ *An der ehemaligen Schnellstraße Porto Torres – Sassari (ex-SS 131) gelegen, Strada vicinale Monte d'Accoddi. Zufahrt nur aus Ri. Porto Torres möglich | Parkplätze vor dem Eingangsbereich, €* 🕐 *Ganzjährig (So Nachmittag und Mo geschl.)* 📍 *40.794000, 8.452813*

So schön, dass du hier selten alleine bist: der seichte Superstrand von La Pelosa

Immer die Abbruchkante entlang

10 🚶 **Mittelschwere Küstenwanderung mit Badestopp in der Bucht La Frana, 2,5 km einfach, ca. 1,5 Std.**

Eine wilde Küste verbirgt sich nördlich der windgeschützten Badebucht von Porto Palmas im Westen der Insel. Vor allem im Winter tobt hier die Natur: Meterhohe Wellen arbeiten sich wild tosend an den Felsen ab und schaffen Höhlen, Sprungfelsen und Mini-Badebuchten. Festes Schuhwerk und Schwindelfreiheit sind Pflicht, denn vor den Badespaß hat die Natur den Abstieg nach unten auf einem schmalen Pfad gestellt. In der Bucht von La Frana kannst du neben schwarzem und weißem Kies dein blaues Schnorchelwunder erleben – so glasklar-ultramarin ist hier das Meer!

ℹ️ *Von Alghero Richtung Argentiera (SP 69 und SP 18) liegt die Bucht von Porto Palmas | Parken (zur Saison gebührenpflichtig) am Area Parcheggio Porto Palmas, dann den steilen Fahrweg die Küste entlang Richtung Norden |* 🕐 *April–Juni und Sept./ Okt., im Sommer ist der schattenlose Abstieg recht anstrengend* 📍 *40.748764, 8.158547*

Baden im Postkartenmotiv

11 ≋ **Am Strand La Pelosa bei Stintino**

Traumstrand der Kategorie „Schöner geht nicht"! Außerdem bietet der superseichte Erste-Klasse-Strand ein atemberaubendes Panorama auf die Insel Asinara und auf den Felsen Isola Piana mit dem alten Wachturm. Da der weiß funkelnde Sandstreifen von Jahr zu Jahr kleiner wird, ist er von Juni bis Oktober zugangsbeschränkt (Vorausbuchung über *spiaggialapelosa.it*, €€) und es herrscht Handtuchverbot. Am Hafen am Ort gibt es immer ausreichend Parkplätze. <mark>Insider-Tipp</mark> <mark>Die Straße von Stintino bis nach La Pelosa ist mit einem gut ausgebauten Radweg ausgestattet.</mark>

ℹ️ *Nördlich von Stintino auf der gleichnamigen Halbinsel, Viale la Pelosa* 🕐 *Ganzjährig*

Zu einsamen Meergrotten paddeln

12 🛶 **Kajak- oder SUP-Ausflug am Strand von Balai, ½ Tag**

Porto Torres ist vor allem eines: Fähr- und Industriehafen. Aber kaum einer kennt die majestätischen weißen Kreidefelsen der Stadt: klitzekleine

Die Mini-Fjorde von Porto Torres bieten ideale Bedingungen zum Paddeln

Bei Martis ragen die bizarren Gemäuer der Kirchenruine San Pantaleo gen Himmel

Grotten, enge Fjorde und ein leuchtend blaues Meer, das du nur von See her erkunden kannst. Mach dein SUP am Strand von Balai startklar und paddle einfach Richtung Osten. Je nach Wetter und Kondition kommst du an verschiedenen Buchten vorbei, bis zur Höllengrotte (Grotta dell'Inferno), wo ein Felsbogen einen besonders schönen, kleinen Kalksteinfjord schützt.

ⓘ *Zum Strand von Balai, Parkplätze entlang der Strada Litoranea Platamona | Kajak- und SUP-Verleih und geführte Kurse: facebook.com/snorkeling academy, € ⏱ April–Nov., bei ruhiger See ⦿ 40.838018, 8.417296 (Strand), 40.834330, 8.425078 (Grotta dell'Inferno)*

CASTELSARDO UND UMGEBUNG

Durch den versteinerten Wald zur verlassenen Kirche

13 🚶 **Spaziergang zur Foresta Pietrificata und zur Kirche von San Pantaleo bei Martis, 2 Std.**

Urzeiturwald auf freiem Feld? In Martis, in der hügeligen Kulturlandschaft des Anglona, stehen schon lange keine Wälder mehr. Die wohl ältesten wurden nämlich im Miozän vor etwa 20 Millionen Jahren nach einem Vulkanausbruch verschüttet. Heute liegen die fossilen Überreste wie kuriose Betonrohre in der Landschaft. Weniger alt, aber genauso verlassen steht die alte Kirche von San Pantaleo am Ortsrand von Martis. Die Kirchenruine wurde vor etwa 100 Jahren aufgegeben, da der Felsvorsprung über dem Carrucana-Bach dem Prachtbau nachgegeben hatte. Das romanisch-gotische Gewölbe, der vergilbte Altar und die Spitzbögen der verfallenen Seitenschiffe sind ein Lost Place und ein echter Hingucker!

ⓘ *An der SS 127 von Perfugas nach Sassari | Parkplatz Foresta Pietrificata und Parkplatz auf dem Kirchenvorplatz am Ende der Via San Pantaleo | sardegnaturismo.it/de/entdecken/martis ⏱ Ganzjährig ⦿ 40.776852, 8.820535*

Der endlose Strand

14 〰 **Am Baia delle Mimose**

Eine endlose Dünen- und Strandlandschaft erstreckt sich von der Coghinas-Mündung (dort heißt der Strand Baia delle Mimose) über Badesi Mare bis nach Isola Rossa. Der goldgelbe Sand, die intakte Natur und das in allen Blautönen schillernde Meer

Zwischen Valledoria und Badesi erstreckt sich der endlos lange Mimosen-Strand

In einer Lagune bei Valledoria herrscht reges Treiben: ideal für die Kite-Künstler

bieten genügend Platz für alle, selbst in der Hochsaison. Außerdem geht es wild zu: Auf den Dünen breiten sich Stranddisteln, Meersenf, Stacheldolde, Strandfilzblumen und Strandlilien aus. Um die Strandvegetation zu schützen, darf man den Strand nur über die vorgesehenen Holzrampen betreten.

ℹ️ *Von der SP 90 von Badesi nach Valledoria Richtung Baia delle Mimose abbiegen | € 🕐 Juni–Sept., in der Nebensaison herrscht oft starker Mistralwind 📍 40.936356, 8.813761 (Strand), 40.940487, 8.819684 (Parkplatz)*

Im Kite-Paradies

15 🪁 Kitekurse für Anfänger und Profis, mind. 4 Std.

San Pietro a Mare ist Nordsardiniens Kite-Paradies. Hier fließt der Coghinas-Fluss in einer Lagune superseicht ins Meer und bietet eine spiegelglatte „Anfängerpiste". Für perfekten Wind sorgt der Mistral, der hier die meiste Zeit des Jahres den Lenkdrachen in höchste Höhen fliegen lässt. Wer hier schnell vom Zero zum Hero aufsteigt, kann nur ein paar Meter weiter ins offene Wasser kiten. Lenkdrachenschulen vor Ort bieten Kurse und Material an, abends trifft sich die Community am Campingplatz oder in Valledoria zum Fachsimpeln. **Insider-Tipp** Auf der Suche nach der perfekten Welle? Gleich nebenan in La Ciaccia wachsen für Wellenreiter perfekte Wow-Waves aus dem Meer herauf.

ℹ️ *San Pietro a Mare, Valledoria | Parkplatz am Ende der Stichstraße nach San Pietro a Mare, hinter der Kapelle | www.kiteandbike.at | €€ 🕐 Ganzjährig möglich, beste Bedingungen 📍 40.929633, 8.804274*

Dem Sonnenuntergang entgegengleiten

16 🪁 Tandem-Gleitschirmflug über der Nordküste Sardiniens, Einweisung plus 20 Min. Flug

Schwerelos fliegen im Norden Sardiniens! Ein ziemlich luftiges Erlebnis ist ein Tandem-Gleitschirmflug, hoch über der Schwemmebene von Valledoria. Links von dir die Festungsstadt Castelsardo, vor dir die Meerenge zwischen Sardinien und Korsika. So hoch in der Luft kannst du bis zur Insel Asinara sehen! Dazu brauchst du nichts zu können: Du hängst bei deinem Fluglehrer am Gleitschirm, musst nur bei Start und Landung ein paar Schritte laufen und kannst dich dann entspannt zurück-

Flamingo-Kinderstube und Lagunenparadies: Cabras auf der Sinis-Halbinsel ist berühmt für seine rosaroten Vögel

lehnen und den Flug und den Wind um die Nase genießen. Am besten startest du am späten Nachmittag, dann steht die Sonne schon tief im Westen und taucht die Landschaft in magisches Licht.

ℹ️ *In Littigheddu, der Abbruchkante bei Sedini | SS 134 von Castelsardo Richtung Sedini, dann nach Littigheddu abbiegen | igrifoniparapendio.it | €€€*

🕐 *Ganzjährig, im Winter aufgrund der Thermik nur vormittags möglich, im Sommer ab 16 Uhr*

📍 *40.880543, 8.785387*

Fango for free

17 🧖 **Outdoor-Wellness an der Terme di Casteldoria, ca. 2 Std.**

An der Nordküste darf ein Abstecher zu den Thermen nicht fehlen. Unterhalb des unspektakulären Heilbads sprudelt jahrein, jahraus gratis Heilwasser aus dem kiesigen Untergrund. In von Flusssteinen eingefassten Becken kannst du im wohlig warmen Wasser planschen! Das Highlight liegt aber hinter der Brücke und dem Thermalgebäude: Hier kannst du dir deine eigenen Fangopackungen verpassen. Der gesunde Schlamm, der gut gegen Rheuma und

Entzündungen sein soll, blubbert hier einfach so aus dem Untergrund. Keine Lust auf Wellness? An dieser Stelle kannst du auch ein Kajak zu Wasser lassen und dich auf dem Coghinas-Fluss bis ans Meer treiben lassen. **Insider-Tipp** Zurück kann dich eine Reisebegleitung am Campingplatz La Foce abholen.

ℹ️ *Terme di Casteldoria | Parkplatz am Nordufer, über die SP 35 von Viddalba nach Bortigiadas nach Li Caldani/Le Terme abbiegen oder an das Südufer von Santa Maria Coghinas am Ortseingang nach Terme di Casteldoria abbiegen* 🕐 *April–Okt.* 📍 *40.900705, 8.899195 (Thermalquellen), 40.933504, 8.813035 (Rampe an der Flussmündung)*

ORISTANO UND SINIS-HALBINSEL
Flamingos und rauchende Colts

18 🚲 **Einfache Radtour zum Lagunensee Stagno di Cabras, 12 km, reine Fahrzeit ca. 45 Min.**

Rosa Federvieh in freier Wildbahn – das begegnet dir in Cabras und Umgebung ständig! In dem mit 2200 ha größten Lagunensee der Insel tummeln sich Flamingos, Stockenten, Stelzenläufer und Teichhühner im Schilf. Der beste Birdwatching-Aus-

Mexiko lässt grüßen: In San Salvatore wurden einstmals die berühmten Italowestern gedreht

Challenge für Klippenspringer: die Felsenbrücke von S'Archittu

guck befindet sich auf einer Landzunge. Am besten parkst du am Straßenrand und schwingst dich auf den Drahtesel, denn die Buckelpiste dorthin ist nichts für Autofans, die ihren Unterboden lieben. Erst einmal angekommen, kannst du die Flamingos ungestört spotten. Immer die Küste entlang kannst du bis nach San Salvatore biken. Die flache Häusergruppe mitten in der Steppe bei Cabras könnte auch in Mexiko stehen. Genau das dachten sich auch die Produzenten von Western-Filmen in den 1960er-Jahren und nutzten das Pilgerörtchen als Set für ihre Western-Duelle.

ⓘ *Von Cabras auf der SP 6 Richtung Tharros, gleich nach der Brücke rechts abbiegen und zum Stagno di Cabras fahren oder hier parken und mit dem Fahrrad weiter* ⏱ *Frühling und Herbst* 📍 *39.918051, 8.497362 (Ausgangspunkt), 39.926878, 8.502105 (Birdwatching-Spot)*

Ein Kunstwerk der Natur

19 ≋ An der Felsenbrücke S'Archittu

Besser hätte der Mensch es nicht erschaffen können: die Felsbrücke von S'Archittu, die der stete Wellengang der Westküste in das Sedimentgestein gewaschen hat. Darunter glasklares Wasser – tief genug, um sich von dem Felsbogen kerzengerade in die Fluten zu stürzen. Mutige Klippenspringer wagen sogar den Kopfsprung ins kühle Nass – Publikum garantiert! An dem seichten, ockerfarbenen Badestrand gleich nebenan kannst du das Spektakel wunderbar aus sicherer Entfernung beobachten. Anschließend geht's zum Aperitivo in einer der vielen Sundowner-Bars im gleichnamigen Ferienort, der nur zur Saison zum Leben erwacht und den Rest des Jahres verlassen an Sardiniens Westküste klebt. Einmalig schön ist es hier, wenn die untergehende Sonne die weißen Felsen von S'Archittu und den wuchtigen Felsklumpen, den die Locals liebevoll Walfischfelsen (scoglio della balena) nennen, zuerst in goldenes, dann rotes und ganz zum Schluss blassblaues Blue-Hour-Licht taucht.

ⓘ *Am Ort S'Archittu, Via degli Oleandri | Öffentlicher Parkplatz am Ortseingang S'Archittu, weitere wenige Parkplätze im Ort am Ende der Via degli Oleandri* ⏱ *Mai–Okt.* 📍 *40.089634, 8.492593*

Biblisches Erlebnis: Am Strand von Sa Mesa Longa kannst du über das teilweise sehr seichte Wasser wandeln

Einmal übers Wasser wandeln

20 ≋ **Am Mesa Longa, mind. ½ Tag**

An der Bucht von Mesa Longa kannst du übers Wasser wandeln! Ein Felsriff liegt nur wenige Zentimeter unterhalb der Wasseroberfläche und schützt den dahinterliegenden Strand selbst vor den wildesten Mistral-Wellen. Bei starkem Wellengang ist aber trotzdem Vorsicht geboten, außerdem solltest du unbedingt Badeschuhe und Taucherbrille mitnehmen, denn auf den Felsen tummelt sich jede Menge Meeresgetier, von Muscheln über Seeanemonen, Seeigel bis hin zu unzähligen Fischen, die hier ihre Kinderstube haben. Der Strand ist wunderschön ockerfarben mit groben Kieseln, die nicht am Handtuch kleben! Unternimm zum Sonnenuntergang einen Spaziergang zum alten Wachturm Capu Mannu, der südlich der Bucht auf dem gleichnamigen Felskap thront. Oder du spazierst nach Norden zur Oasi Felina. Eine Katzenkolonie aus ein paar Dutzend Samtpfoten lebt am Strand von Su Pallosu in freier Wildbahn. Ein privat geführtes Katzenheim kümmert sich um die Versorgung der Strandkatzen.

ℹ️ *Zum Strand von Sa Mesa Longa | Auto- und Camperparkplätze am Meer | gattisupallosu.org*
🕐 *April–Okt.* 📍 *40.042824, 8.396501 (Parkplatz)*

Für Naturwellness-Fans

21 🏖️ **Am Quarzkiesel-Strand Is Asutas**

Mini-Kiesel-Sand: Das findest du so nur hier im Westen der Insel. Der durch Erosion von Quarz entstandene Sand besteht aus klitzekleinen Körnern, die rosa, hellgrün sowie weiß und bernsteinfarben schimmern. Die Hautschmeichler sind ein tolles Sanderlebnis! Der grobe Sand klebt kaum am Körper und an der Strandausrüstung und fliegt dir selbst bei starkem Wind nicht um die Ohren. Achtung: Der Mineralsand ist selten und geschützt, das Mitnehmen als Mitbringsel ist streng verboten, Kontrollen nicht selten. **Insider-Tipp** Der Strand von Mai Moni liegt nur ein paar Kilometer südlich. Er ist fast genauso schön, im Sommer aber weit weniger überlaufen.

ℹ️ *Westlich von Oristano, von der SP 7 nach Is Arutas auf die SP 59 abbiegen, dort kostenpflichtige Parkplätze, €* 🕐 *April–Nov.* 📍 *39.952922, 8.403213*

DER SCHÖNSTE SONNENUNTERGANG
Sunset über dem „Bäuchlein"

22 🏛️ **Auf den Bastionen von Alghero**

Wenn die Sonne hinter den Karstfelsen des Capo Caccia untergeht, wirkt die Silhouette der Halbinsel wie ein liegender alter Mann mit Bäuchlein. Danach spazierst du am besten die Wehrmauern entlang, denn dort herrscht zur Blue Hour eine magische Stimmung. Genug von Romantik? Dann ab in die Altstadtgassen, wo unzählige Pizzerien, Bars und Trattorien auf hungrige Gäste warten. Bis weit nach Mitternacht ist in Alghero Bummeln angesagt.

ℹ️ *Zahlreiche Parkplätze rund um die Altstadt von Alghero, die besten Chancen hast du auf der Piazzale della Pace (gebührenpflichtig)* 📍 *40.562515, 8.317114*

LOKALE SPEZIALITÄTEN
*UND WO DU SIE PROBIEREN KANNST

Auf Sardinien gibt es die Paella nicht nur mit Reis: In Alghero wird auch gerne mal Fregola-Pasta für das Pfannengericht gereicht

Der Westen is(s)t Fisch und Meeresfrüchte – und das mit katalanischem Einfluss. Klar, dass da auch Süßes nicht fehlen darf! Die Crema catalana ist eine Dessertcreme, die mit einer festen Karamellschicht überzogen ist und der französischen Crème brûlée ähnelt.

Sardischer Kaviar

1 ꭰ Bottarga

Der Stagno di Cabras ist das wohl fischreichste Gewässer Sardiniens. Brackwasserfische wie Aal *(anguilla)* und vor allem die Meeräsche *(muggine)* kann man hier fast mit bloßer Hand fischen! Die Sarden schätzen die Meeräsche vor allem wegen des Rogens, aus dem die *bottarga* gemacht wird. Dieser sardische Kaviar wird getrocknet und gesalzen und anschließend in Scheibchen geschnitten oder über die Pasta gerieben.

ⓘ *Top-Adresse für Fischküche ist* **Cabras***. Man reist bis aus Cagliari an, um hier Fisch zu essen – z. B. bei*

Sa Bell'e Crabasa, Piazza Principe di Piemonte, Cabras, trattoriasabellecrabasa.com, €€

Zwiebel-Languste

2 ꭰ Aragosta alla Catalana

So einfach wie raffiniert: Die wichtigste Zutat bei diesem Gericht sind frische Mittelmeer-Langusten, die es vor der Küste Algheros in Hülle und Fülle gibt. Dazu kommen roh eingelegte Zwiebeln und Tomaten. Praktisch, wenn du kein Meeresfrüchte-Profi bist: Das Krustentier kommt bereits fertig portioniert auf den Teller.

ⓘ *Fangfrisch und im schnuckeligen Ambiente direkt auf der Piazza serviert:* **Posada del Mar***, Vicolo Adami 29, Alghero, posadadelmar.it, €€€*

Hochprozentiger Wein

3 ꭰ Malvasia di Bosa

Die Trauben für den kräftigen, sherryartig-trockenen Dessertwein werden rund um Bosa erst Mitte

Oktober geerntet und liefern nur geringe Erträge. Deswegen wird der Malvasia vor allem im eigenen Weingarten produziert. Aber in Bosa steht für Freunde immer ein Gläschen eigener, goldgelber Malvasia auf dem Tisch. Ablehnen? Zwecklos!

ⓘ *Eine der wenigen Malvasia-di-Bosa-Kellereien ist die* **Cantina Columbu**, *Via del Carmine 104, Bosa, malvasiacolumbu.com, €€*

Katalanisch auf Sardisch
4 🍴 Paella Algherese
Paella auf Sardinien? Ja klar, hier schlägt die katalanische Vergangenheit durch! Auf der Insel verwendet man Fregola-Pasta statt Reis, und in die gemischte Pfanne kommen auf Sardinien Muscheln, Bottarga und Salsiccia.

ⓘ *Meeresfrüchte mit Meerblick und beste Fregola-Paella gibt es im* **Ristorante Enhorabona** *an der Strandpromenade Via Garibaldi 101, Alghero, Tel. +39 07 99 89 30 78, €€*

Einer für alles
5 🍴 Fangfrisch mitten in der Markthalle
Von Di bis Sa um 12.30 Uhr werden im Mercato Civico Tische und Stühle aufgestellt und in rustikalem Ambiente der frischste Fisch Algheros serviert! Einfacher geht's nicht. Du isst mitten unter den Einheimischen. Unbedingt telefonisch oder per Whatsapp reservieren!

ⓘ **La Boqueria**, *Via Cagliari 13 (Mercato Civico), Tel./Whatsapp +39 36 65 01 37 70, instagram.com/laboqueria.alghero, €*

Honiggebäck
5 🍴 Sebadas
Auf der ganzen Insel dürfen die Sebadas auf der Speisekarte nicht fehlen. Die in Öl ausgebackenen Teigtaschen sind mit jungem Pecorino gefüllt und werden mit Zucker oder noch besser mit bitterem Honig versüßt.

ⓘ *Sebadas auf die Hand gibt's in Alghero bei* **Tipico Street Food Alghero**, *Via Sassari 27, tipico-street-food-alghero-friggitoria.business.site, €*

Selten so einsam: Die „Kuhbucht" Spiaggia delle Vacche bei San Teodoro

Nordosten

GLAMOUR UND TÜRKISBLAUES WASSER

Der Nordosten ist Sardiniens berühmteste Küste. Hier wimmelt es nur so von Postkartenmotiven: Die unzähligen Strände in Badesi und San Teodoro sind unendlich weit, rund um Olbia und die Costa Smeralda klein und herrlich seicht. Schnorchelsachen nicht vergessen, die Unterwasserwelt ist einmalig! Überall an der Küste der Gallura, wie der Nordosten der Insel genannt wird, herrscht hier der Granit vor: Die in Jahrmillionen geformten Tafoni-Felsen mit ihren ungewöhnlichen Formen begegnen dir am Meer und im Inland auf Schritt und Tritt. Wer Glanz und Glamour mag, ist an der Costa Smeralda richtig: Hier regieren im Sommer Luxusschlitten und Megayachten, von September bis Mai wirkt das Paradies der Reichen und Schönen aber wie ausgestorben. Dann kannst du diesen herrlichen Küstenabschnitt erobern, ohne die Urlaubskasse plündern zu müssen.

MARE

MEDITERRANEO

Capo Testa

11 ≈

Santa Teresa Gallura

I. Maddaler

Villaggio Trinita

Durch die verwunschenen Felsen am Capo Testa ★

Malchisana

Conca Verde

I. Spargi

La Maddalen

12 🚲

Palau

21 🌿

Rena Majori

9 🚶

Durch das traumhafte Inselarchipel La Maddalena ★

Vignola Mare

Bassacutena

6 🚲

🚗 90 km, 1,5 Std.

3 🚶

Arzachena

Aglientu

Luogosanto

1 🍴

Costa Paradiso

🚗 25 km, 25 Min. - 1 Std.
* in Hauptsaison

Isola Rossa

7 🚶

8 🚶

Paludedda

4 🍴

1 🛏

Valledoria

Sant'Antonio di Gallura

In die Wälder am Monte Pino ★

Santa Maria Coghinas

Aggius

Tempio Pausania

Calangianus

Telti

Laerru

SS729

Erula

Monti

Berchidda

SS772

Tula

Oschiri

MARCO POLO
OUTDOOR-HIGHLIGHTS ★

★ Durch die verwunschenen Felsen am Capo Testa
Bizarre Felsen an jeder Ecke: das wundersame Granitparadies Capo Testa → S. 68

★ Hoch hinaus im kleinsten Königreich
Kraxeln und Klettern im kleinsten Königreich der Welt → S. 70

★ In die Wälder am Monte Pino
Tour zum bizarren Elefantenfelsen am Monte Pino → S. 72

★ Durch das traumhafte Inselarchipel La Maddalena
Südsee-Feeling pur im Inselparadies La Maddalena → S. 74

★ Durch den Naturpark Capo Figari
Ausflug zu den atemberaubenden Kalkfelsen von Golfo Aranci → S. 76

OUTDOOR-HIGHLIGHTS
*DIE BESTEN ERLEBNISSE DRAUSSEN

Durch die verwunschenen Felsen am Capo Testa ★

Ungeheure Skulpturen haben Wind und Wetter am sturmumtosten Capo Testa aus Granit geschliffen. Am schönsten ist dieser nördlichste Punkt Sardiniens kurz vor Sonnenuntergang oder in einer sommerlichen Vollmondnacht, wenn das Zwielicht die Felsen in wundersame Figuren verwandelt und der Granit zu glitzern scheint.

Wanderung durch den Felsengarten

Du kannst dein Auto am Leuchtturm abstellen und geradewegs durch den Felsengarten spazieren. Einfach loslaufen – hinter jedem Granitbrocken erwarten dich andere eigentümliche Gestalten und seltsame Konturen. Wilde Tiere, faszinierende Fabelwesen, bizarre Zerklüftungen – all das gibt es hier zuhauf! Ein großer Spaß ist es, mit den Kids die Formen zu erraten. Und Wind gibt es hier eigentlich auch immer – genieße die frische salzige Seeluft auf den glattgeschliffenen Felsen und die wahnsinnige Aussicht auf die weißen Kreidefelsen von Korsika auf der gegenüberliegenden Seite der Straße von Bonifacio!

Ausflug ins Mondtal

Hast du die Granitbrocken rund um den Leuchtturm erkundet, kannst du noch über ein paar Steintreppen auf eine Art Ausguck steigen, bevor du über Felsen und Gestein die Küste entlang Richtung Valle della Luna aufbrichst. Der Weg ist teilweise ausgetrampelt und führt streckenweise über Stock und vor allem Stein, aber immer die Küste entlang. Du kommst schließlich in das große Tal, die Cala di l'Ea, das Tal des Wassers, denn hier plätschert die meiste Zeit des Jahres ein Bächlein ins Meer. Glücklich konnte sich schätzen, wer in den 1970er-Jahren im Valle della Luna, dem Mondtal, in der Hippie-Kolonie noch Natur und Einsamkeit genießen konnte. Heute verste-

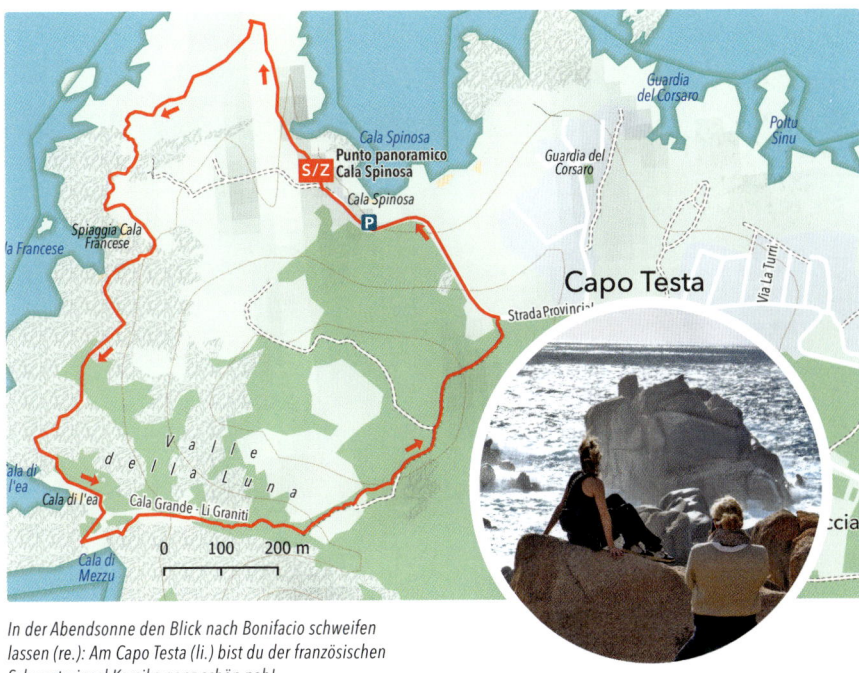

In der Abendsonne den Blick nach Bonifacio schweifen lassen (re.): Am Capo Testa (li.) bist du der französischen Schwesterinsel Korsika ganz schön nah!

cken sich nur noch saisonweise ein paar autarke Blumenkinder zwischen den bombastischen Felsformationen.

Römische Abraumhalde?

Wanderst du das Tal nach oben, stößt du auf ein paar riesige Granitblöcke, die so gar nicht natürlich aussehen: Zu perfekt sind die rechteckigen Formen. Insider-Tipp Hier bauten einst die Römer den harten Stein ab, zu sehen sind noch Kerben an den Abbruchkanten. Dort trieben die antiken Bergleute Holzkeile in das poröse Gestein, um sie anschließend mit Wasser zu benetzen. Die Pflöcke blähten sich auf und sprengten den Granit. Nur waren die zurückgebliebenen Blöcke zu groß, um sie bis ins Tal zu transportieren und ins ferne Rom zu verschiffen. Steil, aber nicht zu verfehlen, führt der Weg auf die Straße zurück.

Die Tour im Überblick

🚶 **Mittelschwere Wanderung am Capo Testa, etwa 2,3 km, 1,5 Std.**

ℹ️ *Der Parkplatz vor dem Leuchtturm liegt am Ende der Cala Via Spinosa und ist über einen Isthmus zu erreichen. In der Saison für Wohnmobile gesperrt*

🕐 *Ganzjährig*

⚙️ *Gute Wanderschuhe, Badesachen, Sonnenschutz, Trinkwasser*

📍 *41.242861, 9.146725 (Parkplatz Leuchtturm), 41.23847, 9.14130 (Valle della Luna), 41.240824, 9.149953 (Einstieg Valle an der Straße)*

✔ DOWNLOAD GPX-Track

Hoch hinaus im kleinsten Königreich ★

Sie gehört zu Nordsardinien wie Strand und Sand: die mächtige Tavolara-Insel, die sich wie ein gewaltiger Drachenrücken aus den Fluten erhebt. Von ganz oben sieht die Insel noch ein Stück gewaltiger aus! Mutige kommen mit Kletterführer bis zur Spitze, für Alltagskletterer ist kurz nach der Abbruchkante Schluss. Ganz nebenbei ist man hier im kleinsten Königreich der Welt.

Besuch beim „König von Tavolara"

Zugegeben, nur ein kleiner Teil der Insel ist besuchbar, der Rest ist militärisches Sperrgebiet. Dafür gibt es traumhafte Strände und zwei Restaurants. Eines davon gehört sogar dem König der Insel, der über das kleinste Königreich der Welt herrscht. Die Geschichte ist kurios: Der Legende nach hat Karl Albert von Sardinien-Piemont im Jahr 1836 auf Tavolara Halt gemacht, wo sich ihm der einzige Einwohner, ein Ziegenhirt, als „König von Tavolara" vorstellte. Der echte Monarch war von so viel Selbstbewusstsein beeindruckt und erklärte ihn offiziell zum König des kleinen Eilands. Die Urkunde über die Königswürde ging leider im Laufe der Zeit verloren.

Heute muss der Nachfahre des Königs sein Gehalt als Wirt verdienen, zugegebenermaßen an einem der schönsten Orte Sardiniens.

Kletterpartie für Geübte

Vom Anlegesteg geht es nach rechts auf einem engen Fahrweg die Küste entlang und nach zwei alten Kalköfen auf der Höhe einer großen Steineiche auf einem schwer auffindbaren Pfad bergauf. Allein jetzt schon lohnt der Blick zurück auf das hier oft spiegelglatte Meer!
Wer noch weiter hinauf will, braucht Mut und Muskelkraft. Erst geht's an der Abbruchkante per Seil weiter bergauf. Doch damit nicht genug! In einer

Ein ganzes Königreich im Blick: Beste Aussichten auf eine Handvoll Häuser auf der Spalmatore-Halbinsel (li.). Aber der Weg zur Punta La Mandria (re.) ist steil

besonders engen Felsspalte hilft nur noch ein Baumstamm, dessen geschälte Äste als Trittstufen dienen. Nach der Kraxelei hast du dir den Blick auf die Landzunge der Tavolara-Insel vom Punta La Mandria verdient. Herrlich! Zurück geht es auf demselben Weg über Felsspalte und Seil wieder hinunter zur Anlegestelle.

Baden am königlichen Traumstrand

Tolle Bademöglichkeiten findest du am Punta Spalmatore, vom Anlegesteg links. Insider-Tipp Unterwegs kommst du an den Königsgräbern vorbei: Auf dem kleinen Friedhof liegen die mehr als spärlichen Grufte des Regno di Tavolara. Gleich dahinter kannst du je nach Windrichtung an einem der beiden Strände auf der dünnen Sandzunge im kniehohen Wasser planschen!

Die Tour im Überblick

🏊🚶 **Mittelschwere Wanderung auf der Insel Tavolara, etwa 1,5 km und 1,5 Std. je Strecke, 200 hm**

ℹ️ *Mit dem Shuttleboot ab dem Hafen von Porto San Paolo, Mitte Juli bis Ende August ab 9 Uhr halbstündlich, letzte Rückfahrt 18.30 Uhr, in der Nebensaison auf Anfrage | tavolaratraghetti.it*

🕐 *Ganzjährig, in der Nebensaison oft nur am Wochenende Überfahrten*

⚙️ *Gute, hohe Wanderschuhe, Wasser, Snacks, Badesachen* 📍 *40.893743, 9.683961 (Anlegestelle), 40.893202, 9.692260 (Aussichtspunkt)*

✓ DOWNLOAD GPX-Track

In die Wälder am Monte Pino ★

Vom Meer in die Berge – das geht auch in Olbia und Umgebung im Handumdrehen. Eine einfache Spazier- oder Mountainbike-Tour führt hoch über den Granitbergen der Gallura auf fantastischen Panoramawegen rund um das Bergmassiv des Monte Pino. Unterwegs gibt es einen bizarren Felsen zu sehen, der an einen mächtigen Elefanten erinnert!

Wanderung durch den Kiefernforst

Hoch über Olbia stapeln sich die Granitblöcke der Gallura. Von den Tafoni-Felsen aus kannst du von Tavolara bis zur Costa Smeralda die gesamte Küste überblicken. Der dichte Wald besteht fast ausschließlich aus besonders schönen Exemplaren von Seekiefern, die auf Sardinien mittlerweile selten geworden sind. Ein Netz an verzweigten Panorama- und Spazierwegen führt durch den Forst. Ausgangspunkt für diese Runde um den Berg ist der Parkplatz mit Picknickplätzen am Forsthaus Cantiere Monte Pinu. **Insider-Tipp** Hier starten auch weitere Trails, falls du weiterwandern oder -biken willst.

Vom Forsthaus folgst du dem Schotterweg, vorbei an einer Madonnenstatue, bevor es in steilen Kurven zwischen zackigen Granitfelsen bergauf geht. Von hier hast du schon großartige Ausblicke auf die Ebene von Olbia. An der ersten Weggabelung wird die Sicht noch besser: am Aussichtspunkt von Monte Pino, mit einem Rundum-Panorama auf den Limbara, die Costa Smeralda mit Arzachena, den Buchten des Golfo di Marinella und bis nach Padru, den Golfo di Olbia und den Felsrücken der Insel von Tavolara.

Steht da ein Elefant im Wald?

Zurück auf dem Hauptweg, folgst du der Waldstraße Richtung Osten. Hier wird der Pinienwald dichter, und der Weg führt langsam bergab in Richtung Ausgangspunkt zurück. An einer Gabelung hältst du dich rechts und folgst dem Waldweg weiter den Hang entlang bis zur Roccia dell'Elefante – einem beeindruckenden Tafoni-Felsen aus Granit, der mit etwas Fantasie an einen Elefanten erinnert. Diese Felsformen entstehen, wenn Sickerwasser in den bröseligen Granit eindringt, Minerale löst und Temperaturunterschiede und Wind den Fels von innen heraus verwittern lassen. Sein weitaus bekannterer Namensvetter, der Elefantenfels von Castelsardo, steht übrigens an der Nordwestseite der Insel. Der Weg führt dich unterhalb des Forsthauses auf den Fahrweg und von dort zurück zum Ausgangspunkt. Auch hier ist das Panorama, das dich den Weg entlang auf die fruchtbare Ebene von Olbia begleitet, einfach prächtig!

Die Tour im Überblick

🚶🚴 **Leichte Tour am Monte Pino, 4 km, zu Fuß 1 Std., mit MTB ½ Std.**

ℹ️ *Ab Olbia Richtung Telti und auf die SP 38 Richtung Priatu, dann Richtung Ristorante Angelo & Arcangela abbiegen. Kurz hinter dem Restaurant dem steilen Feldweg bergauf (Monte Pino) zum Forsthaus folgen*

🕐 *Ganzjährig, teilweise Schatten*
⚙️ *Wanderschuhe, Trinkwasser*
📍 *40.946423, 9.367804 (Parkplatz und Forsthaus mit Picknickplätzen: Cantiere Monte Pinu, gratis, nicht bewacht)*

✔ **DOWNLOAD GPX-Track**

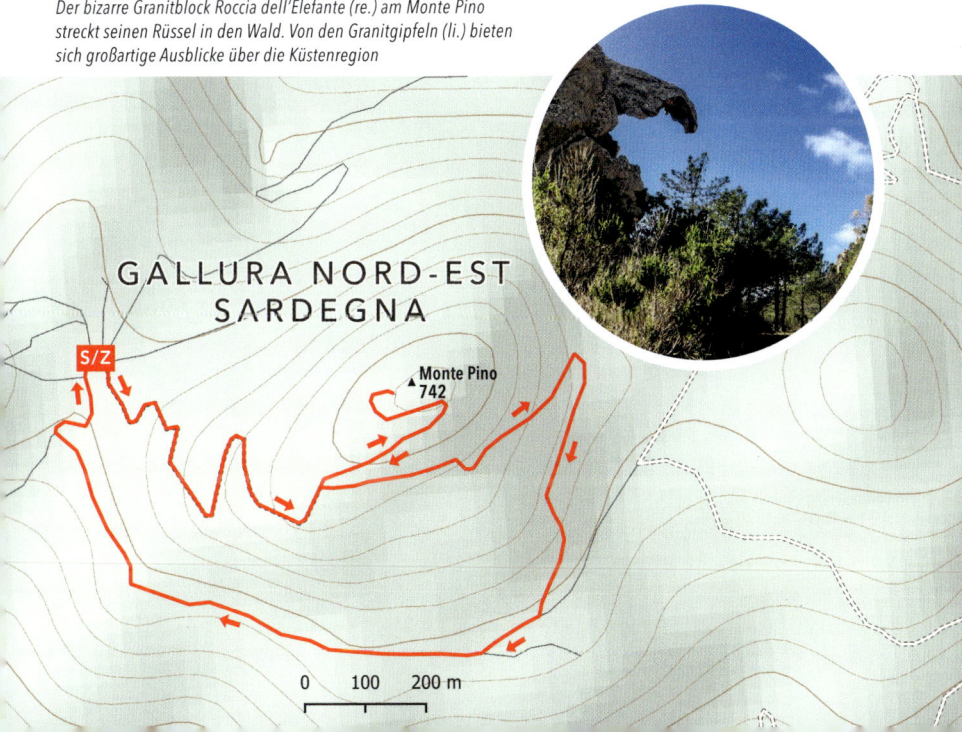

Der bizarre Granitblock Roccia dell'Elefante (re.) am Monte Pino streckt seinen Rüssel in den Wald. Von den Granitgipfeln (li.) bieten sich großartige Ausblicke über die Küstenregion

GALLURA NORD-EST
SARDEGNA

S/Z

▲ Monte Pino
742

0   100   200 m

Durch das traumhafte Insel-archipel La Maddalena ★

Unendlich weit, unendlich klar: Die Strände und das Wasser von La Maddalena mit seinen 60 Inseln und Felsen ist selbst für Sardinien Superlative. Aus dem fantastischen Blau des Meeres ragen bizarr verwitterte Granitfelsen und poröse Klippen aus Glimmerschiefer hervor. Die Inseln können per Schlauchboot, Segler oder Ausflugsdampfer erkundet werden.

Bootstrip zu den Trauminseln

Die Maddalena-Inseln gehören zu den schönsten Eilanden, die das Mittelmeer zu bieten hat. Dank der geringen Wassertiefe zwischen den Inseln und dem hellen Meeresboden aus Granitsand leuchtet das Meer bei jedem Wetter in sanftem Türkis, kräftigem Marineblau oder sattem Smaragdgrün. Anbieter für Bootsausflüge gibt es fast so viele wie Strände (genauer gesagt 286 Buchten) im Archipel. Von günstig bis exklusiv ist alles dabei. **Insider-Tipp** Gestartet wird meist in Palau. Aber auch in Cannigione oder Baja Sardinia beginnen Touren, die meist weniger überlaufen sind. Kleine Schlauchboote mit Außenbordmotor bis 40 PS

Leistung kannst du ohne Bootsführerschein mieten. Diese zu manövrieren ist recht einfach, aber beachte unbedingt die Informationen der Vermieter, welche Strecke bei welchem Wind und Wetter die beste ist. An den Strand fahren darfst du nur in Fahrkorridoren aus roten Bojen, die letzten Meter müssen mit Paddeln zurückgelegt werden.

Kein Tag gleicht dem anderen

Wind und Wellen bestimmen das Tagesgeschehen in der Meerenge zwischen Sardinien und Korsika – und natürlich die Parkverwaltung, die zuweilen Strände aus Naturschutzgründen sperrt. Der rosa Sandstrand von Budelli darf beispielsweise schon seit Jahren nur noch aus der Ferne besichtigt werden.

Strand-Hopping zwischen Luxus und den Launen der Natur

Die klassische Strecke führt von Palau entlang der Luxusvillen von Porto Raffael auf die Insel Spargi zu, die durch ihre bizarren Granitfelsen auffällt. Das seichte Gewässer von Porto della Madonna liegt mit seinem strahlend türkisblauen Wasser von Wind und Wetter geschützt zwischen den Inseln Razzoli, Santa Maria und Budelli – wahnsinnig schön, allerdings auch unheimlich viel los: unter Wasser dank der tollen Pflanzen- und Tierwelt und auf dem Wasser dank der zahllosen Ausflugsboote, die sich an den schönsten Flecken das Archipels drängen. Danach ist meist Strand angesagt: Mit etwas Glück spielt das Wetter mit und dein Skipper landet an der Cala Santa Maria auf der gleichnamigen Insel oder in der Cala Corsara auf Spargi. Zurück geht es dann rechtzeitig zum Sonnenuntergang zum Hafen auf dem sardischen Festland.

Die Tour im Überblick

🛶 **Bootsausflug im Inselarchipel La Maddalena, 1 Tag, ca. 30 km Rundfahrt**

ℹ️ *Palau ist gut ausgeschildert. Zur Saison rechtzeitig anreisen! | Ausflüge nach La Maddalena bietet www.escursi.com | €€€*

🕐 *Mai–Okt.*
⚙️ *Schnorchelsachen, Sonnenschutz, Windjacke*
📍 *41.178243, 9.384171 (gebührenpflichtiger Parkplatz), 41.286449, 9.362907 (Porto della Madonna)*

✓ DOWNLOAD GPX-Track

Sprung ins kühle Nass: An der Insel La Maddalena ist Zeit für ein wenig Abkühlung (li.). Immer im Blick: die bizarren Granitfelsen des Archipels (re.)

Durch den Naturpark Capo Figari ★

Der Naturpark Capo Figari liegt an der Spitze der Halbinsel von Golfo Aranci. Das über 850 ha große Felskap aus senkrecht abfallenden Kalkfelsen lockt mit kleinen Buchten und Stränden mit Wanderwegen und Trails für Mountainbike-Fahrer. Vom alten Marine-Funkstützpunkt kann man den ganzen Nordosten Sardiniens überblicken.

Aufstieg zum Capo Figari

Capo Figari ist ein fantastisches Naturreservat. Hier leben Korallenmöwen, Wanderfalken, das sardische Felsenhuhn, die im Mittelmeer sehr seltenen Sturmschwalben, Sturmtaucher und Kormorane sowie Mufflonschafe, die hier ursprünglich zur Jagd ausgesetzt wurden, sich auf den Felsen aber mächtig wohlfühlen und streng geschützt sind. Zunächst spazierst oder radelst du an den alten Bahngleisen entlang. Golfo Aranci war einst ein Güterbahnhof, von wo aus Waren im großen Stil auf das italienische Festland verschifft wurden. **Insider-Tipp** Die herrliche seichte Badebucht von Cala Moresca hebst du dir am besten bis zum guten Schluss auf. Gleich am Eingang des Parks

sind einige alte Kalköfen zu sehen, in denen bis in die 1950er-Jahre Baukalk gebrannt wurde. Die Anlagen wurden stillgelegt, nachdem der Abbau sich nicht mehr gerechnet hatte. Von hier führt in knappen zwei Wander- oder einer MTB-Stunde über steile Kehren, vorbei an ein paar Mufflons, unübersehbar der Weg zum Semaforo, dem alten, stillgelegten Leuchtfeuer hoch auf Capo Figari.

Mikrowellen bis nach Italien

Auf dem höchsten Punkt lag einst die Überwachungseinheit der Marine, das Semaforo della Marina Militare. Die Militärs hatten hier besten Blick über die Nordosthälfte Sardiniens, den strategisch wichtigen Golf von Olbia und an klaren Tagen bis

Wo einst Mikrowellen-Technikgeschichte geschrieben wurde, kannst du fernab von Frenetik den Blick auf den Golf von Olbia genießen (li.). Ganz oben wartet der alte Semaforo (re.)

nach Bonifacio auf Korsika. Hier wurde einst Rundfunkgeschichte geschrieben. Im Jahr 1930 wurde von Guglielmo Marconi hier das erste Mikrowellen-Richtfunksignal von Sardinien auf den italienischen Kontinent geschickt. Die Gebäude sind allerdings völlig verfallen. Zurück geht's auf demselben Weg, unterwegs kannst du auf ein paar Granitbänken deinen Picknickkorb ausbreiten!

Geschichte hautnah erleben

Vom Parkeingang kannst du ein knappes Stündchen zum Cimitero degli Inglesi (dt. Engländer-Friedhof) weiterspazieren. Die Gräber und Grufte sowie das Keltenkreuz eines britischen Seemanns erinnern an das Schiffsunglück des Fährschiffs Generoso II im Jahre 1887. Ein paar Meter weiter Richtung Meer befindet sich die kleine Felsbucht Cala La Greca, in der du wunderbar schnorcheln kannst.

Die Tour im Überblick

🚶🚵 **Mittelschwere Wanderung oder MTB-Tour, 8 km pro Strecke, 2 Std. (Wandern), 1 Std. (MTB) je Strecke, 170 hm**

ℹ️ *Von Olbia mit Bus (arstspa.info/610. pdf) oder mit dem Regionalzug bis Golfo Aranci | In Golfo Aranci den Schildern nach Cala Moresco / Capo Figari folgen und hinter der Bahnunterführung am Meer parken*

🕐 *Ganzjährig*

⚙️ *Wanderschuhe oder MTB, Trinkwasser, Sonnenschutz, Bade- und Schnorchelsachen*

📍 *40.988440, 9.635615 (Parkplatz), 40.997827, 9.652903 (Semaforo)*

✔ DOWNLOAD GPX-Track

Umrankt von Macchia und Olivenbäumen: Der Mini-Tempel Malchittu ist ein magisches Monument aus der Jungsteinzeit

Nicht nur chic: Rund um die Costa Smeralda kannst du dem Glanz und Glamour ins Inland entfliehen. Oder die grandiosen Granitformen rund um Palau und Santa Teresa Gallura entdecken! Rund um Olbia liegen spannende Küsten, alte Schlösser, und du kannst Delfine erleben sowie bei San Teodoro kuriose Wasserfälle und karibische Buchten entdecken.

ARZACHENA UND COSTA SMERALDA

Zum Nuraghentempel im Granitwald

1 🚶 **Kurze Wanderung zum Jungsteinzeit-monument Tempietto Malchittu, 1,5 km/ Strecke, 50 hm, gleicher Hin- und Rückweg**

Am heutigen Ortsrand von Arzachena haben sich schon die alten Nuraghen niedergelassen. Untrüg-liches Zeichen: die Nuraghe Albucciu und das nur wenige Hundert Meter weiter stadtauswärts gele-gene Gigantengrab Moru. Aus dem Staunen nicht mehr heraus kommst du, wenn du das Sträßchen links des Info-Point hinaufwanderst. Der schmale Feldweg führt nach Malchittu. Nach einem kurzen, steilen Aufstieg durch bunt gemischte Macchia aus wilden Birnen und Oliven, Erdbeerbäumen und Mastixsträuchern liegt er vor dir: bestens er-halten und über 3000 Jahre alt, der rechteckige Megaron-Kulttempel aus der Nuraghenzeit. Sogar Nischen, Sitze und eine alte Feuerstelle sind noch zu erkennen. Hier ist es herrlich einsam, und wenn du über dem Tempel nach oben kletterst, ist die Aussicht grandios!

ℹ️ *Halt Malchittu aller Lu-Pustali-Buslinien | Am Parkplatz des Info-Point am Ortseingang Arzachena, an der SS 125 | gesecoarzachena.it/?page_id=1581 | € ⏱ Ganzjährig 📍 41.06899, 9.41000*

Mit Yachten im Blick abtauchen

2 🚶 **Küstenspaziergang zum alten Leuchtfeuer von Porto Cervo zum Schnorcheln und Yachten-Beobachten, 1 Std., kaum Höhenunterschied**

Hier müssen sie alle vorbei: am Leuchtfeuer von Porto Ferro, der die sardische Hauptinsel von der „Schlangeninsel" Isola delle Bisce trennt. Denn hier führt die kürzeste Passage vom Luxushafen

Hier müssen sie alle vorbei: Das Leuchtfeuer am Capo Ferro markiert die kürzeste Zufahrt von Porto Cervo zum Maddalenen-Archipel

Unter dem Tafoni-Felsen Roccia il Fungo fanden schon die alten Nuraghen Zuflucht

von Porto Cervo zum Archipel von la Maddalena vorbei. Nach einem kurzen Spaziergang am Leuchtturm und dem Militärgelände vorbei geht es gleich links unverkennbar die Küste entlang. Dort kannst du die schönsten Jachten der Welt aus nächster Nähe bestaunen oder im Windschatten des alten Steinstegs zum Leuchtturm deine Schnorchelsachen auspacken. **Insider-Tipp** Oder einfach nur bei einem Glas Wein den Sonnenuntergang genießen – der ist hier nämlich besonders romantisch!

ⓘ *Faro di Capo Ferro | In Porto Cervo Richtung Cala Grano / Capo Ferro abbiegen, weiter Richtung Cala del Faro durch eine Villensiedlung. Parkplätze am Straßenrand vor dem Leuchtturm* ◷ *Ganzjährig, außer bei starkem Wind. Megayachten gibt's von Juli bis Aug. zu sehen. Besonders schön im Sommer zum Sonnenuntergang* ⊙ *41.153576, 9.523689 (Parkplatz), 41.156710, 9.526349 (Leuchtturm)*

Durchs Granitsteindorf zum Pfifferlingsfelsen

3 🚶 **Spaziergang durch das ehemalige Schäferdorf Arzachena zur Freitreppe Santa Lucia und zum Tafoni-Felsen Il Fungo, 2 Std.**
Vom bettelarmen Schäfernest zum reichsten Ort

der Insel: Zum Gemeindegebiet Arzachena gehört die Costa Smeralda – und doch ist man im Granitsteindorf auf dem Boden geblieben. Hoch hinaus geht es aber an zwei Stellen. Die steile Treppe zur Kapelle von Santa Lucia ist ein echtes Kunstwerk! Jedes Jahr gestalten andere Künstler die 74 Stufen mit einer Street-Art-Installation. Schlendere durch die schnucklige kleine Altstadt über die Via Sebastiana Satta zu dem spektakulären Tafoni-Felsen Roccia il Fungo: Wie ein riesiger Pfifferling thront der ausgehöhlte Granitblock über dem Tal. Den fanden schon die Urzeitsarden spektakulär, denn unterhalb des Aussichtspunktes wurden Reste eines neusteinzeitlichen Nuraghendorfs entdeckt.

ⓘ *Beide Sehenswürdigkeiten sind gut von der zentralen Piazza Risorgimento zu erreichen | Parkplätze unterhalb des Supermarkts Dettori Market/ Crai in der Via Gjaseppa di Scanu | arzachenaturismo. com/contenuti/479396/chiesa-scalinata-santa-lucia* ◷ *Ganzjährig* ⊙ *41.080783, 9.386064 (Parkplatz), 41.082843, 9.388230 (Treppe), 41.079624, 9.392346 (Fels)*

Von Luxus-Lidos bis hin zu beschaulichen Buchten gibt es alles rund um Liscia Ruja

Glanz und Glamour von oben betrachten kannst du auf dem Monte Moro

Auf den Hausberg der Costa Smeralda

4 🚵 **Einfache MTB- oder Radtour auf den Monte Moro, 14 km hin und zurück, 3 Std., 380 hm**

Wenn unten an der Costa Smeralda die Luxuskarossen die Straßen entlangbrettern und die Reichen und Schönen sich mit teuren Cocktails das Leben schöntrinken, kannst du dir das Ganze von ganz oben betrachten. Der Hausberg der berühmtesten Ecke Sardiniens bietet eine super Gelegenheit dazu. Die Zufahrt ist zunächst asphaltiert und führt durch ein Villenviertel und wird dann zum Wirtschaftsweg zu den Funkantennen. Dort, wo der Asphalt aufhört, kannst du deinen Wagen abstellen, wenn du zu Fuß weiter willst oder nur eine kurze Bike-Tour zurücklegen möchtest. Die Straße ist gut befahrbar, teilweise steil, und deine Aussicht reicht über die Costa Smeralda bis nach Palau. An alten Wirtschaftsgebäuden angekommen, stellst du deinen Drahtesel ab und erklimmst die Granitstufen

hoch auf die alte Aussichtswarte. Rundumblick mit Wow-Effekt: von Tavolara über die Bucht des Grande Pevero und bei guter Sicht bis nach Korsika.

🛈 *SP 59 von Arzachena nach Abbiadori, an der Gemarkung Santa Teresina biegst du Richtung Monte Moro ab | An der kleinen Landkirche mit Picknickplätzen am Straßenrand parken* ⏱ *Ganzjährig, ohne Schatten* 📍 *41.086178, 9.488330 (Parkplatz), 41.109493, 9.515845 (Aussichtswarte)*

Im Badeparadies

5 〰 **Genusswandern und baden in Liscia Ruja**

Das auch als Long Beach bekannte Badeparadies ist mit einem halben Kilometer der längste Strand der Costa Smeralda. Schicke Strandbars, bester Blick auf Megayachten und lange freie Strandabschnitte. Aber nicht nur Glamour, sondern auch FKK: Wanderst du die Küste Richtung Osten entlang, erwarten dich kleine Buchten, wo inoffiziell die Hüllen fallen. ==Insider-Tipp Weniger besucht sind die nur ein paar Hundert Meter weiter südlich gelegene Bucht Petra Ruja und der Hundestrand der Costa Smeralda, die Bucht von Spiaggia di Razza di Junco.==

🛈 *Südlich von Porto Cervo. Auf der Straße nach Cala di Volpe führt eine nicht asphaltierte Straße (SP 160) zu mehreren kostenpflichtigen Parkplät-*

*Kein Gebäude weit und breit am Küsten-
streifen von Cala Canneddi bis Tinnari*

zen. Am Straßenrand parken wird mit Knöllchen
bestraft! Die Straße führt weiter bis Petra Ruja und
Razza di Junco (zur Saison Einbahnstraße) | €€
⏱ Mai–Juni und Sept./Okt. 📍 41.072332,
9.527904 (Parkplatz), 41.072033, 9.529020 (Strand)

Über dem Granit schweben

6 🧗 **Abenteuerspaziergang im Kletterpark La
Contea di Rena, ½ Tag**

Hoch klettern, balancieren und abfliegen: Der
Kletter- und Adventure-Park bei Arzachena ist ein
kleines Funsport-Paradies in herrlicher Umgebung. Ein Hit auch für Hasenfüße: Die beiden Be-
treiber Fabio und Elisa begleiten dich ohne Stress
und Zeitdruck hoch auf die Granitfelsen, angeseilt
entlang einer steilen Felswand auf eine Seilbrücke
bis zum Highlight der Tour: ein Flug an der 200 m
langen Zipline über die spektakuläre Granitland-
schaft! Als Belohnung für deinen Mut gibt's im alten Bauernhof einen Belohnungssnack. Willst du
danach wieder runterkommen? Auf der Yoga-Plattform kannst du deinen Sonnengruß üben.

ⓘ *An der Nebenstraße von Arzachena nach Cannigione. In Arzachena vor der Brücke in die Via Chiodi-*

no abbiegen und geradeaus weiterfahren | Parken
am Kletterpark | facebook.com/laconteadirena | €€€
⏱ Ganzjährig tgl. nach Vereinbarung unter Tel./
Whatsapp +39 34 08 76 08 58 📍 41.105551,
9.391770

RUND UM PALAU UND SANTA TERESA GALLURA

Durch das Reich der roten Felsen

7 🚶 **Küstentrekking mit Kletterstellen zur
Kieselbucht Tinnari (Trittsicherheit erforderlich),
7 km hin und zurück, 5 Std. mit Badepause**

Dieser knackige Küstentrek von Cala Canneddi nach
Tinnari startet an der Feriensiedlung Calarossa und
führt zunächst auf einem Fahrweg Richtung Meer.
Immer Richtung Osten über ein von Bambus ge-
säumtes Bachbett und durch Mittagsblumen und
Zistrosen, hältst du dich leicht nach rechts, hinauf
auf ein Felskap aus rotem Porphyr. Weitgehend
querfeldein kletterst du Richtung Osten. Nach ei-
nem sandigen Abschnitt gehst du durch unzählige
Felsnadeln weiter schroff bergauf. Ein nur fußbreiter
Trampelpfad führt die abschüssige Küste entlang.
Die Belohnung: ein pittoresker Ginsterbusch als

81

So schön können invasive Arten sein: blühende Mittagsblumen am Wachturm von Isola Rossa

schattiger Aussichtspunkt. Herrlich! Hinter einem kühlen Wäldchen endet der Weg auf einem Plateau. Hier den Ausstieg gut merken, denn er ist für den Rückweg wichtig. Du folgst dem breiten Weg nach rechts bergauf. Jetzt ist der Weg kaum zu verfehlen und steuert immer entlang der Küste auf Tinnari zu: eine breite Kieselbucht, in der die rundgewaschenen Kiesel in zwei Sicheln ins Meer rollen.

Im Zeichen des Bären: der Tafoni-Felsen Roccia dell'Orso

ⓘ *Localitá Canneddi | Vor der Küstenstraße Castel-sardo-Santa Teresa Gallura nach Isola Rossa abbiegen, weiter vorbei an der Bucht von Marinedda Richtung Canneddi und zur Feriensiedlung Calarossa. Vor der Straße zur Bucht von Canneddi parken ⏱ Frühling oder Herbst ◉ 41.023730, 8.894538 (Parkplatz), 41.033983, 8.919176 (Strand von Tinnari)*

Und täglich blüht die Mittagsblüte

8 🚶 **Spaziergang zu einem alten Wachturm am Rande eines alten Fischerdorfs, 1 Std.**
Die Carpobrotus acinaciformis sind nelkenartige, sukkulente, kahle Zwergsträucher – hört sich wenig spektakulär an, aber wenn Hundertschaften von roten Blütenständen die rostroten Felsen rund um den Wachturm von Isola Rossa in einem dichten Purpur-Teppich bedecken, kommst du aus dem Staunen nicht mehr heraus! Am besten schaust du dir die Pracht zwischen April und Mai an. Doch wo Licht, da auch Schatten: Die Mittagsblumen stam-

men aus Südafrika, breiten sich rasend aus und verdrängen damit heimische Pflanzenarten. Vom alten Wachturm führt unübersehbar ein Trampel-pfad bis zur Sandbucht von La Marinedda. Nicht ganz so spektakulär, aber nachhaltig ist die dichte Strandvegetation im Nordosten: Trichternarzissen, Binsenquecken, Stranddisteln, Strandfilzblumen und die seltenen Grasnelken (Armeria pungens) reichen dort bis ans Meer heran, wo die Mittags-blume noch nicht die Oberhand gewonnen hat.

ⓘ *Isola Rossa, an der Küstenpromenade | Parkplät-ze (teilweise gebührenpflichtig) am Ortseingang von Isola Rossa, rund um den Wachturm Torre Spagnola ⏱ April/Mai ◉ 41.012517, 8.879706 (Parkplatz), 41.01476, 8.87271 (Wachturm)*

Dem Bären durch die Beine schauen

9 🚶 **Kurzer, aber steiler Aufstieg auf den Bärenfelsen Capo d'Orso, 2 km, 1 Std.**
Auf der Halbinsel Capo d'Orso liegt der Eingang

Caprera, über eine Brücke mit der Hauptinsel la Maddalena verbunden, ist ein Wanderparadies

zum Bären *(orso)*, dem riesigen, unglaublich bizarr verwitterten Felsen, den schon Ptolemäus kannte. Nach oben führt dich ein 500 m langer Stufenpfad. Mit einem Quäntchen Fantasie kannst du tatsächlich einen Bären erkennen, auf jeden Fall kannst du dem Tier durch die Beine auf Palau und das Archipel gucken. Zum Sundowner am Capo d'Orso musst du rechtzeitig da sein: Allabendlich gibt es ein Wahnsinnslicht kurz vor Sonnenuntergang! Am Ranzen kraulen geht nicht mehr: Aus Sicherheitsgründen ist der Zugang abgesteckt, aber von unten kannst du dem Felsmonster auf den Bauch schauen.

ⓘ *Capo d'Orso, zwischen Palau und Cannigione | rocciadellorso.com* 🕑 *Von Ostern bis Okt. 9 Uhr bis ½ Std. vor Sonnenuntergang* 📍 *41.172456, 9.416174 (Parkplatz), 41.173189, 9.413857 (Aussichtspunkt)*

Auf dem alten Eselspfad zum Traumstrand

🔟🚶 Spannendes Küstentrekking auf der Insel Caprera, 3 Std. mit Badepause(n), 400 hm

Dass die Maddalena-Inseln einst militärisch umkämpft waren, kannst du eindrücklich an der alten Radarstation Galileo erfahren, die bis zum Zweiten Weltkrieg genutzt wurde. Von hier aus führt ein alter Eselspfad in Kehren Richtung Meer. Wenn du genau auf die verwitterten Granitfelsen blickst, kannst du auf ihren Spitzen alte Aussichtsposten erkennen. Ganz schön beeindruckend, wie die Natur und die halbwilden Ziegen von Caprera die alten Wachposten wieder eingenommen haben. Wenn du dem Abzweig nach Cala Crucitta folgst, kannst du in der sichelförmigen Kieselbucht ins Wasser springen. Hebe dir den Sprung ins kühle Nass aber besser bis Cala Napoletana auf! Auf dem alten Patrouillenweg taucht plötzlich die Wahnsinnsbucht mit ihrem mehlfeinen weißen Sand und dem babyblauen Wasser unter dir auf. Schöner geht's nicht! Wenn du dich vom Paradies losreißen kannst, folge dem sandigen Weg über Cala Caprese zurück zum Parkplatz.

ⓘ *Ab Parkplatz Garibaldi-Arbuticci, ab dort rot-weiß-rote Markierung Cala Candeo / Punta Criucitta / Cala Napoletana / Cala Caprese (Nr. 14) | Von Palau nach La Maddalena übersetzen, dann über eine Brücke auf die Insel Caprera. Der Hauptstraße Richtung Compendio Garibaldino folgen | lamaddalenapark.it/pagina 20016_cala-napoletana.html* 🕑 *Sept.–Juni, im Sommer sehr voll* 📍 *41.230114, 9.473365*

Surferparadies Porto Pollo: Der Name bedeutet übersetzt so viel wie Hühnerhafen, ist aber ein Superspot für Surfer

Top-Stadtstrand

11 ≈ **Am Stadtstrand Rena Bianca in Santa Teresa Gallura**

Ein Rundum-sorglos-Strand wartet auf dich am Ende der schachbrettartig angeordneten Häuserschluchten von Santa Teresa Gallura. Rena Bianca mit ihrem puderweichen, weißen und rosa Sand und seinem seichten, kinderfreundlichen Wasser hat außerdem eine Bar mit bestem Panoramablick auf das nahe Bonifacio auf Korsika, Sonnenschirme und Tretbootverleih. Hier weht die blaue Flagge: Die Bandiera Blu der Umweltorganisation Fee zeichnet die Bucht schon seit den 1980er-Jahren für ihren Top-Service aus, außerdem gibt es einen behindertengerechten Zugang zum Meer.

ⓘ *Direkt in Santa Teresa Gallura. Parken direkt am Strand oder östlich auf der Piazza della Libertà vor dem alten Wachturm Longonsardo, €€ ⏱ Ganzjährig 📍 41.245021, 9.189406 (Parkplatz)*

Für „Surfer-Dudes"

12 🏄 **Windsurfen in Porto Pollo (Palau)**

Porto Pollo ist nicht nur ein Eldorado für Surf- und Kitefans! Auf der schmalen Landzunge, die zwei Strände teilt, herrscht auf einer der beiden Seiten immer die perfekte Brise und die richtige Welle. Der goldgelbe Sandstrand ist außerdem ein herrliches Badeparadies, und von den Strandkneipen aus kannst du die Surfer-Dudes und -Girls spotten, wenn du selbst kein Wassersportfan bist. Windsurfschulen bieten Anfängerkurse und Leihgerätschaften an. **Insider-Tipp** Willst du den Brettern beim Baden aus dem Weg gehen, breitest du einfach je nach Wind östlich oder westlich der Landbrücke dein Handtuch aus.

ⓘ *Zwischen Palau und Santa Teresa Gallura gelegen, Abzweig von der Hauptstraße SS 133, mehrere gebührenpflichtige Parkplätze, € ⏱ Ganzjährig 📍 41.191016, 9.320469 (Parkplatz), 41.192590, 9.320093 (Strand)*

OLBIA UND UMGEBUNG
Mit Meerblick und Macchiaduft

13 🥾 **Küstenwanderung mit Badestopps zwischen Porto Istana und Porto San Paolo, 3,6 km, 1,5 Std. pro Strecke, kaum Höhenunterschied**

Die zerklüftete Küste von Olbia bis Porto San Paolo ist nur für Villenbesitzer zugänglich, deswegen erwanderst du am besten diesen einmalig schönen Teil der Insel! Die seichte Bucht von Porto Istana, mit bom-

Genusswandern mit Blick auf die Insel Tavola-ra südlich von Olbia an der Sa Ribba Ruia

Das wuchtige Wehrkastell Padres: tolle Location für Sunset-Liebhaber und Planespotter

bastischem Blick auf die Insel Tavolara, ist eigentlich immer belebt. Darum spaziere einfach Richtung Osten die Küste entlang, hier findest du nach wenigen Metern einsame Badebuchten! Der Landstrich war früher unter dem Namen Sa Ribba Ruia, zu Deutsch Rote Küste bekannt. Überall wuchert und duftet es: herrliche Macchia, soweit das Auge reicht! Unterwegs spazierst du an einem alten Kalkofen vorbei. Jetzt kannst du schon die Villensiedlung von Costa Corallina erkennen. Über ein unverschlossenes Gartentor erreichst du den Mini-Yachthafen, über den eine Brücke auf die gegenüberliegende Seite führt. Dort angekommen geht es über eine Steintreppe auf einen Weg immer weiter die Küste entlang bis nach Porto San Paolo. Gleicher Rückweg.

ℹ️ *Am Strand von Porto Istana | Stadtbuslinie ASPO 5 | Parkplatz (zur Saison gebührenpflichtig) | helloolbia. com/mappa-sentieri/porto-istana-porto-san-paolo* 🕐 *Ganzjährig (kein Schatten)* 📍 *40.894432, 9.612643 (Parkplatz), 40.882301, 9.635211 (Porto San Paolo)*

Hoch hinaus wie im Mittelalter

14 🚶 **Kurze Wanderung zum Kastell Pedres und Besichtigung des Gigantengrabs Su Monte 'e Su S'Ape, 1 Std., 30 hm, gleicher Hin- und Rückweg** Südöstlich von Olbia thront auf einem Granithügel die wenig erforschte, urkundlich erstmals 1296 erwähnte ehemalige Wehrburg Castello Pedres. Der

Baumeister stammte wohl aus der Toskana. Kurz und knackig geht's bergauf, dann betrittst du den Komplex über einen Wehrturm, von dessen ursprünglicher Höhe noch 10 m vorhanden sind. Einst gab es hier burggetreu eine Zugbrücke. Um einen Granitfelsen sind zwei mit Wehrmauern versehene Burgplätze angelegt, es gibt mehrere Häuserreste und eine Zisterne zu sehen. Tolle Aussicht, herrliche Ruhe – außer wenn zur Saison auf dem nahen Flughafen Olbia Ferienflieger im Minutentakt landen – toll für Planespotter! Zurück am Parkplatz kannst du das Gigantengrab Su Monte 'e Su S'Ape bestaunen. Die Grabstätte aus der späten Bronzezeit (ca. 1800–1600 Jahre vor unserer Zeitrechnung) wurde, wie auch andere Grabmäler dieser Art, auf einem noch viel älteren Massenfriedhof errichtet.

ℹ️ *Parkplatz unterhalb des Castello, Aufstieg und Abstecher zum Gigantengrab sind ausgeschildert | Von Olbia am Flughafen vorbei auf der SP 24, in die Via Castello Pedrese abbiegen | helloolbia.com/ castello-di-pedres* 🕐 *Ganzjährig* 📍 *40.876871, 9.485238 (Parkplatz), 40.875607, 9.484179 (Gigantengrab)*

Kurz und knackig nach oben führt ein Pfad auf den Aussichtspunkt des Capo Ceraso

Meeressäuger-Sichtung (fast garantiert): die Delfinschule bei Golfo Aranci

Hochgefühle über dem Golf von Olbia

15 🚶 **Kurze Wanderung auf den Aussichtspunkt von Capo Ceraso, 1 km pro Strecke, 2 Std. hin und zurück, 90 hm**

Die Halbinsel von Capo Ceraso ist recht einsam, denn nicht jeder mutet seinem Gefährt die ausgewaschene Schotterpiste zu. Aber was dich am Ende der Via Capo Ceraso erwartet, lohnt die holprige Anfahrt: Die Aussicht von der alten Militärstation ist himmlisch, fast scheinst du über den Dingen zu schweben. Die Tavolara-Insel mit ihrer Sandzunge liegt vor dir, der weite Golf von Olbia unter dir, in der Ferne das Capo Figaro bei Golfo Aranci und jede Menge Meer! Folge einfach dem ausgeschilderten Weg, rechts vorbei an einer Villa mit der Hausnummer 21 und dann steil bergauf zu einem alten Militärgebäude. Von hier führt eine steile Steintreppe über den Granitfels bis zum Aussichtspunkt Stazione di Vedetta. **Insider-Tipp** Kommst du abends, kannst du vom Granitstrand von Poltu Casu, unterhalb des Parkplatzes, den Sonnenuntergang hinter Olbia und dem Limbara-Massiv genießen!

ℹ️ *Parkplatz in der Nähe des Strands von Poltu Casu. Ist die Straße stark ausgewaschen, vorher am Straßenrand parken | Markierung: teilweise ausgeschildert Vedetta Capo Ceraso | helloolbia.com/mappa-sentieri/capo-ceraso-stazione-di-vedetta*

🕐 *Ganzjährig* 📍 *40.916191, 9.631810 (Parkplatz), 40.917874, 9.641913 (Aussichtspunkt)*

Delfin-Spotting

16 🐬 **Schlauchboot-Tour mit Delfin-Watching**

Sie sind gar nicht scheu, die blauen Meeresbewohner der Küste Nordost-Sardiniens. Die Populationen, die sich vor Golfo Aranci tummeln, sind Große Tümmler, eine Delfin-Art mit heller Schnauze. Sie sind über 2,50 m lang und können bis zu 50 Jahre alt werden. Die Meeressäuger fühlen sich hier pudelwohl, weil eine schwimmende Fischfarm im Meer ein All-you-can-eat-Buffet bietet. Mit etwas Glück begleiten dich die Tiere schon bei der Einfahrt in den Fährhafen. Von Land aus kannst du die Tümmler vom Fischerstrand Spiaggia dei Baracconi unterhalb der alten Bahngleise spotten. Dort bietet zur Saison auch ein Kajakverleiher Delfintouren an *(kayakingmoresca.it)*. Keine Lust, selbst zu paddeln? Ab dem Strand von Cala Sassari startet jeden Nachmittag ein Schlauchboot zu den Delfinen. Zurück geht es romantischschön zum Sonnenuntergang *(mareforza7.it)*.

Passerelle zum Paradies: Der Traumstrand von Porto Taverna liegt hinter einer Lagune verborgen

ⓘ *Direkt am Strand von Cala Sassari | Gebühren- pflichtiger Parkplatz | €€* ⏱ *Ganzjährig, Kajak- und Schlauchboottouren Juni–Sept.* 📍 *40.988207, 9.584850 (Cala Sassari), 40.98850, 9.63455 (Spiaggia dei Baracconi)*

Im Flamingoparadies

17 **Flamingos beobachten in Porto Taverna**

Man weiß gar nicht, wo man zuerst hinschauen soll: auf das paradiesblaue Wasser, den goldgel- ben Strand, die wuchtige Tavolara-Insel am Hori- zont oder in die Kinderstube des rosa Federviehs. Mitten durch den Strandsee führt ein Steg ans Meer. Hier ist es so schön, dass eine edle, kleine Strandbar und ein Fischrestaurant fast das ganze Jahr über offen haben. Zur Saison leider megavoll!

ⓘ *Zwischen Porto San Paolo und San Teodoro | Von der Hauptstraße SS 125 führt die Via degli Oleandri zum Nordteil, gleich nach dem Kreisverkehr zweigt eine Stichstraße rechts zu einem Parkplatz am langen Steg durch die Lagune ab. An der Stichstraße Porto Taverna Sud nur wenige Parkplätze, €* ⏱ *Zur Ne- bensaison und im Winter* 📍 *40.855056, 9.651293 (Parkplatz), 40.858391, 9.654115 (Strand)*

SAN TEODORO UND UMGEBUNG
Chillen oder Challenge?

18 **Wandern, in Gumpen baden und Canyo- ning am Rio Pitrisconi, 11 km, 2 Std./Strecke, Canyoning-Tour ½ Tag**

Am Forsthaus Stazzu Pitrisconi führt ein Pfad etwa fünf Minuten am Sturzbach entlang, dann eröffnet sich ein herrlich friedliches Paradies aus Badegum- pen und Wasserfällen, die sich metertief in den Abgrund stürzen. Hier kannst du planschen oder einfach die Stille genießen. Weiter bachabwärts geht es nur noch mit Helm, Neopren, Karabinern und gesicherten Seilen – dafür richtig spektakulär, auf natürlichen Wasserrutschen in eiskalte Bade- becken! Schon das Hinkommen nach Pitrisconi will gekonnt sein: Wer seinen Unterboden liebt, lässt den Wagen an der Straße stehen. Vom Parkplatz an der Quelle Aresola aus sind es mehr als zwei Wan- derstunden pro Strecke. **Insider-Tipp** Gemütlicher geht's mit dem Landrover-Shuttle.

ⓘ *Budditogliu bzw. am Forsthaus Stazzu Pitrisconi | 4 km südl. von San Teodoro in Budditogliu in die Via Aresula einbiegen, nach der Unterführung an der Quelle parken oder weiterfahren und am Straßenrand*

Nicht nur bei Kitern beliebt: der Strand La Cinta mit der Insel Tavolara im Hintergrund

Badewanne für Waghalsige: Die Badegumpe von Pitrisconi fällt in einem steilen Wasserfall ins Tal

parken | Landrover-Touren unter natura-viva.it | €€€
🕐 Okt.–Juni 📍 40.751898, 9.640304 (Parkplatz im Tal), 40.751593, 9.589961 (Einstieg zum Bachbett)

Seichter geht es nicht

19 〰 **Badespaß an der Cala Brandinchi**

Fast wie in der Karibik fällt der schneeweiße Sand ins türkisblaue Meer ab. Im Wasser waten, gefahrlos auch mit Kleinkindern buddeln: herrlich! Außerdem kaum Wellen und immer angenehme Badetemperaturen. Hier springen selbst Warmduscher ins Wasser! Gleich nebenan liegt Lu Impostu: nicht weniger schön, aber weniger windgeschützt. Weil das Piccola Tahiti so beliebt ist, wird im Sommer abgezählt: Nicht mehr als 1447 Gäste in Brandinchi und 3352 an Lu Impostu dürfen sich von Mitte Juni bis Mitte September ins Badelakengewusel stürzen. Vorausbuchung maximal zwei Tage im Voraus unter santeodorospiagge.it.

ℹ️ Zwischen Monte Petrosu und San Teodoro gelegen. Von der Hauptstraße SS 125 nach Capo Coda Cavallo abbiegen | € 🕐 Sept.–Mai

📍 40.830925, 9.683181 (Parkplatz), 40.834732, 9.685820 (Brandinchi), 40.826403, 9.680917 (Lu Impostu)

Bestens brettern und kiten

20 🏄 **Kiten und Wingfoilen am Strand von La Cinta, ganzer Tag**

La Cinta ist legendär: Das endlos lange Sandband ist Traumstrand, Party-Beach und Sportmekka in einem. Besten Wind im Segel hast du bei Mistral und Sciroc-co, bei Tramontana oder Grecale finden Wellenreiter beste Bedingungen. Außerdem gibt es ein Extrarevier für Kiter: La Fuchitta heißt der Strandabschnitt, der für Kiter & Friends abgesteckt ist. Allerdings ist Schleppen angesagt: Vom Parkplatz aus ist es ein zehnminütiger Marsch über den Strand bis zum Korridor, an dem du deinen Wasserstart üben kannst. Praktisch: Mehrere Kiteschulen bieten Leihmaterial an, vom klassischen Kite bis zum Foil und Wingsurf-Segel, mit dem du mit deinem SUP abheben kannst.

ℹ️ Am Strand von San Teodoro, La Cinta | Gebührenpflichtiger Parkplatz oder Strandshuttle santeodorobeach.com/beach-bus-san-teodoro | kitesurfsanteodoro.it | €€ 🕐 Ganzjährig
📍 40.784569, 9.668420 (Parkplatz), 40.796964, 9.670255 (Kite-Korridor)

DER SCHÖNSTE SONNENUNTERGANG
Felszacken und Hammer-Sundowner

21 🏖 **Rena Majori**

Wind herrscht in Rena Majori eigentlich immer – kein Wunder also, dass hier die Strandkiefern nicht senkrecht, sondern waagerecht am Felsen entlang wachsen und Windsurf-Fans bei den Hammerbrechern ihre wahre Freude haben. Kurz vor Sonnenuntergang musst du unbedingt an der Küste bis zur einsamen Bucht von Rena Di Matteu spazieren. Wenn die Gischt an den brüchigen Felszacken schäumt, der Mistral über die Dünen pfeift und die Sonne langsam ihren Weg nach Westen sucht, herrscht hier allabendlich eine ganz besondere Sunset-Stimmung.

ℹ️ *Am Ende der Stichstraße Rena Majori parken*

🕑 *Frühjahr bis Herbst, zum Wellenreiten im Winter*   📍 *41.167696, 9.169590*

Schmeckt nur hier: Der Brotauflauf Zuppa Gallurese – und jede Familie hat ihr eigenes Traditionsrezept

Die Gallura ist kulinarisch anders als der Rest Sardiniens: Die lokale Nudelsorte heißt hier *chiusoni* und hat Stacheln statt Rillen wie im Rest der Insel. Im Inland wird Wildschwein, Zicklein und Spanferkel serviert, in der Hafenstadt Olbia landen Fisch und Meeresfrüchte ohne Ende auf dem Teller. An der Costa Smeralda findest du internationale Küche von Indisch bis Japanisch.

Brot, lauf auf!

1 ⅋ **Zuppa Gallurese**
Dieser zünftige Brotauflauf, der mit einer kräftigen Fleischbrühe (meist Ziege oder Schaf), altem Brot und zweierlei Käse gemacht wird, ist so etwas wie das Nationalgericht der Gallura – und außer im Nordosten nur schwer auf der Insel zu finden.
ⓘ *Ein tolles Bauernhaus mit viel Liebe zum Detail und leckerer Gallura-Küche (Festmenü) ist der* **Agriturismo Li Paladini**, *Via Sole Ruju 7, Olbia-Casagliana, agriturismolipaladini.com, €€€*

Tentakel-Panino

2 ⅋ **Panino al polpo**
Typisch für Olbia: gekochte Tintenfischarme, mit Öl, Knoblauch und Petersilie, hin und wieder noch mit Kartoffelstücken, und ab damit ins Brötchen. Was früher als Arme-Leute-Essen der Fischer galt, ist in Olbia heute allgegenwärtiges Streetfood für die Mittagspause!
ⓘ *Legendär sind die Panini der* **Mybar**, *Via Redipuglia, Olbia, my-bar.business.site, €, und die Stände beim Patronatsfest San Simplicio im Stadtpark Fausto Noce, €*

Miesmuschelparadies

3 ⅋ **Cozze Olbiesi**
Wenn du mit der Fähre im Hafen von Olbia einläufst, siehst du sie schon von Weitem: ein Meer aus Schwimmbojen, an denen kilometerlange Netze mit Miesmuscheln hängen. In Olbia werden die *cozze* traditionell zuerst geöffnet, mit Pecorinokäse, Semmelbröseln, Knoblauch und

Peperoncino gefüllt und dann im Ofen gegart. Ein leckeres Sommerrezept, das du auch ganz unkompliziert in deiner Ferienwohnung zubereiten kannst!

ⓘ *Bester Fischhändler in Olbia ist die* **Pescheria Calvisi**, *Via Lituania 12 und Viale Aldo Moro 190°, pescheriacalvisi.it, €*

Erste Sahne

4 ⵏ **Mazza frissa**

Jede Menge Sahne, ein wenig Gries, Honig und eine Prise Salz: so einfach, so lecker! Ursprünglich aus Schafsmilch gemacht, weil die Hirten der Gallura meist Sahne im Überfluss hatten. Heute bekommst du diese Nachtisch-Bombe meist aus Kuhmilch serviert.

ⓘ *Ein gutes Allrounder-Restaurant mit leckerer Nachspeisenkarte ist das* **K18**, *Località Lu Nibareddu, Badesi, ristorantek18.it, €*

Hier findest du alles

5 ⵏ **Wochenmarkt in Olbia**

Der Wochenmarkt am Samstag ist perfekt, um sich einen Einblick in das tägliche Leben der Olbiesi zu verschaffen. Neben Ständen mit Blumen, Obst, Gemüse, Käse und Wurstwaren wird auch Kunsthandwerk und jede Menge Plunder angeboten – das gehört auf Sardinien zu einem Markt einfach dazu!

ⓘ *Sa in der Via Sangallo / Viale Aldo Moro, kleiner Markt jeden Di in Via Milano / Mercato Porto Romano, jeweils 8–13 Uhr*

Die Cozze Olbiesi werden weltweit exportiert, schmecken aber vor Ort am besten

Nichts für Spaziergänger: Die Wanderwelt des Supramonte ist ein Trekkingparadies für Anspruchsvolle

Landesinneres Nord

BERGE, HÜGEL UND KULTUR

Im inneren Norden kannst du was erleben! Das Limbara-Massiv thront mit seinem grauen Granit im Norden der Insel. An seinen Südhängen dominieren dichte Korkeichenforste das Landschaftsbild und gleich daneben kannst du durch die unendlichen Weingärten cruisen, in denen Sardiniens bester Weißwein gedeiht. Außerdem kannst du jede Menge Dolmen, Feengräber und für die Ewigkeit errichtete Kathedralen entdecken! Im Frühjahr grünt und blüht es hier, dass es eine wahre Freude ist. Das Gennargentu-Massiv südlich der Bergprovinz-Metropole markiert die bergige Mitte Sardiniens. Mit seinen 1834 m ist es zwar nicht ungewöhnlich hoch, wirkt aber dennoch wie ein weißer Riese. Genna 'e Argentu bedeutet im Sardischen so viel wie silberne Pforte, denn silbern leuchten in den Wintermonaten seine schneebedeckten Spitzen, die sich in manchen Jahren bis in den Mai halten.

I. Asinara

Porto Torre

MARE

MEDITERRANEO

Alghero

Cabras

MARCO POLO
OUTDOOR-HIGHLIGHTS ★

★ Ausflug auf den Berg von Limbara
Die Krönung des Nordens: Das Granitmassiv von Limbara → S. 96

★ Wandern im wilden Lanaitto-Tal
So gut versteckten sich einst die alten Sarden in den Bergen → S. 98

★ Die Landschaft rund um Villagrande erkunden
In den Bergen kannst du baden und die Ruhe der Wälder genießen → S. 100

★ Naturwanderung zum Kraftort der Nuraghenzeit
Kult ums kalte Nass: Hier kannst du echte Energie tanken → S. 102

★ Radeln auf der alten Bahnstrecke von Calangianus
Kork as Kork can: per Drahtesel durch alte Eichenforste → S. 104

MARE TIRRENO

I. Spargi · I. Maddalena
La Maddalena

I. Caprera

Arzachena

Golfo dell'
Asinara

Luogosanto

3 🚶

1 🚶

Olbia

I. Tavolara

I. Molara

Tempio Pausania

**Radeln auf der alten
Bahnstrecke von Calangianus** ★

2 🚶

**Ausflug auf den
Berg von Limbara** ★

6 🍴

SS672

SS729

4 🚶

Sassari

6 🚶

2 🍴

🚗 180 km, 3 Std.

🚗 150 km, 2,5 Std.

Ozieri

Siniscola

12 🚶

7 🚶

9 🚶

5 🚶

**Naturwanderung zum
Kraftort der Nuraghenzeit** ★

SS131

8 🚴

🚗 100 km, 1,5 Std.

4 🍴

Nuoro

10 🚶

Macomèr

13 ≋

3 🍴

**Wandern im wilden
Lanaitto-Tal** ★

*Golfo
di Orosei*

14 🍴

SS131DCN

11 🚶

1 🍴

17 🚲
Austis

SS389var

18 ❄

Corr'e Boi

SS131

19 ❄

16 🚲

**Die Landschaft rund
um Villagrande erkunden** ★

5 🍴

Tortolì

15 🚶

Oristano

OUTDOOR-HIGHLIGHTS
*DIE BESTEN ERLEBNISSE DRAUSSEN

Ausflug auf den Berg von Limbara ★

Schattige Wälder, einsame Granitkirchlein und wuchtige Funkantennen krönen Nordsardiniens höchsten Gipfel – und Korsika grüßt aus der Ferne! Kaum Korkeichen, dafür Pinien und Laubwald – beim Aufforsten nach einem großen Brand in den 1930er-Jahren wurde auf Biodiversität geachtet. Im Unterholz konnte sich so eine spannende Flora und Fauna entwickeln.

Auf steilen Wegen gen Limbara

Auf Sardiniens Granitgiganten kannst du mit dem Mountainbike auf einer gut ausgebauten, einspurigen Straße stetig bergauf radeln oder die Kurven mit dem Auto bezwingen. Im Frühjahr blüht Barbarakraut, im Sommer Ginster, im Winter wilder Krokus und in Höhenlagen Limbara-Veilchen in stacheligen Polstern. Im Sommer ist es schön schattig (selbst im Hochsommer beträgt die Durchschnittstemperatur gerade mal 20 Grad), im Herbst sorgen die gefärbten Blätter des Mischwalds für Indian Summer Feeling, im Winter liegt nicht selten meterhoch Schnee. Erste Station nach der Kurvenorgie durch den Wald: Vallicciola.

Mammutbaumparadies

In einem schattigen Wald aus Mammutbäumen findest du selbst im Hochsommer eine angenehme Sommerfrische. Nicht verpassen solltest du einen kurzen Trip nach Oltu di Li Pomi: Vorbei an Kletterfelsen und durch wilde Natur führt der Weg (Markierung D-404 Pisciaroni) in einer Viertelstunde zum Bach von Pisciaroni. Weiter geht's zur kleinen Landkirche Madonna della Neve, einem aus strahlendem Granit errichteten Pilgerkirchlein. **Insider-Tipp** Bergauf wartet der große Lauschangriff: Hier wurden früher die US-Truppen im Mittelmeer koordiniert und über riesige Parabolantennen Angriffe im ersten Golfkrieg gesteuert.

Was mit den verlassenen Radio- und Verwaltungsgebäuden, Kasernen, Bars und dem ehemaligen Postamt der US Mail, die hier seit 1966 standen, passieren soll, ist bis heute noch nicht entschieden. Mit etwas Glück ist das Tor nicht verschlossen, und du kannst dir die alten Militäranlagen von Nahem anschauen.

Blick vom Dach Nordsardiniens

Weiter führt die Straße auf ihren höchsten Punkt zu: den Parkplatz an den Funkantennen der italienischen Rundfunkgesellschaft RAI. Von hier reicht der Rundblick über die gesamte Gallura und bis ins ferne Korsika! Hier bist du bereits oberhalb der Baumgrenze: Fast schon alpin wirkt das Bergpanorama mit den großen Granitspitzen des Limbara, die sich hier in den meist strahlend blauen Himmel recken.

Die Tour im Überblick

🚵 **Einfache MTB-Tour südlich von Tempio Pausania, 11 km, 1 Std. mit dem Auto mit Zwischenstopps, 2 Std. mit dem Rad (je Strecke)**

ℹ️ *Von Tempio Pausania den Ausschilderungen nach Monte Limbara der SS 392 folgen und am Abzweig bergauf der SP 51 folgen*

🕐 *Ganzjährig, im Frühjahr zum Teil recht kalt*
⚙️ *Turnschuhe, Picknicksachen*
📍 *40.862011, 9.127322 (Abzweig zum Monte Limbara), 40.852655, 9.175539 (Funkantennen)*

✔ **DOWNLOAD GPX-Track**

Ganz oben auf Nordsardiniens höchstem Bergparadies Monte Limbara warten Antennentürme (li.) und Granitspitzen (re.)

Wandern im wilden Lanaitto-Tal ★

Als die Römer nach Sardinien einwanderten, zogen sich die Ureinwohner ins Inland zurück. In einer Doline am Hang des unwirtlichen Trogtals von Lanaitto fanden die Nuraghen einen spektakulären Zufluchtsort. Das Steinzeitdorf Tiscali liegt bestens versteckt in einer an Grotten und Höhlen reichen Karstlandschaft.

Wanderung in die Vergangenheit

Nicht wundern, wenn Stau herrscht im Lanaitto-Tal: Halbwilde Hausschweine, Ziegenherden und ein paar wilde Mufflons gehören zum Verkehrsalltag im vielleicht schönsten Tal der Barbagia.

Los geht's am Wanderparkplatz; folge einfach der Markierung 410 (Tiscali). Der Aufstieg ist zunächst steil, aber einfach und teils schattig. Auf großen Felsplatten hast du einen wunderbaren Blick zurück in das weite Tal und auf die schneeweiß leuchtenden Spitzen des Corrasi-Massivs. Jetzt wird der Weg schmaler und ein paar Kletterstellen warten. Oberhalb einer Felsrinne erreichst du Sa Curtigia de Tiscali. Um durch die nun folgende Felsspalte zu klettern, musst du ganz schön den Bauch einziehen! Für die alten Nuraghen war der enge Zugang eine perfekte Verteidigungsanlage. Deine Mühe wird belohnt: Die Aussicht ist herrlich, während du die Felsterrasse weiterwanderst, die von Alpenveilchen, Wolfsmilch und bizarr verzwirbelten Wachholderbäumen bedeckt ist, die sich in den Humus der Felsspalten bohren. Und dann bist du am Ziel: an Sardiniens vielleicht abgelegenster Ausgrabungsstätte!

Aufstieg zum Nuraghenversteck

So spektakulär konnte man sich schon zu Urzeiten verbarrikadieren: In diesem eingestürzten Dolmen haben sich vor 4000 Jahren die Nuraghier breitgemacht. Einst in einem gigantischen Höh-

lenraum im Fels für Fremde praktisch unauffind-
bar versteckt, konnten die Ursarden in ihren etwa
70 Rundhütten allerdings nur die Sommerfrische
genießen – denn um hier dauerhaft zu leben,
fehlten Wasser- und Nahrungsquellen. Übrigens:
Bargeld nicht vergessen, am Eingang der Doline
kassiert ein Wärter einen Obolus!

Weiter geht dein Wanderweg bergab in ein Seiten-
tal von Lanaitto. Am Rastplatz Dolovère folgst du
einem Holzschild Richtung Lanaitto Oliena (und
der Markierung 411) durch ein Flusstal, das dich
auf einen Fahrweg führt, dem du nach links zum
Ausgangspunkt folgst. Hier ist relaxtes Auslaufen
angesagt! ==Insider-Tipp== Schau auf dem Rückweg
==mit dem Auto an der schönen Schauhöhle Grotta==
==di Sa Oche vorbei. Taschenlampe nicht vergessen,==
==dann kannst du bis zu den unterirdischen Seen==
==vordringen!==

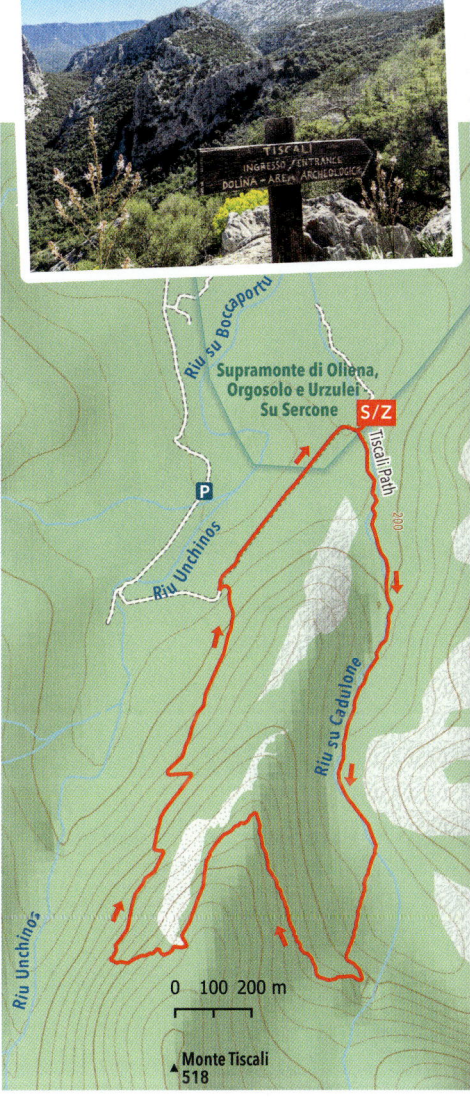

Die Tour im Überblick

🚶 **Mittelschwere Wanderung mit
Kletterstellen, gut 4 Std., 4,5 km,
160 hm, Markierungen 410 und 411**

ℹ️ *Von der SP 46 von Oliena nach Dorgali
Richtung Sorgente Su Gologone abbiegen
und den Ausschilderungen nach Lanaitto
folgen | ghivine.com/tiscali.htm | €*

🕐 *Frühjahr, Winter und Herbst. Auf rasche
Wetterumschwünge einstellen! Die Straßen
im Tal sind oft vom Regen ausgewaschen.*
⚙️ *Gute Wanderschuhe, Trinkwasser,
Sonnenschutz, Bargeld*
📍 *40.247280, 9.491779 (Wanderparkplatz), 40.241844, 9.492272 (Tiscali)*

✔ **DOWNLOAD GPX-Track**

*Der enge Zugang durch eine Felsspalte (li.) schützte die Nura-
ghen-Siedlung einst perfekt vor Eindringlingen. Zwischendurch
ergeben sich immer wieder herrliche Ausblicke ins Tal (re.)*

Die Landschaft rund um Villagrande erkunden ★

Karge Landschaft, eiskaltes Wasser und nicht viel los: Die Landschaft rund um Villagrande Strisaili ist eine Region zum Entschleunigen. Die wilden Weiden haben eine bizarre Natur geformt, durch die sich wilde Winterwasserfälle ergießen und schöne Badestellen geschaffen haben. Offene Weiden, grüne Hügel mit Obstbäumen und knorrigen Kork- und Steineichen prägen das Landschaftsbild.

Wanderung durch eine Miniaturlandschaft

Rund um die alten Bronzezeitgräber von Sa Carcaredda wächst es wild wie selten: Von hungrigen Ziegen, weidenden Kühen und buddelnden halbwilden Hausschweinen stark malträtiert, wachsen hier Büsche, Bäume und Pflanzen in bizarren Formen und außergewöhnlich kleinwüchsig heran. Die Verursacher dieser Miniaturlandschaft lassen sich weder von Autos noch von Menschen stören und grasen wild. Weidezäune? Fehlanzeige! Die Überbleibsel der Urzeitsarden haben eine Besonderheit: Es handelt sich nur um Grabanlagen, ein Nuraghenturm fehlt völlig. Ob die Toten der Ursar-

den Aussicht auf das Gennargentu-Massiv und den Tafelberg von Perda Liana hatten, ist unbekannt. Heute jedenfalls verstecken sich die alten Steine in fast mystischer Umgebung unter dichten Kork- und Steineichen.

Rutschpartie in den Gumpen

Nach so viel Ruhe ein wenig Action gefällig? Mit etwas Glück führt der Bach von Bau Mela Wasser! In den glasklaren Badegumpen und in den vom steten Bach und winterlichem Schmelzwasser glattgewaschenen Naturrutschen kannst du deine Waden kühlen. Waghalsige wagen so manchen Sprung ins kühle Nass! Die Umgebung ist herrlich und wird nur im Tal von Beton getrübt. Gleich neben den Wasserrutschen befindet sich eine Stauanlage aus den 1940er-Jahren, die das Wasser des Rio Bau Mela in kilometerlangen Galerien in mehrere Staubecken Richtung Tal leitet. Parken musst du am Straßenrand und anschließend durch ein Loch im Zaun der Staustufenanlage klettern.

Insider-Tipp Eine kurze Fahrt lohnt von hier zum Parco di Santa Barbara. Zu sehen gibt es nicht viel, außer ein paar Picknickbänken, einem Pilgerkirchlein, einer Quelle und einer Waldbar mit Kinderspielplatz – dafür ist die Ruhe in diesem Waldparadies himmlisch. Unter steinalten Steineichen führen Spazierwege durch den weitläufigen Park, und auf einer Lichtung wurde ein kleiner Garten mit einer antiken Rosenkollektion angelegt. Hier kannst du selbst im Hochsommer die Sommerfrische genießen und einfach mal runterkommen!

Die Tour im Überblick

🚗 🚶 **Autotour mit kurzen Wanderetappen zu Ausgrabungsstätte und Wasserfall, Villagrande Strisaili, 22 km, ½ Tag**

ℹ️ *Über die SS 389 var nach Bau Mela und Sa Carcaredda. Der Parco di Santa Barbara liegt an der SP 27 nach Villagrande*

🕐 *Ganzjährig; die Badegumpen liegen am späten Nachmittag im Schatten*
⚙️ *Badesachen, Schuhe mit fester Sohle (rutschige Felsen!), Sonnenschutz*
📍 *39.992147, 9.427434 (Sa Carcaredda), 39.991373, 9.416964 (Parkmöglichkeiten Bau Mela), 39.941817, 9.495006 (Parco di Santa Barbara)*

✔ **DOWNLOAD GPX-Track**

Die Badegumpen von Bau Mela sind nichts für Warmduscher (li.). Perfekt gestutzt vom Weidevieh: die karge Vegetation auf den Wiesen von Villagrande

Naturwanderung zum Kraftort der Nuraghenzeit ★

Mitten im Nichts verbirgt sich ein wahrer Kraftort: der Wassertempel von Orune, der über einen kurzen Naturlehrpfad erreichbar ist. Unzählige Fundstücke sprechen dafür, dass der in einer für die Nuraghenzeit einzigartigen Architektur errichtete Kraftort eine ganz besondere Kultstätte war.

Auf dem Weg zum Brunnentempel

Brunnen, Wasser, Kraftort? Du brauchst nicht besonders spirituell angehaucht zu sein, um zu merken, dass das Volk der alten Nuraghen hier vor 3000 Jahren eine ganz besondere Quelle angezapft hat. Und das nicht wie sonst üblich nach unten in den Boden, sondern vertikal in eine Schieferwand! Als das uralte Bauwerk bei Orune in den 1950er-Jahren nach einem Erdrutsch ans Licht kam, konnten die Archäologen Erstaunliches entdecken. Der Brunnentempel war nicht nur erstaunlich gut erhalten, sondern auch mit einem Spitzdach gedeckt – und das in einer Zeit, als die alten Sarden eigentlich Rundhütten und ringförmige Türme errichteten.

Wie für die Ursarden ist auch für dich der Weg das Ziel. Am Ende der staubigen Sandstraße wartet das Tickethäuschen und bietet schon mal besten Blick: auf das immergrüne Tal und den weiß leuchtenden Berg von Montalbo vor dir. Ein kleiner Naturlehrpfad führt bergab. Holzschilder erklären dir die italienischen und sardischen Namen der Büsche, Blumen und Sträucher, die hier vor allem im Frühjahr um die Wette blühen. Aber auch die restliche Zeit des Jahres über ist die Natur hier betörend schön.

Am Brunnen Energie und Wasser tanken

Ziemlich pittoresk steht Su Tempiesu wie ein Hexenhäuschen im Wald. Nur dass hier mächtig

Kraftpaket der Natur: Über einen Botanik-Lehrpfad (re.) geht es zur Energiequelle der alten Nuraghen, dem Wassertempel Su Tempiesu (li.) mit seiner ungewöhnlichen Architektur

Wasser blubbert: Unter dem zur Hälfte zusammengekrachten Spitzdach verbirgt sich die Quelle, die einst wohl ziemlich kultig gewesen sein muss, wie unzählige Bronzefiguren, Schmuckstücke, Ringe und Bernsteinfunde vermuten lassen. Egal wie du zu Energieplätzen stehst: Befindest du dich erst mal unter einem 3000 Jahre alten Spitzdach und hörst unter dir das Wasser plätschern, wird selbst der ärgste Kritiker beseelt.

So vollgetankt, machst du dich auf den bestens ausgeschilderten, steilen Rückweg bergauf. Schilder weisen auf allerlei Getier hin, das sich hier im Unterholz versteckt. **Insider-Tipp** Außerdem kommst du unterwegs an einer nuraghischen Rundhütte vorbei – und, ganz ähnlich gebaut, an einer neuzeitlichen Schäferhütte. Ein klarer Beweis dafür, dass Uraltarchitektur auch in der Neuzeit funktioniert.

Die Tour im Überblick

🚶 **Einfache Wanderung zum Wassertempel Su Tempiesu, ca. 2 km, 420 hm, 2 Std.**

ℹ *Von der Schnellstraße SS 131 über die SP 51 nach Orune, im Ort den Ausschilderungen Pozzo Sacro Su Tempiesu folgen. Enge Zufahrtsstraße! | sutempiesu.it | €*

🕐 *Ganzjährig; am schönsten ist der Botanik-Lehrpfad im Frühjahr. Herbst/Winter 9–17, Frühjahr/Sommer 9–19 Uhr*
⚙ *Sportschuhe, Trinkwasser, Yogamatte zum Meditieren*
📍 *40.410964, 9.412829 (Wanderparkplatz), 40.409184, 9.411080 (Hotpot)*

✓ **DOWNLOAD GPX-Track**

Radeln auf der alten Bahn-strecke von Calangianus ★

Einst wurde hier schwer geschuftet: Die Schmalspurbahn von Calangianus nach Monti war zum Abtransport von Kork von der Gallura auf den fernen italienischen Kontinent gedacht. Die Gleise sind weg, was bleibt, ist eine der schönsten Radwan-derstrecken der Insel mit traumhaften Ausblicken in einer herrlichen Landschaft und jede Menge Ruhe.

Mit dem Rad unterwegs auf der alten Bahntrasse

Der Start ist in Calangianus: Der kleine Ort ganz aus Granit ist neben Tempio Pausania Sardiniens Korkeichenmetropole, in der seit Generationen die Rinde der knorrigen Riesen geschält und ver-arbeitet wird. Der Korkexport war auch der Grund, weshalb die Bahnstrecke, die ursprünglich in Tempio startete und am Bahnknotenpunkt Monti in das Hauptnetz der sardischen Eisenbahn über-ging, überhaupt gebaut wurde. Unterwegs gibt es nur Granit, Korkwälder und Schafweiden. Sied-lungen und Menschen? Keine Spur! Hier radelst du durch unverbaute Landschaften, die man so selbst im dünn besiedelten Sardinien selten bis überhaupt nicht sieht!

Ab durch die Korkeichen

Der Streckenabschnitt ab Tempio Pausania ist längst Wohnhäusern und Asphalt gewichen, deswegen startest du am Ortsrand von Calangianus. Da es sich um eine Frachtstrecke handelte, verkehrten hier nie moderne Dieselloks – sondern bis zur Stilllegung 1958 nur Dampfrosse. Die alten Bahnwärterhäus-chen samt Wasserreservoirs kannst du entlang der Strecke noch gut erkennen. Gleich hinter Calang-ianus kreuzt du zweimal die moderne Staatsstraße und radelst dann schön schattig durch die Korkwäl-

der. Je frischer die wertvolle Rinde der knubbeligen, knorrigen Bäume geschlagen wurde, desto rostroter leuchten die geschälten Stämme, die nachwachsende Rinde wird dunkelbraun. Kork wird im Hochsommer und immer noch per Hand geerntet.
Die Strecke ist schnell erklärt: Wo einst Dampfloks ächzten, radelst du mit geringer Steigung an der Ostflanke des Limbara-Massivs entlang, und das in einem herrlichen Bergpanorama. Um den Frachtzügen die Arbeit zu erleichtern, wurden einst ein paar Granitblöcke gesprengt, um den leichten Durchlass zu ermöglichen, aus Kostengründen aber auf Tunnels verzichtet.

==Insider-Tipp== Nachhaltig unterwegs? Dann alternativ mit dem ARST-Bus 602 von Olbia nach Calangianus (max. zwei Fahrräder/Bus), ab dem Ende der Piste auf kaum befahrenen Straßen 6 km bergab bis zum Bahnhof Monti-Telti und mit der Bahn zurück nach Olbia.

Die Tour im Überblick

🚲 **Mittelschwere E-Bike-/Radtour, 35 km/Strecke, 3 Std./Strecke, 450 hm**

ℹ️ *ARST-Buslinie 602 von Olbia nach Calangianus, zurück nach Olbia mit dem Regionalzug | Alternativ mit Pkw von Olbia Richtung Tempio Pausania | Geführte E-Bike-Touren bietet memabiketours.com an, €€*

🕐 *Frühjahr und Herbst, mit E-Bike auch im Sommer möglich*
⚙️ *Trinkwasser und Snacks*
📍 *40.907766, 9.191881 (Start in Calangianus), GPS40.854110, 9.293927 (Ziel), 40.829510, 9.322784 (Bahnhof Monti-Telti)*

✔ **DOWNLOAD GPX-Track**

Wo einst die Dampfrosse durch die Korkeichenhaine qualmten, kannst du heute gemütlich auf dem Drahtesel durch die traumhafte Natur reiten und die beschauliche Ruhe genießen

MEHR ERLEBEN
*WEITERE ABENTEUER & AUSFLÜGE

Sanior-Oliven ganz groß: Auf stolze vier Jahrtausende bringt es Sardiniens größter Ölbaum

Ab ins Inland: Sardinien ist viel mehr als nur Küste. Heilige Orte und uralte Bäume rund um den Limbara, verwunschene Feengräber und mittelalterliche Kirchen, dazu uralte Türme und Vulkankegel rund um Ozieri und den Monteacuto. Die Bergprovinz Nuoro bietet Powerquellen, Action auf dem Quad und geheimnisvolle Bergdörfer mit Kunst und Kultur direkt an den Häuserwänden. Rund um das Gennargentu-Massiv hingegen warten Monument-Valley-Feeling, Schneespaß und herrliche Radelstrecken.

RUND UM DAS LIMBARA-MASSIV
Auf zu den Oliven-Senioren

1 🚶 Spaziergang beim Lago di Liscia, 1 Std.

Diesen Baum kannten schon die alten Nuraghen: Auf stolze 4000 Jahre bringt es der Grande Patriarca, der älteste Olivenbaum Europas. Und er ist dabei gar nicht greise: Der Baumriese mit seinen fast 19 m Stammumfang erfreut sich bester Gesundheit. Fast schon Teenager sind die beiden Nachbarbäume, ein 2000 Jahre und ein weiterer, 500 Jahre alter wilder Ölbaum, dem du ganz nahekommen kannst. Ein wahrer Tempel der Natur! Die drei alten Gesellen stehen in einem kleinen Park in der Nähe der Landkirche Chiesa di Santu Baltolu. Diese wiederum steht erst seit den 1960er-Jahren hier, nachdem ihr Vorgängerbau im Stausee von Liscia unterging. Das riesige Wasserreservoir, auf das du hier besten Blick hast, versorgt die gesamte Gallura und die Costa Smeralda und fasst über 100 Mio. m³ – damit dir beim Duschen in der Unterkunft das Wasser nicht ausgeht.

ℹ️ *Ticket an der Snackbar lösen | Anfahrt über die Südseite des Lago di Liscia, SP 136 und SP 37, Parkplätze an der Landkirche | olivastrimillenariluras.it | €*
🕐 *April–Okt. geöffnet* 📍 *41.005928, 9.255457*

Tropisch-exotisch mitten im Granit

2 🚶 Spaziergang durch den Privatgarten Petra Majore, 1–2 Std.

Gartenbauarchitekt Maurizio Usai hat in den Bergen von Telti ein kleines Paradies geschaffen. Das Mikroklima lässt hier eine Flora wie in einem Gewächshaus gedeihen. Exotische, tropische und mediterrane Pflanzen, die auf Sardinien nur hier wachsen – in einem kleinen Tal mit Teich und plätscherndem Bach am Rande eines Tafoni-Felsens. Große und kleine

Wunderwelt unter Wacholder: Der Garten von Petra Majore bei Telti wartet mit teils exotischen Pflanzen auf

Magischer Rückzugsort: das romanische Kirchlein San Leonardo bei Luogosanto

Granitfindlinge sind mit Moosen bedeckt, Alpenveilchen verstecken sich unter Baumfarnen. Mitten im Winter blühen hier riesige Magnolien, Mandeln und Zierkirschen. **Insider-Tipp** Im Frühjahr kannst du in dem schattigen Steineichenwäldchen durch eine riesige Sammlung von Rhododendren und Azaleen wandeln – eine echte Rarität im Mittelmeer.

ⓘ *Zwischen Olbia und Telti an der SS 127 gelegen | Nur mit Pkw erreichbar, auf der SS 127 vor Telti kurz nach dem Kilometerstein 12 nach links abbiegen | facebook.com/maurizio.usai.73, Voranmeldung via Tel./WhatsApp +39 33 32 32 85 92* ⓧ *Okt.–Juni* ◎ *40.886596, 9.383027 (Einfahrt)*

Heiliger Ort

3 🚶 **Kurzwanderung bei Luogosanto mit Schlossruine und Landkirche, 400 m, 10 Min. Auf- und 5 Min. Abstieg**

Nirgendwo auf Sardinien gibt es so viele Landkirchen wie in den Bergen der Gallura. Das hat einen Grund: Hier lebten einst nur vereinzelte Schäfer, Dörfer waren rar. Also musste sich die Kirche etwas einfallen lassen, um Gottesdienste, Taufen, Hochzeiten und Trauerfeiern abhalten zu können. Luogosanto, das Granitdorf, dessen Name so viel wie Heiliger Ort bedeutet, stapelt mit über 20 Landkirchen ganz schön hoch. Aber was sich am östlichen Ortsende der kleinen Gemeinde befindet, geht besonders

hoch hinaus. Nach einer kurzen, steilen Wanderung erreichst du die mittelalterliche kleine Schlossruine Castello di Balaiana aus der Zeit, als Sardinien in unabhängige Judikate gegliedert war. Wenige Schritte weiter thront die kleine, pittoreske Landkapelle San Leonardo. Aus massiven Granitsteinen errichtet, ruht das romanische Kirchlein hoch über einer herrlichen Granithügellandschaft. Was für ein Ausblick!

ⓘ *Parkplatz unterhalb der Schlossruine, an der SP 14 von Luogosanto nach Arzachena gelegen* ⓧ *Ganzjährig, Aufstieg im Schatten* ◎ *41.046899, 9.246794 (Parkplatz), 41.049086, 9.248526 (Landkirche San Leonardo)*

OZIERI UND MONTEACUTO
Wunderaltar und Feengräber

4 🚶 **Bei Oschiri Archäologie entdecken und im Park spazieren, 1,5 Std.**

Ein magischer Park versteckt sich am Rand von Oschiri: ein wundersamer Steinaltar mit Nischen und Steinritzungen, der Forschern bis heute viele Rätsel aufgibt. Die geometrischen Formen aus Kreisen, Dreiecken und Quadraten lassen jede Menge Raum für wilde Interpretationen – wohl auch weil

Der wundersame Nischenaltar von Santo Stefano bei Oschiri gibt Forschern Rätsel auf

Ruhe-Oase mit Ausblick: die Mittelalterkapelle Nostra Signora di Castro bei Oschiri

es solch eine Kultstätte kein zweites Mal gibt auf Sardinien. Auch die frühen Christen fühlten sich hier wohl – das Landkirchlein Santo Stefano, das gleich neben dem wundersamen Felsaltar errichtet wurde, steht auf byzantinischen Grundmauern. Nachträglich eingeritzte Kreuze lassen die Deutung zu, dass hier ein heidnischer Opferstein auch für christliche Bräuche genutzt wurde. Wenn du weiter über das Gelände spazierst, kannst du in den Felsen eine ganze Reihe Feengräber entdecken. Die in den Felsen gehauenen Grabhöhlen sind ein Klassiker auf Sardinien, von den Kultstätten aus der Jungsteinzeit gibt es mehrere Tausend auf der ganzen Insel verteilt.

ⓘ *Am Parkeingang an der Landstraße | In Oschiri den Ausschilderungen Altare Rupestre di Santo Stefano folgen, entlang der Landstraße parken*
🕐 *Ganzjährig* 📍 *40.729247, 9.107317*

Wo einfach mal nix los ist

5 🚶 Spaziergang bei Bonorva, 3 Std.
Die Gegend von Bonorva liegt im touristischen Abseits: nix los, und gerade deswegen spannend! Schlendere durch die verlassenen Gassen des kleinen Mittelalterdorfs, das nicht nur seinen eigenen kleinen Tafelberg vor der Haustür hat, sondern auch einen Brunnentempel aus der Nuraghenzeit mit praktischen, neusteinzeitlichen Sitzbänken.

Vielleicht waren es dieselben Ursarden, die in Sant'Andrea Priu, nur ein paar Kilometer weiter östlich, vor etwa 6000 Jahren eine Totenstadt in den Trachyt geschlagen haben. Im frühen Mittelalter wurde die größte Steinzeithöhle zur Felsenkirche ausgebaut: Die byzantinischen Fresken zählen zu den beeindruckendsten Sardiniens!

ⓘ *Von Rebeccu nach Sant'Andrea Priu | Von der Schnellstraße SS 131 durch Bonorva, dann weiter auf der SP 43, Abzweige nach Rebeccu und Sant'Andrea Priu | santandreapriu.mystrikingly.com | €*
🕐 *März–Nov.* 📍 *40.424022, 8.808967*

Picknick mit Blick von der Mittelalterkirche

6 🚶 Kirchen gucken und picknicken, ½ Std.
Wahnsinns-Ausblick und Oase der Ruhe: Die Panorama-Landkirche Nostra Signora di Castro liegt wunderschön über der Monteacuto-Ebene. Fast schon meditativ ist der grasgrüne Kirchhof, wo du unter einer schattigen Ulme Kirchenkult kultivieren kannst. Wie viele Mittelalterkirchen auf Sardi-

Turmfestungen und Rundhütten: uralte Fund-
stätten in der Vulkanlandschaft bei Giave

nien ist sie nicht sonderlich groß, wirkt mit ihrem rostroten Vulkanstein und dem romantischen Laubengang aber dennoch mächtig. Hausmeister Mario wacht jahrein, jahraus über dieses Kleinod und öffnet dir gerne das romanische Kirchenschiff. Anschließend zum Picknickplatz mit Weitblick auf die Ausläufer des Coghinas-Stausees. Die Landschaft ist endlos weit – im Frühjahr grasgrün, im Sommer abgeerntet braun gefärbt. Noch mehr Kirchenkunst gefällig? <mark>Insider-Tipp</mark> Nur ein paar Kilometer weiter westlich liegt die wuchtige Basilika von Sant'Antioco di Bisarcio, die zu den größten romanischen Kirchen der Insel zählt.
ℹ️ *Auf einem kleinen Hochplateau bei Oschiri, Anfahrt über die SS 729 von Olbia nach Sassari | Parkplatz und Picknickplätze mit Wasserstelle direkt vor der Kirche | sardegnacultura.it/j/v/253?s= 17888&v=2&c=2488 ⏱ Ganzjährig*
📍 *40.712988, 9.047687 (Nostra Signora di Castro), 40.644728, 8.892568 (Sant'Antioco di Bisarcio)*

Uralte Türme und Vulkankegel

7 🚶 **Mit dem Auto von Torralba über das Valle dei Nuraghi nach Giave mit zahlreichen Kurzstopps, 10 km, halber Tag**

Weite Kornfelder, niedrige, überwucherte Steinmauern und ein paar krumme Steineichen: Wenn du die hübsche romanische Kirche Cabu Abbas umrundest, blickst du auf wuchtige Tafelberge und ehemalige Vulkankegel, die seit Urzeiten erloschen sind. Nicht mehr viel los hier! Aber in der Bronzezeit ragten hier über 30 Steintürme in die Luft, dazwischen Bronzegießereien, Tonmanufakturen und zehn Nekropolen. Am besten erhalten ist die Festung Santu Antine. Die war 25 m hoch, heute kannst du noch bis auf den zweiten Stock klettern. Hinter dem kaum genutzten Bahnhof fährst du auf dem Feldweg zum Felsturm Pedra Mandarza am südöstlichen Teil der Ebene. Der rotbraune Monolith ist eine Lavanadel, also der erodierte Schlot eines längst erloschenen Vulkans. Unterwegs entdeckst du Schäferhütten aus Steinplatten. Die Pinnettas sehen heute so aus wie vor 3000 Jahren die Hütten der Nuraghen.
ℹ️ *Schnellstraßenabfahrt SS 131 Torralba | nuraghesantuantine.it | € ⏱ Ganzjährig, auch bei Regen möglich 📍 40.491965, 8.760973 (Kirche Nostra Signora di Cabu Abbas), 40.486513, 8.769925 (Nuraghe Santu Antine), 40.457428, 8.757203 (Sa Pedra Mendalza und Pinnettas)*

Urzeit-Waldfreibad? Der uralte Wallfahrtsort Romanzesu war Lebenselixier für die alten Sarden

Natur-Spa gratis

8 **Frei zugängliche Thermalbecken bei Benetutti, maximal 15 Min. pro Bad**

Thermalbäder mitten auf der grünen Wiese? Das sieht auf Sardinien so aus: Badeklamotten, Schlappen und Handtücher mitnehmen, auf eine Weide spazieren und ab ins heiße Blubberwasser! Die Quellen bei Benetutti sind öffentlich zugänglich. Es gibt nur ein paar Regeln, die jeder beachten sollte: Wer zuerst kommt, mahlt zuerst, Spätankömmlinge stehen hinten an. Umgezogen wird sich im Binsengras, und wenn andere Schlange stehen, sollte dein Sprung ins dampfende Nass nicht länger als 15 Minuten gehen. Den Ort wieder so zu verlassen, wie du ihn vorgefunden hast, ist selbstverständlich! **Insider-Tipp** Ein weiteres, verstecktes Becken liegt in einem alten Schafstall – für Landluft sorgt allerdings der leicht schwefelige Geruch der 35 Grad heißen Quellen!

ℹ️ *An der SP 86 von Bultei nach Benetutti | Für das Thermalbecken am alten Sportplatz parken, ein Trampelpfad führt geradewegs zur Quelle. Die Thermalwanne im alten Stall ist über einen Trampelpfad erreichbar, über eine Brücke und eine Weide. Parken hinter der verlassenen Thermalquelle. Die Quellen liegen auf Privatgelände (Weidezäu-*ne immer schließen!) und sind nicht ausgeschildert.* 🕐 *Ganzjährig, besonders beliebt zum Sonnenuntergang* 📍 *40.427593, 9.111130 (Parken), 40.424695, 9.110830 (Becken auf dem Feld), 40.423368, 9.121258 (Becken im alten Stall)*

RUND UM NUORO
Wasserkult im Märchenwald

9 🚶 **Spaziergang, optional mit Führung zu festen Zeiten, 2 Std.**

Einer der größten Wallfahrtsorte der Nuraghenzeit liegt romantisch-schön in einem dichten Steineichenwald. Die bronzezeitliche Wasserkultstätte Poddi Arvu in Romanzesu zieht sich von der heute ausgetrockneten Quelle über 40 m lang bergab und endet in einem Becken mit Seitenrängen für 700 Ursarden. Eine antike Badeanstalt? Wohl eher eine Taufstätte für Massensegnungen oder gar eine rituelle Weihestelle, die vielleicht von Sünden reinigen sollte? War die Kultstätte, die Wissenschaftler auf 1300 v. Chr. datieren, für die Nuraghen die Quelle der Fruchtbarkeit, der Ursprung des Wassers und damit des Lebens auf der Mittelmeerinsel? Was auch immer die Nuraghen in Romanzesu genau verehrten, an Kultbauten, Tempeln, Hütten

Einmal über den Zeh streicheln soll Glück bringen: die beeindruckende Erlöserstatue bei Nuoro

Die Wandmalereien von Orgosolo sind Zeitzeugen und Gesellschaftskritik zugleich

und Sträßchen ließen sie es nicht mangeln. Spaziere durch die Ruinen im wundersamen, moosbewachsenen Märchenwald! In einem der Tempel wurden über 130 Bernsteinketten entdeckt – der Rohstoff dazu stammt aus dem Baltikum!

ⓘ *An der SS 389 zwischen Bitti und Buddusò | großer Parkplatz vor dem Eingang, Zufahrtsstraße für Wohnmobile recht eng | romanzesu.sardegna.it | € ⏱ Ganzjährig ⦿ 40.530549, 9.325625*

Auf zum Erlöser!

10 🚶 Sightseeing, Aussicht genießen, spazieren gehen, 1 Std., mit Spaziergängen ½ Tag
Ganz schön alt: Schon seit 1901 steht die über 4 m hohe Erlöserstatue auf dem Hausberg von Nuoro – ein Meisterwerk von Vincenzo Jerace. Eine Kurvenorgie mit Blick auf die Berge des Supramonte und des Gennargentu führt dich auf den 955 m hohen Hausberg der Provinzmetropole, auf dem eine Bronzestatue des Erlösers gen Himmel zu schweben scheint. Nicht vergessen, einmal dem Redentore über den großen Zeh zu streichen – soll schließlich Glück bringen! Und Brotzeit einpacken: Im Schatten von Bäumen und Granitbastionen kannst du picknicken. Schau anschließend an der Hirtenhütte Sa Conca am Parco di Sedda Ortai vorbei, die unter einem riesigen Stein errichtet wurde und wie ein

Haus aus Schlumpfhausen aussieht. Der gesamte Berg von Ortobene ist so etwas wie das Naherholungsgebiet von Nuoro und mit Grillplätzen, Wanderwegen und Bouldersteinen überzogen.

ⓘ *An der Statua del Redentore am Parco del Redentore | Von Nuoro oder Oliena aus Richtung Monte Ortobene (SP 42), auf dem Berg links abbiegen. Dann einmal um den gleichnamigen Park herumfahren, bis zur Statue. Auf dem Rückweg über den Parco di Sedda Ortai | sardegnaturismo.it/ de/entdecken/ortobene ⏱ Ganzjährig ⦿ 40.321740, 9.370099*

Freilichtmuseum for free

11 🚶 Spaziergang im Zentrum Orgosolos, 2 Std.
Sardiniens wohl streitbarstes Dorf ist ein Freilichtmuseum der *murales*. Als die Weidegründe von Pratobello 1967 zur Militärbasis werden sollten, besetzten die Bauern kurzerhand die Weiden und forderten Militär und Polizei heraus. Die übrige Bevölkerung solidarisierte sich mit den sardischen Bauern, die gewaltlos Widerstand leisteten mit Wandkritzeleien und politischen Manifesten. Heute schmücken die bunten Bilder den gesamten Orts-

111

Der Kalksteinriese Monte Albo lässt sich gerne mal auf sein Gratdach steigen!

Der traumhafte Ausblick vom Monte Alba lohnt die Strapazen des Aufstiegs

kern! Beim Spaziergang durch die engen Gassen erfährst du, was die Einwohner beschäftigt: Arbeitslosigkeit und Auswanderung, die soziale Lage der Hirten, die Diskriminierung der Sarden im eigenen Land, die Arroganz der Politiker. Die Motive sind breit gestreut – von herrlich archaisch bis hochaktuell!

ⓘ *Piazza Su Muntilhu und immer den Corso Repubblica und die abzweigenden Seitenstraßen entlang | Kleiner Parkplatz an der Piazza Su Muntilithu, am besten aber außerhalb am Friedhof (cimitero) parken, 10 Min. Fußweg bis zur Hauptstraße* ⊘ *Ganzjährig* ⊙ *40.203837, 9.358084*

Gratwandern auf dem weißen Riesen

`12` 🚶 **Wandern am Monte Albo mit kurzer, anstrengender Steigung, 4 km, 3 Std. hin und zurück**
Steige auf das Dach des Monte Albo! Der weiße Kalksteinrücken, der sich von Siniscola fast 20 km lang ins Inland reckt, ist ein Ausflugsziel, das fast jeder als riesigen Berg vom Strand her erkennt, aber nur selten erklimmt. Der Einstieg dieser Tour ist rot-weiß-rot mit der Nummer 104 markiert. Nach einer Stahlleiter beginnt die anstrengende Stelle der Wanderung: in Zickzack-Kurven steil den Berg hinauf. Nach fünf Minuten wirst du mit

einem Wahnsinnsblick über die weite Hochebene belohnt. Hier kannst du dich an den Picknickbänken ausruhen – oder auf Trampelpfaden die Hochebene überqueren. Unfehlbar geht es auf den Berggrat des Monte Albo. Dein Blick reicht von den Dünen des Capo Comino bis in die Barbagia, Richtung Norden nach Ala' dei Sardi und den Bergrücken der Tavolara-Insel. Das Gefühl grenzenloser Freiheit gibt es gratis dazu. Zurück über den Ausgangsweg oder den alternativen Abstieg, der als 104B markiert durch einen Baumheidehain führt.

ⓘ *Ausgangspunkt ist der Parkplatz hinter dem ehemaligen Straßen- und Forstwachtgebäude Cantoniera Guzzurra | Parkplatz an der Snackbar Locanda Ammentos* ⊘ *Ganzjährig, Wanderung mit wenig Schatten* ⊙ *40.541840, 9.602214*

Zur Powerquelle paddeln

`13` 〰 **Einfache Seekajak-Tour auf dem Stausee Lago Cedrino, 1 ½–2 Std. je Strecke**
Paddeln auf dem See: Da können dir Wind und Wellen kaum was anhaben, denn die Fließge-

Am Unterlauf spiegelglatt, am Oberlauf ziemlich wild: der Stausee Lago Cedrino bei Orosei

schwindigkeit des Lago Cedrino ist mehr als dürftig. Nicht so die Landschaft: wuchtige weiße Kalkfelsen mit Höhlen und Grotten auf der einen, die rotbraunen Basaltfelsen der fruchtbaren Hochebene Gallei su Giuncu auf der anderen Seite. Gespenstisch wirkende graue Äste längst abgestorbener Eichen, die bei der Flutung des Stausees einfach stehen gelassen wurden, haben ein neues Biotop gebildet: Enten und Heidelerchen, aber auch ausgesetzte Flussbarsche fühlen sich hier pudelwohl. Erste Verschnaufpause ist der Anlegesteg unterhalb der Kapelle von San Pantaleo, die heute nur noch über den Seeweg erreichbar ist. Im höher gelegenen Teil des Sees bekommst du die Strömung zu spüren: Hier sprudelt mit einer Wahnsinnskraft der Quelltopf Su Gologone bei Oliena 500 l (pro Sekunde!) eiskaltes Bergwasser in den Stausee. **Insider-Tipp** Hier kannst du entspannen und snacken: Die kleine Bar macht superleckere Panini.

ℹ️ *Kajakverleih und Anlegestellen am Agriturismo Neulè und im Ecoparco Neulè (dann verlängert sich die Tour um etwa 30 Min. pro Strecke) | Die Abfahrten zu beiden Anbietern liegen unübersehbar* entlang der SP 38 von Dorgali Richtung Schnellstraße SS 131 | canales.it/en/experiences/kayakexcursions und agriturismoneule.com | €€€
🕐 *Ganzjährig möglich* 📍 *40.301010, 9.53489*

Quad und Kultur

14 🏍️ **Geführte Quad-Tour mit Trekking und Reiseführer bei Orgosolo, etwa 45 km, 3 Std.**
Mit vier Offroad-Rädern durch die sardische Natur heizen und dabei noch untergegangene Zivilisationen und die herrliche Ruhe auf einem Tafelberg genießen? Das geht bei Orgosolo! Zunächst schaust du dir das Ganze von oben an: Quads abstellen, ein kurzer Trek auf den Hausberg des ehemaligen Banditennests, und du hast den besten Überblick. Weiter geht die Adrenalin-Tour durch einen verwunschenen, jahrhundertealten Steineichenwald. Ganz schön magisch! Dein nächster Stopp ist an einem alten Steinzeitdorf, wo du lernst, wie man vor Jahrtausenden Steine gestapelt und ausgehöhlt hat. Schon die Ursarden hatten in Sirilò ihre Heimat bestens im Blick! Zurück in die engen Gassen von Orgosolo – hier

Monument Valley lässt grüßen – am Tafelberg Perda Liana und am Arcueci-Pass

Beste Aussichten am Correboi-Pass zwischen Lanusei und Nuoro

kannst du dir die *murales* im Schnelldurchlauf zu Gemüte führen.

ⓘ *Via Peppino Mereu, in Orgosolo | Parken in der Via Poddighe | facebook.com/supraquadadventure | Voraussetzung ist ein Führerschein; Helme, Versicherung und GPS Rescue inklusive | €€€* ⏲ *April–Okt.* ◯ *40.208835, 9.351461*

RUND UM DAS GENNARGENTU-MASSIV

Steinerner High Heel im sardischen Monument Valley

`15` 🚶 **Kurzwanderung am Perda Liana, 30 Min. und Pkw-Tagestour**

Er ist so etwas wie der höchste Absatz der Insel: Perda Liana. Der weithin sichtbare, spitze Mini-Tafelberg ragt weithin sichtbar über der Tònneri-Hochebene empor und ist schon seit Jahrhunderten ein wichtiger Orientierungspunkt in der gottverlassenen Gebirgslandschaft zwischen Villagrande Strisaili und Seui. Du kannst ihm ganz nah kommen: Ein leichter Wanderweg führt bis an den Felsabsatz heran, bis nach oben kommst du aber nur mit Kletterführer. Sei's drum: Die Aussicht ist auch von hier aus prächtig! Perda Liana ist der spektakulärste der „tacchi" (Absatz) genannten Felstürme in diesem Teil Sardiniens. Hier trafen sich vor Urzeiten im

Paläozän Kalk und Schiefergesteine, erodierten unterschiedlich und bildeten Türme, Felsnadeln und Tafelberge. **Insider-Tipp** Fahre vom Perda Liana weiter auf der einsamen Bergstraße Richtung Arcueci-Pass: Am Berg von Monte Tonneri bist du im sardischen Monument Valley angekommen!

ⓘ *SS 389 Richtung Bahnstation Villagrande Strisaili abbiegen, am Restaurant Sarvescidorgiu rechts abbiegen, weiter nach Funtana Sa Ceresia | Parken am Wanderparkplatz Perda Liana | Zum Monte Tonneri die enge Bergstraße weiter Richtung Nuraghe Ardasai. Von dort zurück oder über Ussassai wieder Richtung Küste | sardegnaturismo.it/de/entdecken/perda-e-liana* ⏲ *Ganzjährig, besonders schön im Mai, wenn am Monte Tonneri die Pfingstrosen blühen* ◯ *39.917015, 9.414908*

Genussradeln mit Aussicht

`16` 🚲 **Radfahren am Arcu Correboi, 10 km/ Strecke, 1 ½ Std., Höhenunterschied 320 m**

Nix für Asphalt-Allergiker: Die alte Passstraße Corr'e Boi, die auf der gegenüberliegenden Tal-

Hoch über Austis blickt die verwunschene Steinstatue in die Ferne

seite der neuen Schnellstraße von Lanusei nach Nuoro führt, ist nicht viel mehr als der alte Hauptweg. Dafür mit toller Aussicht: Auf die höchsten Berge der Insel, das fast immer grüne Tal des Riu Calaresu und mit Blick auf den Arcu Correboi, die mit 1246 m höchste Passstraße der Insel, das Ziel deiner kurzen Bergtour. Die Schnellstraße führt durch einen Tunnel ziemlich genau unter dir hindurch. Da die nicht immer schlaglochfreie Asphaltpiste eigentlich für den Straßenverkehr gesperrt ist, verhindern dir ab und an ein paar Kühe und deren Hinterlassenschaften den Weg – ebenso wie den Motorradfahrern, die die Nebenstrecke als Alternativpiste durch die Berge wählen. Am Pass angekommen, hast du einen Premiumblick nach Norden in das Tal von Pratobello. Von hier geht's mit leichtem Ausrollen zurück zum Ausgangspunkt.

ⓘ *Am alten Straßenwärterhaus Casa Cantoniera Pira e Onni* ⏱ *Ende Sept.–Juni* 📍 *40.015764, 9.398291 (Parkplatz), 40.074708, 9.359299 (Madonnina di Correboi)*

Per Zweirad zum steinernen Mädchen

17 🚲 **Tourenrad- oder MTB-Tour, teilweise auf einsamen Landstraßen und holprigen Feldwegen. Auch per Pkw erreichbar (ausgewaschene Straßenabschnitte), 10 km, 1 Std. pro Strecke, 150 hm**

Um diesen Stein ranken sich Legenden: Ein versteinertes Mädchen soll es sein, entweder betrogen, untreu oder einfach nur verlogen? Jedenfalls ragt der von Wind und Wetter gemeißelte, 50 m hohe Granitfelsen schon eine ganze Weile aus der Waldlandschaft der Oasi Assai und erinnert tatsächlich an eine Frauenfigur im sardischen Trachtenlook.

Start ist Austis, das kleine charmante Bergdorf mit seinen bunt bemalten Häusern. An der Kirche Santa Maria Assunta folgst du der kleinen Seitenstraße Via Lazio durch enge Gassen aus dem Ort. Entspannte Landschaft, kaum Verkehr und nach 5 km ein Straßenschild, das nach Sa Crabarissa nach links weist. Von hier führt die Landstraße zunächst durch Felder, dann bergauf durch Erdbeerbaum-

Rund um das Bergdorf Fonni ist auch auf Sardinien Skifahren möglich – mit Meerblick, versteht sich!

wälder mit den Granitspitzen des Barigadu-Forsts am Horizont. Auf einem kleinen Wanderparkplatz kettest du dein Stahlross an: Von hier geht es am besten zu Fuß den letzten halben Kilometer zum Aussichtspunkt weiter. Hier im touristischen Abseits tummeln sich in dem abgelegenen Naturpark Hirsche, Adler, Wildkatzen und Marder.

Insider-Tipp Auf dem Rückweg biegst du an der Hauptstraße links ab, dort befindet sich nach 1 km ein Abzweig rechts zum Wackelstein Su Nou Orruendeche, der über der Landschaft zu schweben scheint!

ℹ️ *In Austis, an der SP 31 von Nughedu Santa Vittoria nach Sorgono gelegen | Parkmöglichkeiten im Ortskern oder am Friedhof am östl. Ortsausgang | visitaustis.it/de/wege-und-pfade* 🕐 *Sept.– Juni* 📍 *40.071073, 9.089438 (Start in Austis), 40.096307, 9.034935 (Sa Crabarissa)*

Schneespaß mit Meerblick

18❄️ Schneewandern und Schneeball-schlachten bei Fonni, ½ Tag

Jedes Jahr schneit es kräftig rund um Sardiniens höchste Spitzen im Gennargentu-Massiv. Der ein-

zige echte Wintersportort ist Fonni und das sanfte Massiv des Bruncu Spina bietet mit zwei roten und zwei schwarzen Pisten gute Bedingungen für einen Ski-Nachmittag. Da der nagelneue Sessellift noch nicht eingeweiht wurde, begnügen sich die Sarden mit Schneeballschlachten, Schneeschuhwandern und Schlittenfahren. Und das vor allem am Wochenende, wenn die Locals von der ganzen Insel in die Berge strömen – deshalb machst du dich besser unter der Woche auf zur weißen Pracht! Mit etwas Glück und guter Sicht kannst du von der Liftstation bis an die Ostküste blicken. Anschließend geht's zum Aufwärmen in einen der zahlreichen Agriturismi rund um Fonni – zum Beispiel in den Parco Donnortei. Der hat sogar ein eigenes Freigehege mit echten sardischen Hirschen!

ℹ️ *Südlich von Fonni am Agriturismo Su Pinettu Richtung Bruncu Spina abbiegen | Großer Parkplatz am Rifugio Bruncu Spina, am Wochenende fast immer überfüllt! | bruncuspina.com, agriturismo donnortei.com* 🕐 *Jan./Feb.* 📍 *40.023438, 9.302590*

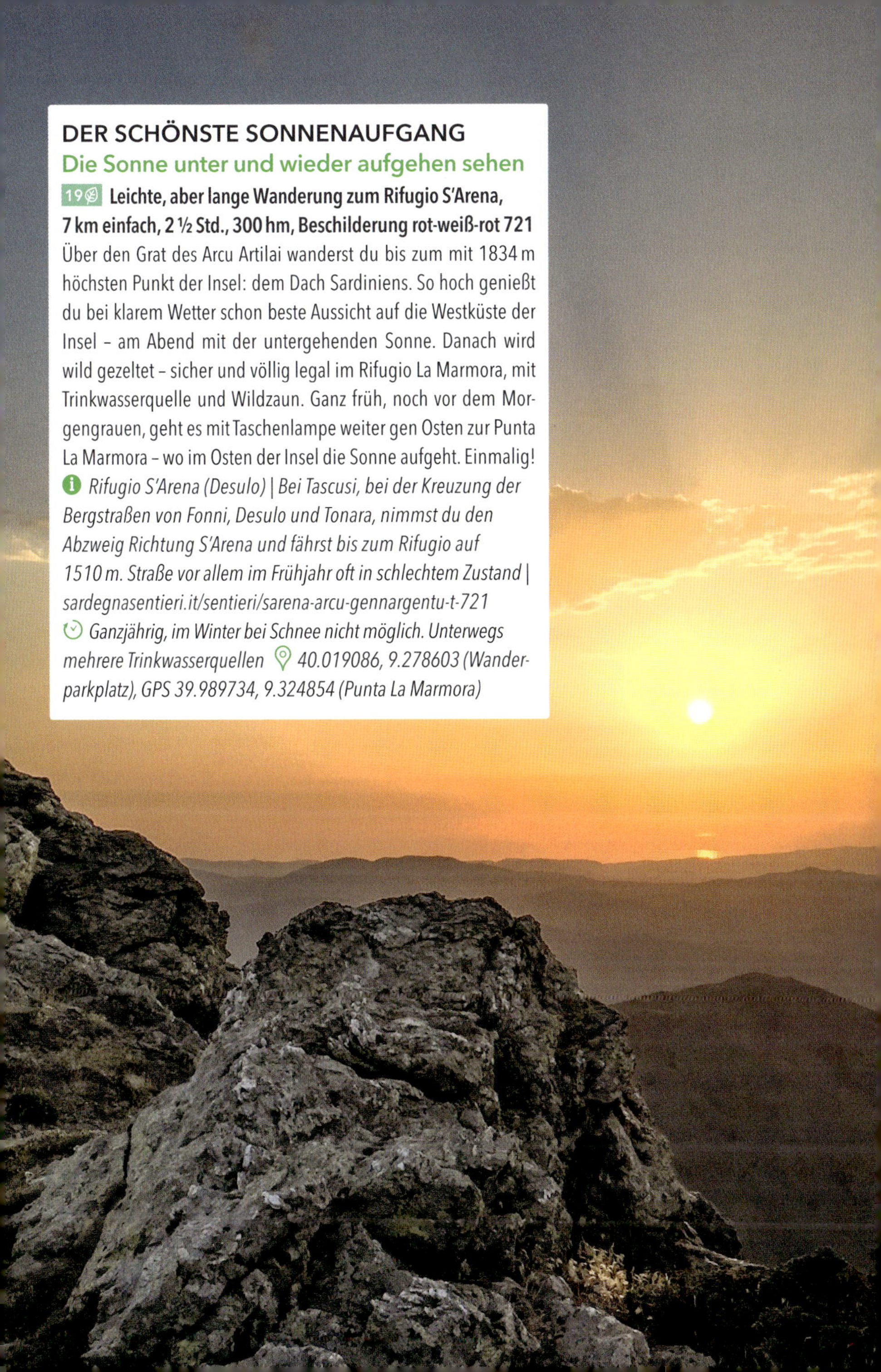

DER SCHÖNSTE SONNENAUFGANG
Die Sonne unter und wieder aufgehen sehen

19  Leichte, aber lange Wanderung zum Rifugio S'Arena, 7 km einfach, 2 ½ Std., 300 hm, Beschilderung rot-weiß-rot 721
Über den Grat des Arcu Artilai wanderst du bis zum mit 1834 m höchsten Punkt der Insel: dem Dach Sardiniens. So hoch genießt du bei klarem Wetter schon beste Aussicht auf die Westküste der Insel – am Abend mit der untergehenden Sonne. Danach wird wild gezeltet – sicher und völlig legal im Rifugio La Marmora, mit Trinkwasserquelle und Wildzaun. Ganz früh, noch vor dem Morgengrauen, geht es mit Taschenlampe weiter gen Osten zur Punta La Marmora – wo im Osten der Insel die Sonne aufgeht. Einmalig!

ⓘ *Rifugio S'Arena (Desulo) | Bei Tascusi, bei der Kreuzung der Bergstraßen von Fonni, Desulo und Tonara, nimmst du den Abzweig Richtung S'Arena und fährst bis zum Rifugio auf 1510 m. Straße vor allem im Frühjahr oft in schlechtem Zustand | sardegnasentieri.it/sentieri/sarena-arcu-gennargentu-t-721*

⟳ *Ganzjährig, im Winter bei Schnee nicht möglich. Unterwegs mehrere Trinkwasserquellen* ⦿ *40.019086, 9.278603 (Wanderparkplatz), GPS 39.989734, 9.324854 (Punta La Marmora)*

LOKALE SPEZIALITÄTEN
*UND WO DU SIE PROBIEREN KANNST

Am besten direkt beim Schäfer holen: Der würzige Pecorino hat mit jedem Reifegrad einen anderen Geschmack

Während das nördliche Landesinnere noch zur Gallura zählt, kommt in den Bergen und Tälern rund um Nuoro vor allem Fleisch auf den Teller. Über dem offenen Feuer gegartes Spanferkel steht in jedem Agriturismo auf der Speisekarte.

Spanferkel & Co
1 🍴 Porceddu

Zu Festen und an Sonntagen finden große Bankette unter freiem Himmel statt; dann zieht feiner Grillduft durch die Wälder. Schon Stunden bevor es ans Essen geht, werden die Milchferkel rund ums Feuer auf den Spieß gesteckt. Über das Braten wachen traditionell die Männer. Die Würze geben die Kräuter, die das Tier beim Weiden gefressen hat.

ℹ️ *Echt bei Hirten essen kannst du im* **Ristorante Barbagia**. *Die Spanferkel werden am offenen Feuer geröstet. Für Outdoor-Fans gibt es einen Mini-Campingplatz, Gästezimmer, Jeep-Ausflüge und geführte Trekkingtouren. Besser vorbestellen! Località Sarthu Thitthu, Orgosolo. supramonte.it, €€*

Fleisch im Brot
2 🍴 Panadas

Diese gefüllten Brotkuchen haben es in sich: Je nach Region werden sie mit Lamm-, Rind- und Schweinefleisch, Erbsen und Kartoffeln oder Aal gefüllt. Ein Laib kann ein ganzes Mittagessen ersetzen! Ganz untraditionell gibt es auch kleine, mundgerechte Küchlein zu kaufen. Recht neu sind die veganen Varianten mit Gemüse, z. B. Artischocken und Kartoffeln.

ℹ️ *Ein kulinarischer Umweg lohnt in die Bäckerei* **La Casa della Panada**, *Corso Umberto I., 3, Oschiri, facebook.com/lacasadellapanada, €*

Käse zum Davonspringen
3 🍴 Pecorino und Casu Marzu

Der Pecorino ist Sardiniens traditionellste Käsesorte, die *fresco* nach zwei Monaten mild und essfertig ist und nach sechs und mehr Monaten als *pecorino stagionato* eine strenge Würze bekommt. In der Kennervariante Casu Marzu sorgen Fliegenlarven für cremige Konsistenz und Schärfe und werden übrigens mitgegessen – wenn sie nicht vorher davonspringen. Der echte Casu Marzu ist nur unter der Hand zu bekommen.

ⓘ *Immer rein in die gute Stube, wenn irgendwo in der Pampa „Vendita Formaggi" steht. Da gibt es hausgemachten Käse in allen Reifegraden direkt vom Produzenten! Oder bei* **Oliena** *in Vetrina, Via Martin Luther King 99, Oliena, €-€€*

Orangenschalen mit Pfiff

4 S'Arantzada

In Fäden geschnittene Schalen unbehandelter Orangen, Honig und Mandeln – fertig ist der leckere Festtagsschmaus aus Nuoro, der in kleinen Häufchen serviert wird. Pappsüß mit Bitternote und superlecker!

ⓘ *Überall in Nuoro und Umgebung zu finden, zum Beispiel im* **Caffé Torino**, *Piazza Francesco Crispi 4, Nuoro, €*

Erntedank auf Sardisch

5 **Autunno in Barbagia**

Auf den Erntedankfesten in den Bergen wird nicht nur gefeiert, sondern auch Hausgemachtes angepriesen: Ob selbstgekelterter Rotwein aus Orgosolo, luftgetrockneter Prosciutto Crudo und Salsiccia-Salami aus Oliena oder handgerührter Honignougat (Torrone) aus Tonara: An jedem Herbstwochenende kannst du in einem anderen Bergdorf direkt an der Haustür beim Produzenten kaufen.

ⓘ *cuoredellasardegna.it, €-€€*

Hier findest du alles

6 **Sunset-Wein aus dem Museum**

Sardiniens bester Weißer ist der fruchtige Vermentino. Der Beste wird in der Gallura rund um Berchidda und Monti angebaut. Die größte Auswahl gibt's im Weinmuseum, wo du viel über Wein- und Korkanbau lernst und vor Ort degustieren kannst! Nach der Theorie die Praxis: Am besten schmeckt er eisgekühlt zum Sonnenuntergang!

ⓘ **Museo del Vino**, *Via San Giorgio Casu, Berchidda, muvisardegna.it, €-€€€*

In der legendären Bucht von Cala Luna versinken die Karstgebirge des Supramonte im Meer

Ostküste

SARDINIENS OUTDOOR-REGION

An der Ostküste südlich von Olbia liegt die Baronia. Die Region zwischen Posada und Orosei leitet ihren Namen von den Feudalherren ab, die die Schwemmlandebenen jahrhundertelang landwirtschaftlich ausbeuteten. Heute kannst du hier radeln, reiten und baden. Der sichelförmig geschwungene Golfo di Orosei ist Sardiniens Postkartenküste: Hammerstrände, das Meer in den herrlichsten Farben schimmernd, wuchtige Steilküsten – und nicht von Land her zugänglich. Südlich davon liegt die Ogliastra. Dieser Landstrich ist Sardiniens Outdoor-Region schlechthin und bietet wuchtige Schluchten, tiefe Canyons und unbewohnte Küsten, die es zu erwandern und erklettern gilt. Und auch Strandferien sind hier möglich. Von den Dünenfans bis zu den Strandwanderern findet hier jeder sein Lieblings-Badeplätzchen.

AUF EINEN BLICK
*OSTKÜSTE

14 🚶

Posada

Siniscola

SS131DNC

Orosei

Nuoro

17 ⛳

20 ⛳

Macomèr

Durch den Mondcanyon zur Traumbucht ★

SS131DNC

🚗 70 km, 1,5 Std.

SS389

In Sardiniens tiefstem Canyon Su Gorropu ★

Lago
Omodeo

9 🚶

11 🚴

SS131

10 🚶

12 🚶

🚗 150 km, 3 Std.

Braunei

13 ⛳

5 〜

3 🚶

3 🍴

Tortolì

1 🍴

Arbata

4 〜

7 🏄

8 ⛳

4 🍴

Terralba

Baden und Radeln rund um Marina di Gairo ★

SS125var

2 🚶

Tertenia

🚗 40 km, 1 Std.

SS131

Geiro

Guspini

1 🚶

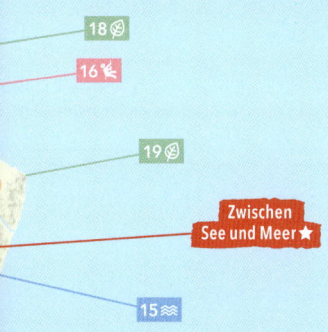

18 🏖

16 🧗

19 🏖

Zwischen
See und Meer ★

M A R E

15 ≈

T I R R E N O

*Golfo
di Orosei*

Strandhopping im
Küstenparadies ★

6 🧗

2 🍴

MARCO POLO
OUTDOOR-HIGHLIGHTS ★

★ Baden und Radeln rund um Marina di Gairo
Von Badegumpen zum Zungenbrecher-strand und weiter in eine einzigartige Marslandschaft → S. 124

★ Durch den Mondcanyon zur Traumbucht
Durch einen fossilen Kalksteincanyon zur traumhaften Mondbucht marschieren
→ S. 126

★ Strandhopping im Küsten-paradies
Per Boot ins Paradies zu den Traumstränden in Sardiniens Osten → S. 128

★ Zwischen See und Meer
Zugangsbeschränkung nach Maß: Drahtesel dürfen unbegrenzt ins Biosphärenreservat
→ S. 130

★ In Sardiniens tiefstem Canyon Su Gorroppu
So tief, dass man angeblich die Sterne sieht: Sardiniens tiefste Schlucht erklettern
→ S. 132

OUTDOOR-HIGHLIGHTS
*DIE BESTEN ERLEBNISSE DRAUSSEN

Baden und Radeln rund um Marina di Gairo ★

Südlich von Bari Sardo liegt eine Fels- und Steinlandschaft, die einen den Atem anhalten lässt: Der Marina di Gairo genannte Küstenabschnitt zwischen Perdepera und dem weithin sichtbaren Bergmassiv des Capo Sferracavallo bietet auf nur wenigen Kilometern eine landschaftliche Vielfalt, die ihresgleichen sucht. Inklusive Badegumpen, Marslandschaften und Traumstränden.

Erst Panorama, dann Erfrischung

Du startest deine Tour am besten an dem Strandkiosk Cucamonga, wo es auch einen Camperstellplatz und einen Kajakverleih gibt. Durch Fels- und Macchiawildnis führt die enge, aber gut ausgebaute Straße zunächst ganz dicht am Meer entlang. Auf dem Weg passierst du die verlassenen Hotelbungalows von Su Sirboni am gleichnamigen Strand, den du dir zum Abschluss zum Baden aufhebst. Denn jetzt ist Muskelkraft gefragt: Die Straße wird steil, aber ein fantastischer Panoramablick zurück auf Su Sirboni, die aus rostrotem Porphyrgestein geformte Landzunge von Capo d'Asta und die Fernsicht auf das Arbatax sind einen Selfie-Stop wert.

Nach so viel Anstrengung muss Abkühlung sein. Du biegst nach der Bergkuppe rechts ab, dann im Tal erneut rechts über einen Hügel, und **Insider-Tipp** in einem Oleanderwäldchen verstecken sich herrliche Badegumpen (Piscine Naturali) und Mini-Wasserfälle, im Frühling eingerahmt von blühenden Zistrosen!

Abstecher zum Zungenbrecherstrand

Auf dem Rückweg biegst du talwärts rechts ab und kommst ans Meer. Sardiniens größter Kieselstrand hat den Zungenbrecher-Namen Coccorrocci. Mit etwas Fantasie kannst du den Namen aus dem Klang der im Rhythmus der Wellen rollenden und reibenden Steinkiesel heraushören – Meditationsklänge pur! Es wird noch besser: Hinter dem Campingplatz kettest du dein Rad an und spazierst die Küste entlang. Es erwartet dich eine Marslandschaft aus rostroten Porphyrfelsen, wundersamen Steinfiguren und Mini-Fjorden. Dazu knorriger Wacholder und windzerzauste Strohblumenbüschel – magisch!

Auf dem Asphaltweg geht es bergauf zurück Richtung Su Sirboni. Am Metallschild „Accesso al Mare" geht's zehn Minuten die Küste entlang, dann bist du in einem karibisch blauen Badeparadies. Schneeweißer Sand, eingerahmt von rostroten Schnorchelfelsen. Dahinter wird ein in den 1980er-Jahren geplantes Luxusresort von zähnefletschenden Hunden bewacht und darf nicht betreten werden. Deswegen lass lieber den Zaun rechts liegen und spaziere weiter gen Südosten, wo hinter einer Bergkuppe bei ruhiger See jede Menge Schnorchelbuchten warten.

Die Tour im Überblick

🚵 **Mittelschwere MTB-Tour südlich von Bari Sardo, 15 km, 2 ½ Std. plus Badestopps, 240 hm**

ℹ️ *Mit dem Pkw erreichbar über die Via Località Perd'e Pera; am Strandkiosk Cucamonga parken*

🕐 *Frühjahr und Sommer, im Herbst führen die Gumpen wenig Wasser*
⚙️ *Badesachsen zum Wechseln, Handtuch und Wasserschuhe für die Badebuchten und den Kieselstrand, Trinkwasser*
📍 *39.755678, 9.671702 (Parkplatz), 39.721901, 9.653385 (Badegumpen)*

✔ **DOWNLOAD GPX-Track**

Baden und Radeln im Reich der roten Felsen: Die Marina di Gairo (li.) ist eine einzigartige Marslandschaft. Unterwegs bietet sich ein erfrischendes Bad in einer Gumpe an (re.)

Durch den Mondcanyon zur Traumbucht ★

Ein schroffer Abstieg führt in die Codula di Luna: der mächtige Kalksteincanyon, der nur im Winter Wasser führt, dann aber umso mehr! Der im Sommer meist unterirdisch verlaufende Fluss mündet in der Traumbucht von Cala Luna ins Meer. Der Rückweg ist ein steiler Maultierpfad nach Buchi Arta.

Einmal mitten durch den Canyon

Ehrlich gesagt, es geht auch einfacher: Von Cala Gonone verkehren Linienboote regelmäßig nach Cala Luna. Aber wenn man sich die Bucht erwandert, ist das Naturerlebnis pur – und auf dem Rückweg ganz schön schweißtreibend. Von Buchi Arta aus geht es kaum zu verfehlen bergab: erst steil, dann durch ein Wäldchen, eine enge Felsspalte und schließlich auf einem gerölligen Trampelpfad bis in die Talsohle.

Das meiste findet hier im Felsen statt: Im Canyon von Codula di Luna steckt ein 70 km langes, unterirdisches Netz aus Grotten, Seen und Flüssen, nur an manchen Stellen tritt Wasser ans Tageslicht – außer im Winter, wenn die Talsohle

zum reißenden Fluss werden kann. Von hier aus geht es immer unverfehlbar den Fluss abwärts, bis zum Strand.

Achte unterwegs auf eine große Kluft in der Nordwand des Canyons: Dort führt dein Weg zurück. Je nach Höhe der Vegetation kannst du den Abzweig auf dem Rückweg leicht übersehen.

An der Cala Luna warten Felsgrotten

Nach einer knappen Stunde lockerem Fußmarsch kommst du je nach Wasserstand im Canyon – im Winter und Frühjahr können die kleinen Flüsschen durchaus viel Wasser führen – mehr oder weniger trockenen Fußes an die herrliche Sandbucht von

Cala Luna mit ihrem elfenbeinweißen Kieselsand.
Insider-Tipp Absolut spektakulär: Auf der linken Strandseite liegen in von Wasser und Wind ausgehöhlten Steilwänden sechs spektakuläre Felsgrotten, die fast 30 m tief in den Felsen hineinführen.

Rückweg durch schattige Kork- und Steineichen

Einen Teil des Rückwegs kennst du bereits. An der großen Kluft, markiert mit einer kleinen Kachel mit der Aufschrift „Scala e Sarca Buchi Arta", geht es steil und schattig bergauf und durch einen Kork- und Steineichenwald und ein kurzes Stück über den Fahrweg wieder zurück zum Ausgangspunkt.
Der bekannteste Küstenweg nach Cala Luna führt von Cala Gonone über die Bucht von Cala Fuile immer die Küste entlang. Nicht weniger spektakulär, aber sehr bekannt und beliebt!

Die Tour im Überblick

🚶 **Mittelschwere Wanderung zur Cala Luna, etwa 3 Std. hin und zurück plus Badepausen, 8,5 km, 50 hm**

ℹ️ *Von der Zufahrt SP 26 von Dorgali nach Cala Gonone Richtung Nuraghe Mannu, bei 40.246515, 9.598084 Richtung Buchi Arta abbiegen. Vor den großen Holzschildern „Cuiles Anzellu Buchi Arta" parken*

🕐 *April–Dez.*
⚙️ *Gute Wanderschuhe, Trinkwasser, Snacks, Badesachen*
📍 *40.227110, 9.602952 (Wanderparkplatz Buchi Arta), 40.222963, 9.610956 (Scala e Sarca Buchi Arta)*

✔ **DOWNLOAD GPX-Track**

Das Meer hat an der Cala Luna über die Jahrtausende sechs tiefe Höhlen in den Kalkstein gegraben (li.). Eine kühle Abwechslung bietet der Weg durch den Canyon Codula di Luna (re.)

Strandhopping im Küstenparadies ★

Der Golfo di Orosei ist ein 40 km langes Küstenparadies. Schon die Umschiffung des windumtosten Capo Monte Santo ist eine Reise wert. Dahinter liegen alle Strandoasen der Region versteckt. Ein Badestopp in Cala Mariolu und der Bucht von Biriola, und zwischendurch eine Höhlentour in die Grotta del Fico – wow!

Auf den Spuren von Fischern und Fischdieben

Vorbei an der Cala Goloritzè (hier darf keiner anlegen; die Bucht ist streng geschützt!) fahren von Ostern bis Oktober unzählige Ausflugsboote die schroffe Küste entlang, die nur von ein paar weißen Tupfern unterbrochen ist. Das sind die schönsten und beeindruckendsten Strände Sardiniens, wenn nicht gar des ganzen Mittelmeers! Die kleinen Boote sind exklusiv und teuer und fahren auch kleinere Buchten an, aber die großen Linienboote sind ideal, wenn du mit kleinem Geldbeutel ins Paradies schippern möchtest.

Einst kamen von Ponza Fischer in den Golf von Orosei, um sich an der reichen Unterwasserwelt zu bedienen. Ihr natürlicher Feind war die Mönchsrobbe, die sich im Osten Sardiniens pudelwohl fühlte. Cala Mariolu bedeutet im neapolitantischen Dialekt Bucht der Diebe – denn die schlauen Robben bedienten sich an dem frischen Fang, den die Fischer hier zwischenlagerten. Ispuligidenie ist die sardische Bezeichnung der Bucht, was so viel wie Schneefloh bedeutet. Die strahlend weißen Minikiesel sind herrlich und das Wasser ist türkisblau. Einen Sprungfelsen ins blaue Nass gibt's gratis dazu.

Abkühlung in der Grotta del Fico

Robben sind an der Ostküste Sardiniens heute ausgestorben. Die letzten Exemplare wurden in den 1960er-Jahren aus der Grotta del Fico vertrieben, der Schiffsverkehr hat auch die letzten noch verbliebenen Robben weiterziehen lassen. Die Tropfsteinhöhle, von der erst knappe zwei Kilometer erforscht sind, ist gigantisch: Auf Stegen kletterst du vorbei an Stalaktiten und Stalagmiten entlang versteinerter Flüsse – Windjacke nicht vergessen, denn hier ist es 18 Grad kalt!

Schnorcheln in der Cala Birìala

An den Venusbädern siehst du blau! **Insider-Tipp** Die Piscine di Venere sind unterirdische Süßwasserquellen, die aus dem babyblauen Meer blubbern. Die meisten Ausflugsboote halten hier an. Nur wenige Meter weiter liegt das nächste Badeparadies: Cala Birìala steht für türkisblaues Wasser, elfenbeinfarbene Kiesel und ist eingerahmt von Felsbrücken und Schnorchelfelsen – Ausrüstung nicht vergessen!

Die Tour im Überblick

🛳 Strandhopping im Golf von Orosei, **Tagestouren ca. 9 Std., Abfahrt zwischen 8.30 und 10 Uhr**

ℹ *Strandshuttle ab Arbatax oder Santa Maria Navarrese | Parken auf ausgewiesenen Parkplätzen | €€€*

🕐 *Mai–Okt., Touren und Zeiten unter mareogliastra.com*
⚙ *Trinkwasser, Snacks, Badesachen, Sonnenschirm, Schnorchelsachen, Windjacke*
📍 *39.936823, 9.704317 (Parkplätze Arbatax), 39.990640, 9.691685 (Parkplätze Santa Maria Navarrese)*

✔ **DOWNLOAD GPX-Track**

Wo einst Robben ruhten, stapeln sich heute Urlauber (li.). Die Bucht von Cala Goloritzé darf nur von Weitem bestaunt werden (re.)

Zwischen See und Meer ★

Auf mehr als 500 ha erstrecken sich rosa Granithügel, Lagunenseen und fünf spektakuläre Strandabschnitte. Was fehlt, sind Automassen und große Strandbuden, denn zum Schutz der Natur dürfen nur wenige Autos und Motorräder im Schritttempo durch die Oase von Biderosa fahren. Fußgänger und Radfahrer dürfen dagegen in unbegrenzter Zahl ans Meer.

Von der Lagune auf den Berg

Am besten erkundest du zuerst die einmalige Umgebung, bevor du dich an eine der traumhaften, schneeweißen und von wildem Wacholder eingerahmten Buchten machst. Am Parkwächterhäuschen fährst du zunächst geradeaus auf einem einspurigen Fahrweg durch den schattigen Pinienwald. Der Weg führt nach einer Südschleife durch unzählige, aufgeforstete Aleppo-Kiefern geradewegs am Lagunensee vorbei. Sa Curcurica ist Heimat einmaliger Vogelpopulationen, und mit etwas Glück kannst du hier sogar ein paar Flamingos erspähen! An einer Gabelung hältst du dich zunächst rechts, dann geht es die zweite Straße steil bergauf: Hier führt der

Weg auf den Panoramaberg Monte Urcato. **InsiderTipp** An der Abzweigung zum Belvedere stellst du deinen Drahtesel am besten ab, denn der Zugangsweg ist eng und mit Treppenstufen versehen. Deine Aussicht von hier ist grandios: zurück auf die Lagune, entlang der Küste bis Berchida und Orosei!

Fünf Strände gilt es zu entdecken

Auf dem unverkennbaren Weg geht es wieder steil bergab. Die Buchten von Biderosa tragen keine Namen, sondern Nummern. Ganz einfach deswegen, weil eine schöner als die andere ist! Am ruhigsten ist es an der Sand- und Steinbucht mit der Nummer 5, da nur wenige Autogäste den Weg

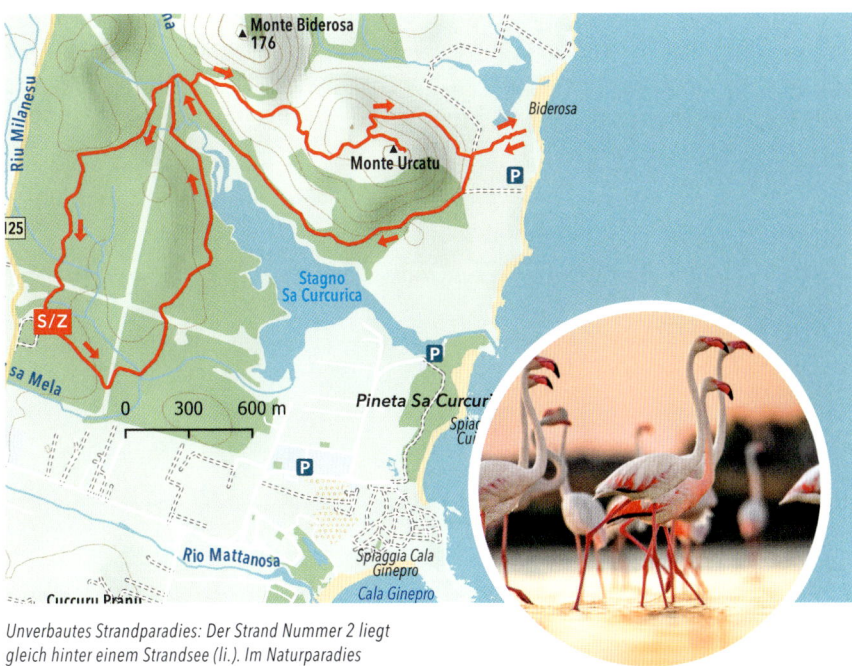

Unverbautes Strandparadies: Der Strand Nummer 2 liegt gleich hinter einem Strandsee (li.). Im Naturparadies Biderosa fühlen sich auch Unmengen Flamingos wohl (re.)

bis hierher auf sich nehmen. An der Bucht Nummer 4 kommst du mit dem Rad fast bis an den schneeweißen Strand. An Bucht Nummer 3 gibt es einen strandnahen Parkplatz und sogar eine kleine Bar mit Snacks, und die Bucht Nummer 2 grenzt an den Strandsee an. Superseicht und kinderfreundlich ist der Strand Nummer 1, der auch deswegen beliebt ist, weil du hier Strandliegen mieten kannst. Weil hier die meisten Badegäste mit Auto stranden, solltest du als Biker diesen Abschnitt besser meiden – an allen anderen Stränden ist weniger los!

Auf einfachen Wegen zurück

Dein Rückweg führt an der Nordseite des Lagunensees entlang. Wieder an der bereits bekannten Kreuzung angekommen, nimmst du auf der Höhe der Brandschutzschneise am besten die zweite Abzweigung rechts, um wieder zum Forsthaus zu gelangen.

Die Tour im Überblick

🚵 **Mittelschwere MTB-Tour in die Oasi Biderosa, nördlich von Sos Alinos, 9 km, mit einer kurzen, starken Steigung, etwa 2 Std. plus Badestopps, 10 hm**

ℹ️ *An der Hauptstraße SS 125 nördlich von Orosei gelegen | €*

🕐 *Geöffnet Mai–Okt. | Aufgrund der Zugangsbeschränkung für Pkw auch im Sommer selten überfüllt | Hunde erlaubt! | oasibiderosa.it*

⚙️ *Fernglas, Badesachen, Trinkwasser, Snacks, Fahrradschloss*

📍 *40.453372, 9.771350 (Parkeingang)*

✔ DOWNLOAD GPX-Track

In Sardiniens tiefstem Canyon Su Gorroppu ★

Diese kräftezehrende Wanderung zu einer der tiefsten Schluchten Europas startet am Silana-Pass und führt steil in das Oddoene-Tal. Die Schlucht ist 1,5 km lang, und eine Legende besagt, sie sei so tief, dass die steilen Felswände den Himmel berührten und man am helllichten Tag die Sterne sehen kann.

Aufbruch ins Tal des Flumineddu

Der Wanderweg ist mit einem großen Schild „Gola Gorroppu. Trekking ore 1,15" und einem Madonnenaltar gekennzeichnet. Klingt machbar, aber heb dir noch etwas Kraft für den knackigen Rückweg auf! Die gesamte Strecke ist kaum zu verfehlen. Zunächst führt der Weg dich steil bergab durch einen dichten Steineichenwald, in dem im Frühjahr Alpenveilchen und wilde Pfingstrosen blühen – die gelten als eine Art Nationalblume der Insel und sind streng geschützt! Dein Wanderblick schweift über die schroffen Berge des Supramonte di Dorgali. Vor dir das weite Tal, durch das sich der Gebirgsbach Flumineddu wie ein weißes Band durch die dichten, saftigen

Wälder schlängelt. Nicht erschrecken: Ab und zu stöbert ein halbwildes Hausschwein durch das Unterholz und mit etwas Glück kannst du an den Berghängen ein Mufflonschaf erkennen. Steinadler, Turmfalken und Sperber – alle heimisch hier! Über Geröllfelder und schattige Waldstücke geht es weiter in Richtung der massiven Bergwand des Monte su Nercone, **Insider-Tipp** wo du Felshöhlen und alte sardische Schäferhütten *(barraccu)* aus Holzscheiten und Korkrinden bestaunen kannst.

Abstieg in die tiefe Schlucht

Von hier aus erahnt man schon den Eingang der engen Schlucht. Nach einer weiteren steilen Passage sorgt der Rio Flumineddu mit kleinen Wasserbecken und schattigen Oleanderbüschen für Erfrischung für deine geschundenen Wanderbeine. Vor dir liegt der 400 m hohe Eingang zu einem der gewaltigsten Canyons Europas.

In der Schlucht, die wuchtig in den strahlend weißen Karst führt, versperren große, runde Felsbrocken den Weg, die du teilweise über Seilkletterstellen erklimmen musst. Nach einer knappen Stunde Wandern und Klettern endet der gut zugängliche Teil der Schlucht und es geht nur mehr für Canyonkletterer mit viel Erfahrung weiter. Bis zum frühen Mittag treffen die Sonnenstrahlen noch bis zur Sohle der Felsspalte, danach wird es selbst im Sommer etwas kühl, insbesondere wenn ein scharfer Wind durch die Schlucht pfeift. Aufwärmen kannst du dich auf dem Rückweg am Ausgang des Canyons, denn die Steigung des Rückwegs hat es in sich!

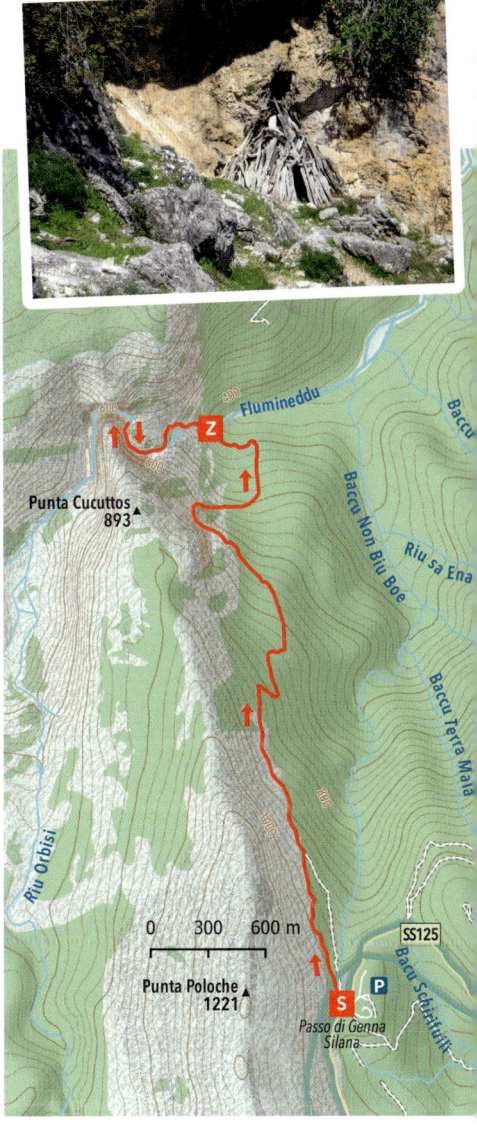

Die Tour im Überblick

🏃 **Anspruchsvolle Wanderung mit teilweise steilen Abschnitten, hin und zurück 12 km, etwa 900 hm**

ℹ️ *Busse fahren 1x tgl., über die SS 125 von Baunei oder Dorgali | Parkplatz vor dem ehemaligen Straßenwachthaus Cantoniera Genna Silana*

🕐 *Ganzjährig (im Sommer sehr heiß!)*
⚙️ *Gute Wanderschuhe, Snacks, Trinkwasser, Windjacke auch im Sommer, Kleingeld (Kassenhaus am Eingang der Schlucht)*
📍 *40.158935, 9.509354 (Parkplatz), 40.185273, 9.502165 (Eingang Canyon)*

✓ **DOWNLOAD GPX-Track**

Kaum zu glauben, dass ein so steiler Canyon wie der Su Gorroppu so seicht ausläuft (li.). Auf dem Weg zur Schlucht liegen mehrere alte Schäferhütten (re.)

MEHR ERLEBEN
*WEITERE ABENTEUER & AUSFLÜGE

Auch wenn die Schlossherrin des Castello di Quirra hier ihr Unwesen trieb: Eine schöne Aussicht hatte sie!

Jede Menge los im Osten: In Sardiniens Outdoor-Region schlechthin, rund um Baunei und die südliche Ogliastra, warten störrische Esel, Postkartenbuchten, Kletterberge, Kraxelküsten und rauschende Wasserfälle auf dich. Anders in Orosei und Posada: Hier geht es mit weniger Action zu, dafür werden dich die wahnsinnige Natur, die einsamen Strände und die schroffen Landschaften umhauen!

SÜDLICHE OGLIASTRA
Steiler Aufstieg zum Geisterschloss
1 🚶 **Kurzwanderung zum Castello di Quirra, ¾ Std. je Strecke**

Hier soll Donna Eleonora Manriquez noch immer ihr Unwesen treiben: Der Legende nach soll die sagenumwobene Schlossherrin im Mittelalter einem benachbarten Grafen die Hochzeit versprochen haben, wenn er sie mit einer güldenen Kutsche und vier weißen Pferden dort abholt. Dass das geklappt hat, ist eher unwahrscheinlich – denn der Aufstieg zur Burgruine ist steil und unwegsam. Der Ausblick dafür umso besser und die Stille fantastisch! Nach

dem kurzen, aber knackigen Aufstieg über Felstreppen und Wege ohne Schatten kannst du dich am Endlosstrand von Murtas ausruhen. Hier gibt es vor allem: nichts! Nichts außer Sand, glasklarem Wasser und ein paar Soldaten, die im Winter hier Truppenübungen abhalten. Einen schönen Spot haben sich die Militärs hier ausgesucht! Deswegen ist Baden hier von November bis Mai verboten.

ℹ️ *Am Parkplatz des Castello di Quirra*
🕐 *Ganzjährig, Strand von Mai bis Nov.*
📍 *39.531567, 9.608005*

Drei Buchten und ein Felsloch
2 🚶 **Anspruchsvolle Küstenwanderung und Badestopps am Capo Sferracavallo, Markierung rot-weiß-rot und TE004, 2,5 km, 1 Std. je Strecke**

Von Marina di Tertenia führt dich ein spektakulärer Küstenpfad entlang der Landspitze von Capo Sferracavallo bis zum Felsbogen von Sa Perda Stampada. Immer die Küste entlang und vorbei an einem Panorama-Picknickplatz immer weiter. Auf der Höhe eines Ziegenstalls teilt sich der Weg zu dem Felsen Su Breccòni und zur Bucht von Cala Niedda.

Unterwegs hast du stets besten Blick auf die Felsen von Su Breccòni und die Bucht von Cala Niedda

Gairo Vecchio ist seit einem Erdrutsch 1951 ein Geisterdorf

Du folgst jedoch der Beschilderung steil bergauf Richtung Coccorrocci und Rutta Stampada. Am Abzweig zur Bucht von Cala Mudanda vorbei weiter nach Norden bis zu einer Steinhöhle. Durchatmen mit Ausblick! Von einem alten Zaun aus sind es noch knappe 10 Min. bis zu deinem Ziel. Das Panorama am Perda Stampada ist grandios: Unter dir liegt die Küste von Coccorrocci und am Horizont versinken die Berge des Supramonte im Meer. **Insider-Tipp** Auf dem Rückweg hast du dir einen Badestopp in den einsamen Buchten von Cala Niedda und Cala Mudanda verdient. Badeschuhe, Taucherbrille und Schnorchel nicht vergessen! 🛈 *Oberhalb des Campingplatzes Tesoni, vorbei am alten Sportplatz bergauf | Oberhalb des Campingplatzes gibt es ausreichend Parkplätze* 🕐 *Frühjahr/Herbst, im Sommer sehr früh starten (kaum Schatten)* 📍 *39.703611, 9.666275*

Sardiniens größtes Geisterdorf

3 🚶 **Geisterdorf-Besichtigung in Gairo, 2 Std.**
Irgendwann war es abzusehen: Immer wurde das Dorf Gairo von Unwettern heimgesucht, und die Ogliastra gilt aufgrund ihrer besonderen Stauwetterlage ohnehin als die regenreichste Region

der Insel. Doch was 1951 geschah, veränderte das Dorf am Hang für immer: Eine riesige Schlammlawine ergoss sich über Häuser und Straßen. Der Ort wurde unbewohnbar und in sicherer Lage wenige Hundert Meter oberhalb eher funktional als pittoresk neu aufgebaut. Nur die Kirche wurde wieder hergerichtet. Dafür kannst du im alten Dorf durch einsame Gassen geistern und an Türen klopfen, hinter denen sich keiner mehr verbirgt – bis auf ein paar Schafe und Schweine, für die man die verlassenen Mauern als Unterschlupf nutzt. In Sardiniens schön-schaurigem Geisterdorf kannst du auf beeindruckende Weise sehen und fotografieren, wie sich die Natur die alten Gemäuer langsam zurückerobert. Gleich nebenan liegt übrigens Osini Vecchio – das verlassene Dorf hat ein ähnliches Schicksal wie Gairo eingeholt. 🛈 *Am Parkplatz von Gairo Vecchio, von der Küste über Lanusei oder Ilbono erreichbar | Parkplatz vor Gairo Vecchio an der SS 198* 🕐 *Ganzjährig. Im Winter, wenn Nebel in den Wäldern hängt, besonders schaurig-schön* 📍 *39.848805, 9.498456*

Ruhiges Beach-Paradies: Der Pinienwald am Strand von Girasole bietet angenehmen Schatten

Am Strand von Cea musst du unbedingt zu den roten Felsen wandern – oder schwimmen!

Zum Baden und Abtauchen

4 ≋ **Baden und schnorcheln am Strand von Cea**

Goldgelber Sand, ein endlos langer Strand und ein paar Annehmlichkeiten wie Strandbuden und Sonnenschirmverleiher – was willst du mehr? Felsen! In Cea krönt das Strandvergnügen die rostrote Felsgruppe Is Scoglius Arrubius im Meer. Ambitionierte machen sich mit Seekajak oder SUP auf zu den Felsen, die wie geschaffen zum Schnorcheln sind. Dass die meisten Urlauber hier aber einfach nur am Strand ausharren, beweisen die weißen Kuppen der Felsen, die von den Hinterlassenschaften der hier meist ungestört ruhenden Seemöwen schon eine weiße Haube haben.

ℹ️ *Von der Hauptstraße SS 125 führt eine Stichstraße Richtung Spiaggia di Cea | Der schattigste Parkplatz befindet sich in einem Eukalyptushain, vorbei am Camperservice Area Atrezzata Rocce Rosse auf der Stichstraße bis zum Meer fahren, €*
🕐 *Ganzjährig* 📍 *39.868874, 9.682182*

Für Schatten- und Ruhesuchende

5 ≋ **Sonnenbaden am Spiaggia di Girasole**

An diesem über einen Kilometer langen Strand ist so viel Platz, dass jeder seine Ruhe findet. Wer es lieber schattig mag, kann den Sonnenschirm getrost zu Hause lassen, denn im schattigen Pinienhain findest du garantiert Schutz vor der Sommersonne! Außerdem gibt es hier einige Bänke und Tische zum Picknicken. Wer noch mehr Ruhe und Einsamkeit sucht, findet am südlichen Ende bestimmt einen Strandabschnitt, eine Düne oder ein schattiges Plätzchen im Pinienhain für sich.

Insider-Tipp Wer mehr Action mag, ist hingegen nördlich von Girasole gut aufgehoben, wo Stichstraßen zu den Campingplätzen direkt am Meer führen.

ℹ️ *Von der SS 125 Richtung Girasole abbiegen und etwas versteckt links den Ausschilderungen nach Girasole Camping Camper Service folgen. Am Campingplatz vorbei Richtung Meer fahren | €*
🕐 *April–Okt.* 📍 *39.956949, 9.683437*

Bei den Klippenspringern

6 ≋ **An den Rocce Rosse bei Arbatax**

Der Rote Felsen von Arbatax ist das Wahrzeichen der Ogliastra. Hier wollen alle hin – und viele

Klettersteige, soweit das Auge reicht: der Canyon Gola Sa Tappara in Ulassai

Wahrzeichen Rocce Rosse: Klippenspringer schaffen am roten Felsen den Absprung!

sind enttäuscht, wenn sie die Rocce Rosse neben dem staubigen Parkplatz sehen. Mach was draus: Der Fels ist ein super Sprungrevier für mutige Klippenspringer. Und alle, die sich nicht trauen, haben hier viel zu gucken, wenn die anderen zu spektakulären Sprüngen ansetzen. Was macht da eigentlich der große Tunnel mitten in dem Monument? Den haben wohl Bergarbeiter dort hineingeschlagen, denn der große Parkplatz war einst Verladepunkt für Bodenschätze.

ⓘ *Arbatax, hinter der Tankstelle am Hafen | Parkplatz direkt vor den Rocce, Ausschilderung Scogli Rossi* ⏲ *Ganzjährig, zum Klippenspringen Juni–Sept. bei ruhiger See* ⚲ *39.938854, 9.708831*

Durch Sardiniens Klettermekka hangeln

7 🧗 **Klettern auf einfachen bis anspruchsvollen Klettersteigen in Ulassai**

Über tausend Lines sind in die Canyons von Ulassai gebohrt – allein schon diese unglaubliche Zahl

beweist, dass das junge Klettergebiet mit seinen fein strukturierten Kalkwänden auf dem besten Weg ist, in den Reigen der schönsten Sportklettergebiete der Welt aufgenommen zu werden. Zu den Premiumrouten gehört der Canyon Sa Tappara gleich über dem kleinen, authentisch-sardisch gebliebenen Bergdorf, wo du dich mit anderen Climbern zum Aperitivo in der Dorfbar triffst. Ziemlich anspruchsvoll sind die 90-Grad-Gefälle von S'Assa Bella und die leicht überhängende Su-Casteddu-Wand. Frisch gebohrt ist der neue Sektor Bauarena. Für die Seilversicherung des Klettermekkas sorgt die Climbing Ulassai Association.

ⓘ *In Ulassai | Von der SS 125 über die SP 11 via Jerzu nach Ulassai | Im übersichtlichen Ortskern parken | climbingulassai.com/climbingulassai association | €* ⏲ *Ganzjährig. Bei Regen können die Kalkfelsen sehr rutschig sein. Es findet sich auch im Sommer immer eine Kletterstrecke, die im Schatten der Canyons liegt* ⚲ *39.812491, 9.497940 (Einstieg zum Canyon Sa Tappara)*

Winter-Wahnsinns-Wasserfall

8 🏞 **Wasserfall gucken und staunen, 1 Std.**

Die Bäche und Wasserfälle in der Ogliastra führen nur im Winter sichtbar Wasser: Das meiste ver-

So schön und schützenswert, dass Boote nicht anlegen dürfen und nur Wanderer erlaubt sind: Cala Goloritzè

schwindet, wie in Kalkregionen üblich, in unterirdischen Flussläufen und Seen, die oft unter der Wasseroberfläche ins Meer münden. Wenn im Winter das Tacchi-Hochplateau Baulassa über dem Ort Ulassai vollläuft, ergießen sich die winterlichen Niederschläge tagelang in Strömen die Felskante von Lequarci hinab. Auf 70 m Länge rauscht dann das kalte Nass über 50 m tief ins Tal und bildet einen donnernden Wall aus Wasser – wirklich beeindruckend! Im späten Frühjahr, Sommer und Herbst tröpfelt hier allenfalls ein Rinnsal den Felsabsatz hinab.

ⓘ *Ulassai, Loc. Santa Barbara | Ab Ulassai folgst du den Ausschilderungen Cascate di Lequarci | Parkplätze rund um die Brücke* ⏲ *Jan.–März* ⊚ *39.791545, 9.453260*

BAUNEI UND DER GOLF VON OROSEI
Postkartenbucht erwandern

9 🚶 **Wandern und Abtauchen an der Cala Goloritzè, 1,5 Std. pro Strecke**

Cala Goloritzè ist für viele einer der schönsten Strände der Welt. Den Weg dorthin musst du dir aber erarbeiten, denn die Bucht ist nur vom Land aus zugänglich, Boote sind dort komplett verboten. Vom bewachten Parkplatz aus geht es steil bergab in das Tal von Bacu Goloritzè, dort ist schon von Weitem unverkennbar die spitze Felsnadel Punta Caroddi zu sehen, die wie ein Leuchtturm den Postkartenstrand von Cala Goloritzè markiert. **Insider-Tipp** Am besten läufst du früh am Vormittag los, denn die Zahl der zugelassenen Besucher der Bucht ist begrenzt, und gegen Nachmittag liegt der Strand im Schatten der hohen Berge. Unterschätze den Rückweg nicht, der Wiederaufstieg ist kräftezehrend! Und Taucherbrille nicht vergessen, denn die Unterwasserwelt in der Bucht ist der Wahnsinn! Schnorchle am besten durch den spektakulären Felsbogen am Südende der Bucht hindurch.

ⓘ *Il Golgo, Bar Su Porteddu | Gebührenpflichtiger Wanderparkplatz mit Camper-Stellplatz zum Übernachten | Kurtaxe 6 €/Person | Im Sommer im Voraus buchen (Zugangsbeschränkung auf 250 Personen) unter heartofsardinia.com | €* ⏲ *Ganzjährig* ⊚ *40.083411, 9.678181*

Ganz schön zutraulich sind die halbwilden Grautiere auf der Golgo-Hochebene

Chillen mit Traumkulisse: der Kiesel-strand der Cala Sisine

Auf der Hochebene der halbwilden Esel

`10 🚶` **Wandern in der Hochebene Golgo, ½ Tag**

Sie sind die Herren des Golgo: die halbwild grasenden Esel, Kühe und Ziegen, die die wilde Hochebene über dem Bergdorf Baunei bevölkern. Abseits der Asphaltstraße führen kleine, einsame Trampelpfade durch Steinwüsten, durch die sich Steineichen, Ginsterbüsche und Korkbäume ihren Weg gen Himmel bohren. Adler und Falken jagen allerlei Kleingetier, das sich in den Steinlandschaften versteckt.

Beschaulich liegt die nach spanischer Baukunst errichtete, spätgotische Wallfahrtskirche von Şan Pietro aus dem 12. Jh. Neben der Kirche stehen einige ehemalige Pilgerhütten und mächtige, jahrhundertealte Olivenbäume. Su Golgo ist auch Ausgangspunkt der Wanderungen zu den traumhaften Stränden Cala Sisine und der weltberühmten Cala Goloritzè.

ⓘ *Baunei | In Baunei den Ausschilderungen nach Golgo folgen |* 🕐 *Ganzjährig, im Sommer ist es aber sehr heiß und trocken* 📍 *40.041904, 9.668081*

Mit dem Bike zur Traumbucht

`11 🚲` **Mittelschwere MTB-Tour auf grob befestigtem Feldweg zur Cala Sisine, 15 km, 2,5 Std./Strecke, 380 hm**

Der Golf von Orosei ist unverbaut und fast nur vom Meer zugänglich. Dort, wo sich Bäche durch den Kalkstein gegraben haben und ins Meer münden, sind die schönsten Strände der Insel entstanden. Ein solches Prachtexemplar ist die feine Kieselbucht von Cala Sisine. Auch wenn da nur ein Rinnsal vor sich hinzuplätschern scheint – von den Kräften der Codula di Sisine zeugen die riesigen Felsbrocken, die der Bach nach großen Regenfällen talwärts schiebt. Aus dem steinigen Bachbett ertrotzen sich Oleanderbüsche und Wacholderbäume den Weg ins Freie. Ein holpriger Fahrweg führt bis kurz vor den Strand. Zwar wagt sich der eine oder andere Fiat-Panda- oder Quadfahrer auf diese Strecke, aber für Verkehrsstau sorgen höchstens ein paar Ziegen oder Mufflonschafe, die sich auf die Straße verirren. Am Meer währt das Robinson-Crusoe-Feeling manchmal nur kurz: Immer

Felsturm zum Abtauchen: Unterhalb des 128 m hohen Perda Longa liegen tolle Schnorchelreviere

Wandern auf die entspannte Art: Esel-Trekking in der Ogliastra

wieder spucken Ausflugsboote aus Cala Gonone und Santa Maria Navarrese Horden von Badegästen aus.

ⓘ *An der Landkirche San Pietro di Golgo, dort rechts abbiegen Richtung Codula Sisine | Parkplatz vor der Kirche San Pietro di Golgo* 🕑 *Ganzjährig* 📍 *40.089189, 9.667255 (San Pietro di Golgo), 40.179700, 9.633491 (Cala Sisine)*

Abtauchen im Dolomitenpanorama

`12`🤿 **Schnorcheln am Pedra Longa, ½ Tag**

Ganz schön steil nach unten: Mit knackigen 20 % Gefälle führt ein Asphaltsträßchen ans Meer an eine der wenigen einfach zugänglichen Stellen am Golf von Orosei. Dort, wo das Supramonte-Gebirge steil im Meer versinkt, kannst du mit Dolomitenpanorama abtauchen, denn unterhalb des riesigen 128 m hohen Felsturms Pedra Longa ist das Wasser glasklar und weite Seegraswiesen sind die Kinderstube für Heerscharen von Meeresbewohnern. Aber Vorsicht: Die Unterwassersafari mit Taucherbrille und Schwimmflossen ist nur bei ruhiger See möglich. Hast du Wetterpech, kannst du aber trotzdem das einmalige karstige Panorama genießen. **Insider-Tipp** Oder auf dem Selvaggio Blu ein Stück entlangspazieren. Der berühmte sardische Wandertrack führt nämlich oberhalb der kleinen Trattoria vorbei. Die mächtige Felsnadel Pedra Longa war schon seit Urzeiten Orientierungspunkt für Seefahrer und hieß ursprünglich Agugliastra – davon leitet sich der Name der Region Ogliastra ab.

ⓘ *Von Santa Maria Navarrese oder Baunei Richtung Pedra Longa abbiegen | Parkplatz am Belvedere Pedra Longa* 🕑 *Sommer, am besten vormittags, denn die Sonne verschwindet am frühen Nachmittag hinter den hohen Bergen* 📍 *40.026992, 9.705746*

Trekking im Eseltakt

`13`🐴 **Esel-Trekking in der Nähe von Santa Maria Navarrese, ½ Tag, auf Anfrage auch 2-Tages-Touren**

Selbst eingefleischte Wandermuffel sind begeistert – eine Wanderung im Takt der Huftiere entpuppt sich als die ideale Möglichkeit zum

Mit Saubohnen und einer List retteten die Einwohner von Posada im Mittelalter ihre Stadt

Entschleunigen. Die Guides Michele und Antonio führen dich hautnah durch ihre Wahlheimat, die Ogliastra, und erklären ganz nebenbei, welche Pflanzen dort am Wegesrand gedeihen. Ein Klassiker ist die Rundwanderung am Abend entlang der Steilküste, mit anschließendem Picknick. Von oben genießt du den herrlichen Blick über das Meer und bis zur Pedra Longa. Nach dem Abstieg und circa 1,45 Std. Wanderzeit erwartet dich am Eselstall ein reich gedeckter Tisch mit sardischen Köstlichkeiten. In der Dämmerung und im Licht der mitgebrachten Taschenlampen geht es danach zurück zum Ausgangspunkt. Du kannst aber auch Touren in Eigenregie und ohne Guide anfragen.

🛈 *Santa Maria Navarrese | Hinter dem Ostello Bellavista parken | ganzeinfachsardinien.de/Esel-Trekking | €€€ ⊙ Frühjahr und Herbst, im Sommer aufgrund der Hitze nur abends und frühmorgens ⏺ 39.994549, 9.693508 (Parkplatz am Ostello)*

DIE BARONIE RUND UM OROSEI UND POSADA
Hoch auf die Saubohnenburg
14 🚶 **Zur Burg in Posada, 1 Std.**

Der Burgberg von Posada ist nicht nur wegen der Ruine des Castello della Fava (auf Deutsch etwa Saubohnenburg) eine Reise wert. Von dem viereckigen, etwa 20 m hohen Turm kannst du die Schwemmebene des Rio Posada bis zu den herrlichen, von Schirmpinien gesäumten Badestränden bestaunen. Am Fuß der Burgruine liegt die mittelalterliche Altstadt von Posada mit ihrem malerischen Gewirr von schiefen Häusern, engen Torbögen und steilen Treppengängen. Doch woher stammt der seltsame Hülsenfrüchtename? Das kam so: Piraten wollten um das Jahr 1300 die Burg von Posada aushungern. Von ihrer Not getrieben, griffen die verzweifelten Bewohner zu einer List: Sie fütterten eine verletzte Taube mit dem letzten Rest Vorrat, einer Handvoll Saubohnen, sodass der Vogel erschöpft und überfüttert zu Boden fiel.

Paddelstraße (nicht nur) für Anfänger: Das glasklare Kanal-wasser führt bis zur Meeresbucht Sa Curcurica

Wenn die Belagerten über Nahrung im Überfluss verfügten und Tauben fütterten, mussten die Posadini wohl reiche Vorräte haben. So gaben die Belagerer ihr Vorhaben auf, die Burg auszuhungern.

ⓘ *Am Rande der Altstadt | Parkplatz unterhalb der Altstadt | comune.posada.nu.it/index.php/tzente/pagine/castello | €* ⏱ *Ganzjährig, wechselnde Öffnungszeiten* ◈ *40.637503, 9.726319*

Für Faulenzer und SUP-Anfänger

15 **SUP-Paddeln an der Spiaggia di Sa Curcurica**

Rund um Sos Alinos gibt es gleich mehrere Buchten, in denen der schneeweiße Sand superseicht ins Meer abfällt. Die nördlichste davon hört auf den unaussprechlichen Namen Sa Curcurica. Superschön zum Entspannen. In den zahlreichen Ginsterbüschen kannst du außerdem deine Hängematte aufspannen! Nur Vorsicht, dass du die empfindliche Rinde nicht beschädigst. Gleich neben dem Strand mündet der Kanal der gleichnamigen Lagune ins Meer. **Insider-Tipp** Der erst in den 1950er-Jahren gebuddelte Wasserlauf ist ein super SUP-Spot für Anhänger, mit smaragdgrünem Wasser, ohne nennenswerte Strömung und ohne Wellengang. Genau das Richtige, wenn dir das Meer zum Stand-up-Paddeln zu anspruchsvoll ist!

ⓘ *Von der Hauptstraße SS 125 bei Sos Alinos Richtung Cala Ginepro abbiegen. Auf Höhe der Pizzeria Mariposa Richtung Sa Curcurica abbiegen und der Stichstraße bis zum Ende folgen | €* ⏱ *Frühjahr und Herbst, im Sommer kann der Strand sehr belebt und das Kanalwasser brackig sein* ◈ *40.451020, 9.795245*

Für Kitesurfer und Strandläufer

16 **Kitesurfen an der Spiaggia di la Caletta**

Kitesurfer haben es vor allem zur Saison schwer: Seichtes Wasser erleichtert den Start, aber man kommt sich oft mit den Schwimmern und Planschern in die Quere. In La Caletta ist dieser Interessenkonflikt zwischen Bretterfreunden und Badegästen ganz smart gelöst: Am Südende des schneeweißen, superseichten Badeparadieses, so weit weg, dass bis hierher selbst ambitionierten Strandläufern die Puste ausgeht, mündet der Rio

Wie anno dazumal gearbeitet wurde, zeigt das Heimatmuseum und Mini-Museumsdorf S'Abba Frisca bei Dorgali

Viel Platz für Wassersportfans bietet der Hausstrand von Posada: Su Tiriarzu

di Siniscola ins Meer, und Kiteboarder können mit ihren Lenkdrachen ungestört ihre Kreise ziehen. Zwei Kite-Schulen bieten Kurse und Material an.

ⓘ *Südlich des Jachthafens von La Caletta beginnt der Badestrand. Der Kitesurf-Spot ist über die Feriensiedlung Sa Petra Ruja zugänglich | kitesurflacaletta. it, activekitesardinia.com | €–€€€* ⏱ *Mai–Okt.* ⓥ *40.600151, 9.750071 (Strandparkplatz), 40.585945, 9.762906 (Parkplatz für den Kitesurf-Spot)*

Hier klappert die Mühle am rauschenden Bach

17 ⓢ **Spaziergang durch ein Freilichtmuseum bei Dorgali, etwa 2 Std.**

Ein schönes Ausflugsziel für Familien mit Kindern ist der liebevoll gestaltete und weitläufige Freilicht-Museumspark von S'Abba Frisca. Auf drei Hektar kannst du hier Wasserfälle, Teiche und den alten Brunnen besichtigen, der noch (zur Schau!) mit Eselkraft betrieben wird. Der Park ist hübsch angelegt und erstreckt sich um eine romantische alte Mühle samt Museumsschmiede, die noch funktioniert, dazu historischen Werkstätten, Mini-

Zoo mit Ziegen und Eseln für die Kids und eine Schildkrötenstation. In der Schauküche kannst du entdecken, wie das Knusperbrot Pane Carasau gebacken wird.

ⓘ *Am Parkeingang | Großer Parkplatz vor dem Parkeingang | sabbafrisca.com | €* ⏱ *April–Okt., geführte Touren immer nachmittags* ⓥ *40.307280, 9.628857*

Für Dünen- und Wasservogelfans

18 ⓢ **Spiaggia di Su Tiriarzu**

An der Mündung des Rio Posada, der in den Wintermonaten mächtige Wassermassen aus den Bergen von Alá dei Sardi ins Meer schiebt, liegt das wunderschöne Strandparadies von Posada. Über den Bach und die Dünen führen dich Holzstege. Was machen die Sandkisten da? An manchen Stellen wurde ein Dünenschutzprogramm mit Bambusreihen aufgesetzt. Klares Wasser, beigegelber Sand und jede Menge Platz. Su Tiriarzu ist der Name des Hauptstrands, der über eine breite Zufahrtsstraße mit Fahrradwegen zu erreichen ist.

Mitunter tierisch was los ist hier am weißen Strand von Berchida

Küstenwandern für Genießer: die leichten Wege nach Berchida durch Ginster und Wacholder

Gleich hinter den Dünen führt ein Seitenarm des Rio Posada vorbei, in dem sich Fische tummeln und an dessen Ufer Seevögel auf ihre fette Beute warten. **Insider-Tipp** Wenn es dir hier im Sommer zu trubelig ist, dann fahr einfach nach Orvile: Der nördlichste Strand von Posada ist so weitläufig, dass dir nach ein paar Metern Abstand vom Parkplatz niemand mehr in die Quere kommt.

ⓘ *In Posada den Ausschilderungen zum Camping Ermosa folgen. Orvile ist von der SS 125 Richtung Budoni ausgeschildert | € ⏱ Mai–Okt.*
📍 *40.630512, 9.740009 (Su Tiriarzu), 40.653140, 9.745141 (Orvile)*

Mit der Kuh auf Du und Du

19 **Leichte Wanderung oder MTB-Tour auf staubigen Pisten zu den Buchten von Berchida, 5,5 km, mit dem Rad 30 Min., zu Fuß 1,5 Std. pro Strecke**

Südlich des verlassenen Leuchtturms von Capo Comino wird es einsam an der hier völlig unverbauten Küste. Ginsterbüsche und baumgroße Wacholder, Mastixbäume, Zistrosen und Baumheide wachsen am Meer, im Inland wurde in den 1980er-Jahren hingegen mächtig aufgeforstet: 1666 Bäume pro Hektar, vor allem schnellwüchsige Nadelhölzer, wurden in Rekordzeit in den sandigen Granitboden gepflanzt. Den ruppigen, nicht übersehbaren Fahrweg kannst du per Bike oder zu Fuß erobern. Bist du orientierungsfreudig, kannst du dich die Küste entlanghangeln – hier gibt es einsame Strandseparees. Grauweißer Sand, kristallklares Wasser, rot schimmernde Granitbrocken und hier und da ein schattiger Wacholderbusch. Die Buchten von Berchida sind ein Traum! Das Beste dabei: Du kommst von Norden her. Am Südteil des Strands befindet sich ein beliebter Parkplatz und dementsprechend voll ist es dort. Dafür teilst du dir im Nordteil den Strand mit tierischen Badegästen: Eine ziemlich zahme Kuhherde kommt regelmäßig zum Sonnenbaden hierher.

ⓘ *Südlich von S'Ena e Sa Chitta gelegen, am Leuchtturm Faro di Capo Comino | Mit dem Pkw unterhalb des Leuchtturms Faro di Capo Comino parken ⏱ Frühjahr und Herbst, im Sommer ist es auf dem nur teilweise schattigen Fahrweg zu heiß und staubig! 📍 40.528619, 9.827072 (Parkplatz), 40.485012, 9.814328 (Ziel)*

DER SCHÖNSTE SONNENAUFGANG
Frühmorgens in die Wellen springen
20 **In der Cala Fuili im Golf von Orosei**

Die Cala Fuili ist die einzige mit dem Auto zugängliche Bucht des Golfo di Orosei. Wenn du frühmorgens ankommst, bekommst du sicher einen der raren Parkplätze am Straßenrand und kannst zum Sonnenaufgang in die Wellen springen. Einmalig!

ℹ *Entlang der Stichstraße, die südlich von Cala Gonone nach Cala Fuili führt* ◷ *Mai–Okt.* ◉ *40.256947, 9.625611*

LOKALE SPEZIALITÄTEN
*UND WO DU SIE PROBIEREN KANNST

Gehört zu jedem Menü: Pane Carasau, Hirtenbrot aus Hartweizengrieß

Die kulinarische Bandbreite von Sardiniens Osten ist so weit wie seine Küstenlinie. Von herzhaftem Fleisch aus den Bergen über das karge Brot der Hirten bis hin zu Meeresfrüchten aus den fischreichen Lagunenseen: Hier kannst du dich essenstechnisch austoben!

Hirtenbrot reloaded

1 | **Pane Carasau**

Allein schon die Herstellung des Knusperbrots Pane Carasau ist ein wahrer Hingucker: Die kunstvoll ausgerollten Teigkreise gehen im Ofen zu einem Ball auf, bevor dieser auseinanderge-schnitten und flach getrocknet wird. In den Restaurants bekommst du es im Brotkorb oder als Pane Frattau als ersten Gang serviert. Dazu wird es in Brühe aufgeweicht und mit Tomatensoße und Pecorino wie eine Lasagne geschichtet. Krönung des Ganzen ist ein pochiertes Ei, das beim Aufschneiden verläuft. So einfach die Herstellung klingt, so schwer ist es heute, im Restaurant

ein wirklich gutes Pane Frattau zu bekommen. Rund um Siniscola gibt es eine Variante mit Hackfleisch-Sugo.

ⓘ *Leckere Ogliastra-Küche, aber auch Pizza und Meeresfrüchte gibt's auf der Piazza im* **IKNOS risto pub**, *Via Monsignor Virgilio 42, Tortolì, instagram. com/iknos_ristopub, €*

Sardische Ravioli

2 | **Culurgiones**

Die dicken Teigtaschen mit Kartoffelfüllung und Minze sind ein echter Sattmacher. Nicht wundern, wenn dir im Restaurant nur eine Handvoll davon serviert werden, satt machen sie allemal! Zubereitet werden sie einfach nur mit Butter und Salbei oder mit frischer Tomatensauce, manchmal auch frittiert. Jedes Dorf hat sein eigenes Geheimrezept für die besten Culurgiones. Nicht verwechseln mit den Ravioli Sardi: Das sind mit Ricotta, Spinat und manchmal Safran gefüllte, meist quadratische Teigtaschen.

ⓘ *In diesem schönen Gourmetambiente schmecken die Culurgiones besonders lecker:* **Ristorante La Svolta***, Via della Torre 10, Bari Sardo (im Hotel Baja Azzurra), €€€*

Fangfrisch aus der Lagune

3 🍴 **Ostriche di Tortolì**

Der große Stagno di Tortolì ist eine Fischfabrik, wie man sie sich wünscht: In schwimmenden Freigehegen wachsen Goldbrassen *(orata)* und Wolfsbarsch *(spigola)*, an langen Strängen gedeihen Muscheln und in Schwimmbehältern Austern *(ostriche)*. Letztere sind die besten Sardiniens!

ⓘ *In der schnickschnackbefreiten* **Taverne** *in idyllischer Lage zwischen Lagune und Meer kannst du allabendlich Unmengen Fisch und Meeresfrüchte aus der Lagune degustieren. Eine Austernprobe zum Aperitivo ist Pflicht! Chiosco di Ponente, Località Peschiera San Giovanni, Tortolì, chioscodiponente.it, €*

Für Pastafans

4 🍴 **Pastificio Orrú**

Frische Culurgiones und Sebadas zum selber Fertigkochen gibt es in diesem Nudelladen, an dem die Einheimischen regelmäßig Schlange stehen. Außerdem gibt es hier die besten Coccoi prena weit und breit: Die sind den Culurgiones sehr ähnlich, sind aber kleine Teigtörtchen mit Füllung.

ⓘ **Pastificio Orrú***, Via Municipio, 8, Cardedu, Di–Sa 8–13 und 16.30–20 Uhr, €*

Knetkunst für Könner: Das Falten der Culurgiones ist echte Kunst!

Mit Blick Richtung Afrika: Die Buchten von Chia wie der Strand Del Morto liegen im äußersten Süden Sardiniens

Südliche Küste

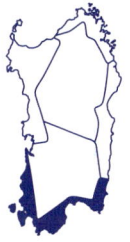

SONNE, STRAND UND DOLCE VITA

Der Süden Sardiniens ist Sonne pur: Hier dauert der Sommer länger als im Rest der Insel. Ideal, um das Draußen zu erleben: An der Südküste kannst du das ganze Jahr über zu Land, zu Wasser, mit dem Boot, dem Rad oder einfach nur zu Fuß die Insel erkunden. Zwei Drittel der Sarden leben hier, und unzählige Outdoor-Freunde begegnen dir mit Offenheit und immer dem ein oder anderen Insidertipp. Besonders das Wasser hat es den Sarden hier angetan: Kaum einer, der nicht ein Schlauchboot, ein SUP oder zumindest eine professionelle Schnorchelausrüstung sein Eigen nennt. Aber auch Dolce Vita gehört dazu. Und wenn es nur ein Wochenendspaziergang am vielleicht schönsten Stadtstrand der Welt ist: dem kilometerlangen Poetto an Cagliaris Küste. Anschließend geht es in eine der unzähligen Strandbars, wo du selbst an Weihnachten bei 20 Grad die Sonne genießen kannst.

AUF EINEN BLICK
*SÜDLICHE KÜSTE

Strovina

Samassi

Villacidro

Serramann

Fluminimaggiore

Vallermosa

Biddesorris/Villaso

Buggerru

16

18

12 Nebida

Iglesias

Musei

Siliqua

Gonnesa

Villamassargia

Portoscuso

Piolanas

75 km, 1 Std.

Narcao

Nuxis

2

Carloforte

17 Matzaccara

19

Villaperuccio

Santadi

2

ITALIA

21

Palmas

SARDEGNA

Sant'Antioco

Giba

**Einmal um die Insel
Sant'Antioco radeln ★**

15

5

Sant'Anna Arresi

20

65 km, 1 Std.

Teulada

Domus de Maria

**Strandhopping an der
Costa del Sud ★**

14

**Auf der Römerstraße
zu den Stränden von Chia ★**

Senorbi · San Basilio · Armungia · San Nicolò Gerrei · Biddesatu/Villasalto · Villaputzu · errenti · Barrali · Sant'Andrea Frius · Nuraminis · Donori · Muravera · Monastir · Dolianova · Brucei/Burcei · ecimomannu · Sestu · Sinnia/Sinnai · Olia Speciosa · Assemini · Elmas · Selargius · Costa Rei · Castiadas · Capoterra · Torre Degli Ulivi · Sarroch · Pula

6 🚶
7 🚶
5 🚴
6 🍴
3 🍴
11 🏄
4 🍴
4 🚴
🚗 65 km, 1 Std.
8 〰️
3 〰️
1 🚶
10 🏄
9 〰️
1 🍴

Am Strand der zwei Meere ★

In die alte Hafenstadt Nora ★

MARCO POLO
OUTDOOR HIGHLIGHTS ★

★ Strandhopping an der Costa del Sud
Radeln oder touren, wo Afrika nicht mehr fern ist – und dann ins kühle Nass springen! → S. 152

★ In die alte Hafenstadt Nora
Im Rausch der Ruinen durch eine fast versunkene Hafenstadt spazieren
→ S. 154

★ Auf der Römerstraße zu den Stränden von Chia
Auf diesen alten Küstenwegen ratterten schon römische Lastkarren → S. 156

★ Am Strand der zwei Meere
Ein Aufstieg am Capo Carbonara, der mit einmaligen Ausblicken verwöhnt
→ S. 158

★ Einmal um die Insel Sant'Antioco radeln
Drahtesel-Tour rund um Italiens viert-größtes Eiland → S. 160

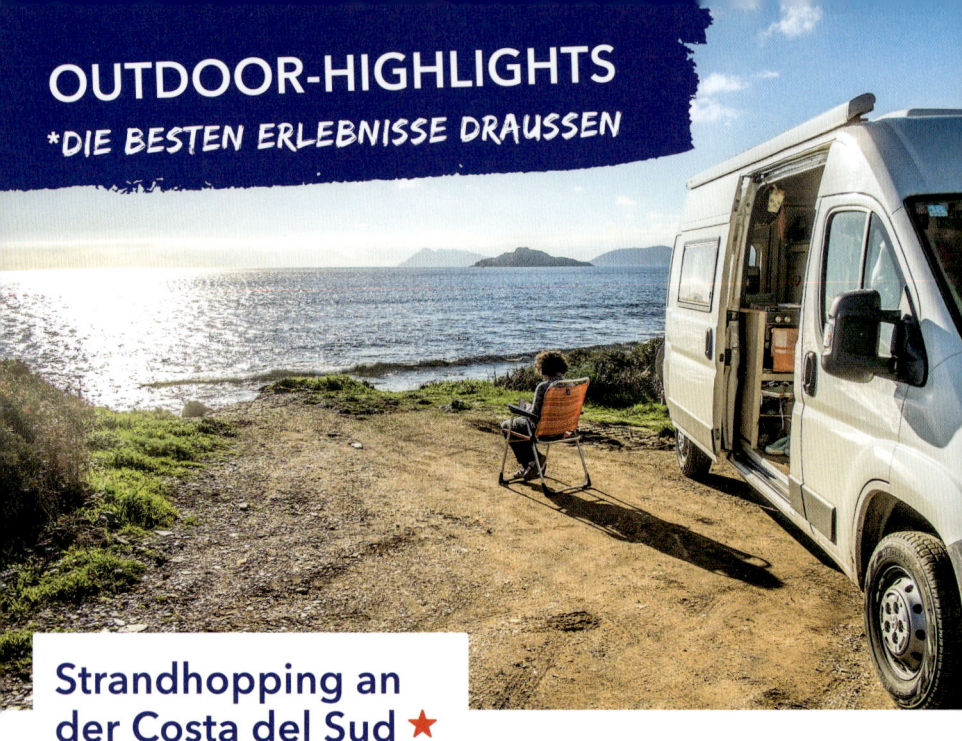

Strandhopping an der Costa del Sud ★

Die Südküste zählt zu den schönsten Küstenstreifen der Insel und ist das wärmste Gebiet der Insel. Afrika ist nah: Keine 200 km Luftlinie trennen den Süden vom heißen Kontinent. Die gut ausgebaute Straße hat an den schönsten Aussichtspunkten unzählige Parkbuchten für einen Roadtrip.

An der Küste entlang zum Turm

Hinter der Traumbucht Baia Chia beginnt die malerische Strecke. Bizarre Steilufer wechseln sich mit kleinen Strandbuchten ab. Die gut ausgebaute, abwechselnd steil auf und ab führende Straße bietet dir immer wieder einmalige Ausblicke. Hinter einem Hügel eröffnet sich ganz unerwartet der Blick über die zerklüftete Küste, über den feinen Sandstrand von Tuerredda und das leuchtend hellblaue Wasser bis hin zum Capo Malfatano. Dort thront souverän ein alter Sarazenenturm, zu dem ein kleiner Pfad führt.

Je nachdem, mit welchem fahrbaren Untersatz du unterwegs bist, mit dem Auto, Tourenrad, E-Bike oder einer Vespa, solltest du schon frühzeitig am Rand des ausgewaschenen Feldwegs parken. Der Weg zum Turm ist unübersehbar, und unterwegs kommst du an einem Strand mit einer kleinen Bar vorbei, die du dir am besten für den Rückweg zum Stärkungsstopp aufhebst. Auf der Spitze des Kaps thront der alte Sarazenenturm mit Top-Blick! Gleicher Rückweg.

Eine Landschaft wie aus der Märklinwelt

Weiter nach Westen krönen die Küste Wolfsmilchbüsche, Zistrosen, Ginster und Wacholder, die zur Frühjahrsblüte wie auf einer Modelleisenbahnanlage verstreutes Islandmoos wirken. Immer im Blick: die Küste zum Capo Teulada. Das ist seit den

1950er-Jahren militärisches Sperrgebiet und nicht zugänglich. Nicht wundern, wenn sich an so manchem Badestopp eine Herde Kühe in der Sonne räkelt. Besonders beliebt bei den Wiederkäuern ist die Bucht von Piscinnì. Ungebremst weht hier der warme, staubige Scirocco über die Felsküsten und feinen Sandstrände und staut in so mancher Bucht meterhoch Seegras auf. Aber nur, bis der nächste Mistral es wieder hinaus ins Meer trägt.

Über die zerklüftete Küste ab ins kühle Nass

Hinter der Kieselbucht Campionna wird die Küste rau, und es gibt nur noch wenige Badeplätze zu entdecken – dafür ein paar Hotels und Ferienhäuser. Deswegen ab nach Porto Tramatzu: **Insider-Tipp** Hinter dem kleinen Yachthafen von Teulada liegt einer der besten Strände der Küste.

Die Tour im Überblick

🚲 🚐 🛵 **Einfache Tour ganz im Süden, zwischen Chia und Teulada, 25 km, mit Auto oder Vespa 1 Std. mit Zwischenstopps, mit dem Rad 2 Std. mit Zwischenstopps**

ℹ️ *Von Cagliari Richtung Pula/Chia, Parkplätze vorhanden | Scooter-Verleih in Pula, z. B. rentforpula.it | Oder mit dem Tourenrad*

🕐 *Ganzjährig, am schönsten im Winter und Frühjahr (Macchia-Blüte!)*
⚙️ *Sonnenschutz, Badesachen, Trinkwasser*
📍 *38.894995, 8.868324 (Start in Chia), 38.925579, 8.711411 (Porto Tramatzu)*

✔ **DOWNLOAD GPX-Track**

An der Costa del Sud mit ihrem kristallklaren Wasser (re.) findet jeder seinen Lieblingsstrand zum Kampieren (li.)

In die alte Hafen-stadt Nora ★

Kurz hinter Pula liegt die römisch-punische Hafenstadt Nora, deren Säulen und Mosaiken aus der römischen Kaiserzeit stammen. Über der antiken Stadt erhebt sich auf den Resten der phönizischen Akropolis ein Sarazenenturm mit herrlichem Blick auf den gesamten Golf, die Lagune von Nora und die Ruinen der antiken Stadt.

Ruinenrausch und alte Straßen

Vermutlich wurde die Küstenstadt im 9. Jh. v. Chr. von phönizischen Seefahrern gegründet und hatte drei Häfen. Ganz schön clever, da so bei jeder Windrichtung Handelsschiffe anlegen konnten. Funde aus Grabbeigaben lassen darauf schließen, dass Nora im 5. Jh. v. Chr. eine reiche Handelsstadt war. Im 2. und 3. Jh. n. Chr. erreichte die Stadt unter römischer Herrschaft ihre Blütezeit. Und die neuen Herren bauten mächtig: Gleich vier Thermen zeugen vom Wohlstand der alten Römer hier! Heute fallen die wuchtigen Gewölbe ins Meer hinab, lagen aber ursprünglich wohl weiter im Inland. Ein großer Teil Noras liegt im Meer verborgen. Deswegen darfst du die alten

Häuser, Säulen und Mosaiken nur im Zuge einer Führung besuchen. Dafür läufst du zum Teil noch auf den alten Prachtstraßen der Hafenstadt. Im antiken Theater finden heute noch im Sommer regelmäßig Konzerte statt.

Auf zum Wachturm

Wie es sich für eine antike Handelsstadt gehört, hatte auch Nora seine Akropolis. Von dem antiken Burgberg ist leider nicht mehr viel erhalten, da die Spanier auf der Halbinsel von Coltellazzo einen Wachturm errichteten, der bis heute als Leuchtturm dient. Der kurze Aufstieg lohnt sich: Der Blick zurück nach Nora ist herrlich und am Strand von Nora kannst du die kleine Strandkirche von

Sant'Efisio erkennen, zu der jedes Jahr im Mai Tausende Pilger wandern. Die Kirche selbst ist heute wenig spektakulär, aber einst hatten dort, wo du heute deinen Sonnenschirm aufstellen kannst, eine römische Nekropole und ein frühchristlicher Friedhof gelegen.

In die Ruinen abtauchen

Der Niedergang von Nora begann Mitte des 5. Jh. n. Chr mit Überfällen der Vandalen. **Insider-Tipp** Aber die Reste des alten Westhafens kannst du sogar erschnorcheln – einfach am Rande des Strands von Nora, unterhalb der Straße, Maske und Schnorchel auspacken und zwischen den antiken Anlegestegen schwimmen. Viel ist leider nicht erhalten, da sich im Laufe der Jahrhunderte unzählige Fische und Unterwasserpflanzen die alten Mauern zurückerobert haben.

Die Tour im Überblick

🚶 **Spaziergang durch Nora, südlich von Pula gelegen**

ℹ️ *Ab Pula weitläufig ausgeschildert | Achtung, nur auf ausgeschilderten Flächen parken, es wird streng kontrolliert | €*

🕐 *Ganzjährig*
⚙️ *Badesachen, Schnorchelausrüstung*
📍 *38.985930, 9.016019 (Ticketschalter und Parkplatz), 38.984322, 9.015728 (Nora), 38.984196, 9.020162 (Torre del Coltellazzo), 38.989782, 9.012880 (Kirche Sant'Efisio), 38.987002, 9.014575 (alte Mauerreste und Badestrand)*

✓ **DOWNLOAD GPX-Track**

Romantik im Rausch der römischen Ruinen: Besonders lauschig ist es zwischen den alten Gassen und Säulen von Nora zum Sonnenuntergang (re.) mit Blick auf den Torre del Coltellazzo

PULA

Is Figus

Nora

Z 🚻 Chiesa di Sant'Efisio

Golfo di Cagliari

Military Area S

Teatro Romano di Nora

Torre del Coltellazzo

0   100   200 m

Auf der Römerstraße zu den Stränden von Chia ★

Die Antica Strada Romana Nora–Bithiae verband einst die antiken Siedlungen Nora bei Pula und Bithia bei Chia. Von der Römerstraße sind vor allem Befestigungsmauern und ein kurzer, antiker Straßenabschnitt übrig geblieben. Auf der alten Straße kann man wunderbar wandern oder mountainbiken.

Auf den Pfaden der alten Römer

Eine ganz schön pittoreske Strecke haben sich die alten Römer entlang der Küste ausgesucht, um ihre Siedlungen miteinander zu verbinden – die moderne Straße durch die Berge ist weit weniger spektakulär. Los geht's am Strand von Pinus Village, und dann einfach immer die Küste entlang. Vorbei an einigen kleinen Fjorden führt der Weg über Granitfelsen den Hügel hinauf. Bist du mit dem Mountainbike unterwegs, fährst du am besten bis zur Einfahrt nach Pinus Village zurück und folgst der Viale Erika an dieselbe Stelle. Nach ein paar Kurven auf einer teilweise zugewachsenen Piste sind die alten Befestigungen der antiken Römerstraße zu sehen, die sich die Küste entlangschlängelt. Nach ein paar Kurven stößt du auf ein Stück Antike: Die alten Straßenpflaster stammen noch aus der Zeit der römischen Straßenbauer! Hier kannst du auf antiken Pflastersteinen wandeln, auf denen einst Waren entlang der Küste transportiert wurden! Schade, dass heute nur noch wenige Meter der alten Straßenbeläge erhalten sind.

Ohne Schatten wanderst du weiter auf die Landspitze Su Monti de Mesu zu. Jetzt ist die Straße auch mit Jeeps befahrbar. Eine Abzweigung führt auf die Gipfel von Monti Sa Guardia, wo eine Brandschutzwacht thront (Punto Panoramico, vedetta antincendio). Der Umweg dauert etwa eine Wanderstunde, bietet aber einen fantastischen Weitblick über die Küste.

Reisen wie die alten Römer: Auf der historischen Küsten-straße (li.) wanderst du bis zum Ziel, der herrlichen Bucht von Torre Chia (re.)

Zum Entspannen an die Sandbucht Torre Chia

Den anstrengendsten Teil deiner Tour hast du jetzt hinter dich gebracht, von nun an kannst du dich auf die herrliche Aussicht konzentrieren: **Insider-Tipp** Der Blick auf den Wachturm Torre Chia und die endlos langen Sandstrände von Chia ist einmalig! Abschüssig geht's zur Küste hinab, vorbei an der kleinen Felseninsel von Isola de Su Cardulinu, die auch Isola Manna genannt wird. Hier gruben einst die Phönizier ihre Tophet-Gräber in den harten Granitfels. Dann das Ziel der Tour: die wunderschöne Doppelsandbucht Torre Chia. Hier kannst du baden, zum Turm aufsteigen oder es dir einfach an den Picknickbänken in dem kleinen Pinienhain gemütlich machen. Zurück geht's auf demselben Weg.

Die Tour im Überblick

🚶 🚴 **Einfache Wanderung entlang der Küste, an der Straße SS 195 von Pula nach Teulada gelegen, etwa 1,5 Std./Strecke, 5 km pro Strecke, 200 hm**

ℹ️ *Mit dem Auto von Cagliari Richtung Chia fahren. Richtung Pinus Village abbiegen und vor der Feriensiedlung parken*

🕐 *Frühjahr und Herbst*
⚙️ *Wanderschuhe, Trinkwasser, Snacks*
📍 *38.919998, 8.909229 (Wanderpark-platz), 38.916426, 8.910912 (Einstieg)*

✔ DOWNLOAD GPX-Track

Am Strand der zwei Meere ★

An der Südostspitze Sardiniens führt außerhalb von Villasimius ein kurzer, aber steiler Wanderweg durch mannshohe Feigenkakteen und wilde Macchia zum alten Turm von Porto Giunco. Belohnt wird der kurze Aufstieg mit Blick über die Strände, Lagunen und Inseln der Südostspitze Sardiniens.

Durch Felsen und Kakteen

Erst mal geht's hinauf zum Torre di Punto Giunco, von hier hast du den Lagunensee Stagno di Notteri, der zwischen den Meeren liegt, bestens im Blick und auch die Südspitze Capo Carbona. Parken kannst du am Strand von Cava Usai. Der besteht nicht nur aus Sand, sondern aus Abertausenden Granitbrocken, denn hier wurde einst der harte Stein abgebaut und aufs Festland verschifft. Davon zeugt auch noch die alte Villa des Steinbruch-Direktors, auf die du vom Parkplatz aus geradewegs zusteuerst.

Vorbei am Wärterhäuschen der Villa folgst du den Schildern nach Cava Usai. Noch mehr Steine und ein verwitterter Anlegesteg aus Granit erwarten dich, bevor es kaum zu verfehlen durch Wolfsmilchbüsche und mannshohe Kaktusfeigen bergauf geht. Kinder an die Hand nehmen! Die pieksenden Gesellen haben fiese Stacheln und die leckeren Früchte kannst du nur mit Handschuhen ernten. Zur Not tut es aber auch eine ausrangierte Plastikflasche!

Ausblick auf die Sandbank

Oben am Turm angekommen, ist das Panorama einfach einmalig: Vor dir liegt das endlos lange Sandband von Porto Giunco, im dahinterliegenden Bracksee schnäbeln Flamingos nach Futter. **Insider-Tipp** Der verwitterte, etwa neun Meter hohe Torre di Porto Giunco wurde im 16. Jh. errichtet. Der deutsche Schriftsteller Ernst Jünger, der einst in Villasimius weilte, soll hier oft gewesen sein – und hat seine Erlebnisse sogar in seinem Tagebuch „Am Sarazenenturm" verewigt.

Weiter zum südöstlichsten Punkt

Auch der Blick nach hinten lohnt sich: Du blickst hinab zur Südspitze Capo Carbona. Der Name leitet sich übrigens von der italienischen Bezeichnung für Köhler ab, denn Villasimius war einst für seine Holzkohle bekannt. Das beliebte Pastagericht mit Ei, Schweinebäckchen und Parmesan bedeutet so viel wie: nach Köhlerart.

Jetzt geht's entweder wieder zurück an den Strand Cava Usai oder du kannst vom Ausgangspunkt aus die Küste in Richtung Süden weiterwandern. Immer am Meer entlang führt ein schmaler Weg bis ganz an den südöstlichsten Punkt Sardiniens.

Die Tour im Überblick

🚶 Strandtag mit Aufstieg zum Torre di Port Giunco, ca. ½ Std. pro Strecke, 50 hm

ℹ️ *In Villasimius Richtung Jachthafen (Porto Turistico) und Capo Carbonara den Ausschilderungen folgen, Auto in Cava Usai parken oder ab Villasimius mit dem Fahrrad (ausgebauter Radweg bis zum Jachthafen)*

🕐 *Ganzjährig, besonders schön vor Sonnenuntergang*

⚙️ *Wanderschuhe, Fernglas, Trinkwasser*
📍 *GPS 39.106282, 9.518328 (Strandparkplatz), 39.11048, 9.52194 (Torre di Porto Giunco)*

✔️ **DOWNLOAD GPX-Track**

Den schönsten Blick auf die Bucht mit ihrem kristallklaren Wasser (re. o.) und den Lagunensee (li.) bietet der Torre di Porto Giunco (re. u.).

Einmal um die Insel Sant'Antioco radeln ★

Sie ist Italiens viertgrößte Insel nach Sizilien, Sardinien und Elba – und die gut 100 km² kann man mit dem Drahtesel gut umrunden. Die Tour führt durch Fischerdörfer mit spannender Historie und durch eine abwechslungsreiche Landschaft mit Hügeln, Kulturlandschaften, spektakulären Steilküsten und zu tollen Badestellen.

Aufbruch in Richtung Calasetta

Los geht's am Hafenkai Sant'Antioco – am besten morgens, wenn die Fischer direkt von ihren Kähnen ihren Fang an den Meistbietenden verhökern. Kerzengerade führt dich die Strada Su Pranu auf einem engen Feldweg zunächst durch Weingärten und Felder, dann die Küste entlang bis nach Calasetta. In der Hafenstadt, die am Reißbrett für Aussiedler ligurischer Herkunft entworfen worden war, scheint die Zeit stehengeblieben zu sein. Die Via Savoia (Via Sotto Torre) führt dich an einem alten Wachturm an der großen Bucht von Spiaggia Grande vorbei. Du kannst dich kaum verfahren: Folge einfach den Ausschilderungen Richtung Hotel Luci del Faro. Dort zeugen alte Verteidigungs-

anlagen davon, dass es hier nicht immer friedlich zugegangen sein dürfte.

Starke Felsen

Hier wird die Küste rau und ziemlich ungemütlich: Dunkelrotes Vulkangestein fällt schroff ins Meer ab. Ziemlich spektakulär! Also absteigen und die Aussicht genießen. Steil bergab geht's zur Cala Lunga. Der tief eingeschnittene Fjord mit Strand oder die nächste Bucht Cala Sapone, die bis zur Straße reicht, bieten dir Gelegenheit, dich an einer der Bars zu stärken. Nach dem Campingplatz Tonnara biegst du rechts ab und radelst durch eine ziemlich einsame Landschaft. **Insider-Tipp** Hier fanden es die alten Sarden so

Einzigartige Inselrundfahrt: Unterwegs kommst du an schnuckeligen Fischerdörfern wie Sant'Antioco (li.) und kleinen Buchten wie in Maladroxia (re.) vorbei

==schön, dass sie mit der Tomba Dei Giganti su Niu e su Crobu ein beeindruckendes Grabmahl für ihre Vorfahren geschaffen haben.==

Superseichtes Wasser

Endlich baden? Dann nimmst du auf der Hauptstraße nach rechts weiter den Abzweig nach Maladroxia und rollst sanft Richtung Meer aus. Sanft fällt auch der Strand von Maladroxia ins Meer ab: Die kleine Bucht ist ideal zum Planschen oder Waden-Kühlen. Endspurt: Auf und ab die Küste entlang, und schließlich fast kerzengerade auf der Hauptstraße radelst du zum Ausgangspunkt in Sant'Antioco zurück. Hast du noch Zeit? Dann schau dir in Sant'Antioco die alten Tophets aus der Zeit der Phönizier und die Katakomben unter der alten Basilika an. Eine kleine Stadt unter der Erde verbirgt sich hier (facebook.com/catacombesantioco)!

Die Tour im Überblick

🚴 Relativ einfache, aber lange Inselumrundung mit dem Rad, 33 km, etwa 6–7 Std. reine Fahrzeit, 24 hm

ℹ️ *Ab Carbonia fahren Busse nach Sant' Antioco | Die Insel ist mit dem sardischen Festland über einen Isthmus verbunden. Parkplätze vorhanden. Start am Hafen. Dort auch MTB- und E-Bike-Verleih*

🕐 *Frühjahr und Herbst, im Sommer oft zu heiß, weil weitgehend ohne Schatten*
⚙️ *Trinkwasser, Kopfbedeckung*
📍 *GPS 39.067964, 8.458631 (Parkplatz am Hafen von Sant'Antioco)*

✔ DOWNLOAD GPX-Track

MEHR ERLEBEN
*WEITERE ABENTEUER & AUSFLÜGE

Das legendäre Kalksteinkap mit dem Namen Teufelssattel ist eines der Wahrzeichen von Cagliari

Mehr erleben im Süden: Ruhe im Großstadtdschungel, rosarote Flamingos und babyblaue Buchten kannst du in Cagliari entdecken. Strandparadiese gibt es ganz im Südosten – und ganz nah an der Küste spannende Berge zum Erobern! Schroff zeigt sich der Südwesten: Wo alte Gruben Berge und Küsten durchbohren, kannst du über Dünen wandern, kiten und in Naturschwimmbecken planschen.

RUND UM CAGLIARI
Auf den Teufelssattel

1 🚶 **Leichte Wanderung mit Steigungen am Sella del Diavolo, 1,5 Std.**

Cagliaris spektakuläres Kalksteinkap Sella del Diavolo thront majestätisch vor den Toren der Stadt. Ein kurzer Aufstieg auf einem unübersehbaren Pfad, dann ein kurzer Abschnitt am Drahtzaun der Zona Militare entlang, und schon öffnet sich der Premium-Blick über den kilometerlangen Poetto-Strand, die Salinen und das endlose Siedlungsmeer rund um die Inselmetropole. Einen knappen Kilometer weiter nach rechts endet der offizielle

Rundweg. Wie aus einem Werbefilm leuchtet hier das Meer unterhalb der Felskante von azur- über babyblau bis türkisgrün, unterbrochen von ein paar Felsinselchen aus verwittertem Kalkstein.

ℹ️ *Hinter dem Hotel Cala Mosca an der gleichnamigen Bucht startet der Wanderweg | Parkplatz oder Stadtbuslinien 11 und 5–11* 🕐 *Ganzjährig, im Sommer am besten abends* 📍 *39.186186, 9.153730 (Parkplatz), 39.187219, 9.165835 (Endpunkt des offiziellen Wanderwegs)*

Zum Wasserfall in den Bergen von Pula

2 🚵 **Mittelschwere MTB-Tour zur Kaskade von Riu Alinu**

In den Bergen von Pula versteckt sich die Kaskade mit Badegumpe. Doch das Bad im erfrischenden Nass musst du dir verdienen: Zweieinhalb Stunden durch herrliche Natur vom alten Wirtschaftshof Prociledduu zum Pass von S'Arcu S'Arridili (rot-weiß-rote Markierung 201), dann leicht und langgezogen bergab. GPS einschalten: Bei 39.068408, 8.862829 weist kaum sichtbar ein Steinmännchen den Ab-

In den Bergen südlich von Cagliari versteckt sich ziemlich gut die Kaskade von Riu Alinu

Urban SUP: Vor Sardiniens Inselmetropole versteckt sich ein herrliches Paddelparadies

hang hinab. Hier musst du deinen Drahtesel abstellen (Fahrradschloss nicht vergessen!) und fast wie Tarzan durch einen dichten Dschungel aus Büschen, Lianen und Brombeerhecken zur glasklaren Badegumpe klettern. Der Abstieg ist nicht schwer, aber du benötigst gute Schuhe und Orientierungssinn.

ⓘ *Start in Dispensa di Procileddu | Mit Pkw: ab der Schnellstraße SS 195, Abfahrt Sarroch agg. Industr. Di Sarroch, entlang der Strada Pedemontana, dann zur Stausee-Baustelle, dort die zweite Talabfahrt nehmen und etwa 7 km am Fluss entlang. Achtung: holprige Zufahrt mit Furten, notfalls den Wagen vorher abstellen und zur Dispensa radeln* ⏱ *Frühjahr, wenn der Bach das meiste Wasser führt, vormittags, denn nachmittags liegt die Gumpe im Schatten. Im Sommer kaum Wasser* 📍 *39.093186, 8.910912 (Parkplatz), 39.066786, 8.865242 (Wasserfälle)*

Übers babyblaue Meer gleiten

3 ≋ **SUP- oder Kajaktour, Halbtagestour bis Cala Fighera, Ganztagestour bis Cala Mosca / Cala Bernat**

Der wuchtige Kalkklotz Sella del Diavolo dominiert das Panorama des endlos langen Stadtstrands Poetto, an dem sich im Sommer bis zu hundert-

tausend Badegäste versammeln. Was kaum einer weiß: Gleich hinter dem Felsvorsprung schlummert ein Naturparadies in Babyblau. Aus den Fluten ragen Felskuppen, die, von Ebbe und Flut zerfressen, wie riesige Pilze aussehen. Unter den steilen Kalksteinhängen liegen Höhlen auf Meereshöhe wie die Grotta dei Colombi sowie die windgeschützte Badebucht von Cala Fighera. <mark>Insider-Tipp</mark> <mark>Wenn Wind und Wetter das Umfahren des Kaps von Sant'Elia zulassen, kannst du bis zur Mini-Traumbucht Cala Bernat paddeln.</mark> Nach der Tour brauchst du dann aber sicher einen Powernap, und hier stört dich ganz bestimmt niemand!

ⓘ *Start an der Einstiegsrampe am Yachthafen Marina Piccola, dort auch saisonal SUP- und Kajakverleih (Wooden Waves Club und Xardinia), oder am Strandkiosk Le Palmette (South Coast Surf School) | Großer Parkplatz Parcheggio Marina Piccola oder Stadtbuslinien PF, PQ und 3P bis Haltestelle Lungosaline/Via Elba | facebook.com/ WoodenwavesSupClub, xardinia.com, southcoast surfschool.it (auch Kurse) | €€* ⏱ *Ganzjährig bei*

Zahllose Flamingos gründeln vor der Stadtkulisse von Cagliari in den riesigen Lagunenseen nach Nahrung – ganzjährig!

guter Witterung möglich (im Winter mit Neoprenanzug), am besten morgens starten

📍 *39.192860, 9.162006 (Marina Piccola), 39.182614, 9.161097 (Cala Fighera)*

In der Flamingo-Kinderstube

4 🐾 **Birdwatching am Punto di Osservazione**

Ein großartiges Spektakel gibt es jedes Jahr im Frühling in Cagliari zu sehen: Über 10 000 Flamingo-Paare bevölkern die alten Salinen von Molentargius vor den Toren der Stadt. Doch ganz einfach ist es nicht, die rosa Wundervögel beim Nisten zu beobachten – dazu suchen sie sich nämlich von Wasser umgebene Sand- und Schlamminseln aus, um sich Fressfeinde vom Leib zu halten. Die künstlich angelegten Staumauern der ehemaligen Salinenbecken sind deswegen die ideale Kinderstube für die rosa Federviecher mit den extralangen Beinen. Birdwatching-Fans machen sich über die Parkabschnitte 1 und 2 zur Aussichtsplattform im Parco Regionale di Molentargius auf, wo du über Ausgucke auf 250 m an die Flamingos herankommst. Ein Fernglas oder ein guter Fotozoom

sind aber unabdingbar. Mit gutem Fernglas kannst du das rosa Wunder von Cagliaris Panoramaberg Monte Urpino (Viale Europa) beobachten. Nicht zum Brüten, aber zur Nahrungssuche kommen die rosa Wundervögel übrigens auch auf dem Damm von Viale Colombo bei Quartu Sant'Elena ganz nah an die Straße heran.

ℹ️ *Parco regionale di Molentargius, Cagliari | Parkplatz der Parkverwaltung | parcomolentargius.it*
🕐 *Ganzjährig, Schlüpfzeit ist Ende Mai, Anfang Juni* 📍 *39.205323, 9.149255 (Parkplatz am Parkeingang), 39.214137, 9.149022 (Punto di Osservazione)*

Ruheoase im Großstadtdschungel

5 🐾 **Besichtigung des Botanischen Gartens von Cagliari, 1 Std.**

Gewächse, Heilpflanzen, eine stachelige Kakteensammlung sowie seltene Büsche, Bäume und Sträucher aus allen Kontinenten – und das mitten in der Stadt! Der Botanische Garten von Cagliari wurde in einem kleinen Tal angelegt, in dem sich schon die Römer einen Brunnen gebuddelt und

*Vom Granit gut behütet: Schon die Ursarden
kannten die Perda Diana*

*Zwergenhut mit Aussicht: die Steinpyramide Perda
Diana bei San Priamo*

Zisternen angelegt hatten. Besonders beeindruckend: die endlose Reihe an Terrakottavasen und das Blumenmeer. Überall blüht und duftet es!

ⓘ *Cagliari, Via Sant'Ignazio Da Laconi 11 | Ab dem Stadtzentrum zu Fuß oder Buslinie 10 | sites.unica. it/hbk | € ⏱ Ganzjährig, April–Okt. Di–So 9–18 Uhr, Winter 9–14 Uhr* ⚲ *39.221012, 9.110007*

RUND UM VILLASIMIUS UND COSTA REI
Mystische Steinpyramide mit Aussicht

6 🚶 Einfache Wanderung zur Steinpyramide Perda Diana nahe Feraxi, 3 km, 1 Std. pro Strecke
Hier hat Mutter Natur mithilfe von Wasser, Wind und Wetter ganze Arbeit geleistet: Der schlicht Piramide oder Perda Diana genannte gewaltige Granitblock hockt wie ein spitz zulaufender Zwergenhut auf einem Plateau und wird von nur wenigen wackligen Streben aus Granit gehalten. Auf einem Forstweg (Gatter immer verschließen, manchmal

weiden hier Pferde!) geht es vom Foxi-Gonatta-Tal in knapp zwei Stunden stetig und ohne nennenswerten Schatten bergauf, dann durch die Macchia zum hausgroßen Tafoni-Felsen (ausgeschildert). Rundum-Blick gefällig? **Insider-Tipp** Mountainbiker haben auf der weiterführenden Holperstraße bis zum Brandschutzturm am Monte Liuru ihre wahre Up- und Downhill-Freude!

ⓘ *Mit dem Pkw zum Forstweg an der Straße nach Feraxi* ⏱ *Frühjahr und Herbst, kaum Schatten* ⚲ *39.338119, 9.568790 (Ausgangspunkt), 39.326521, 9.560834 (Pyramide)*

Auf den Eisenberg der Costa Rei klettern

7 🚶 Kurze, steile Wanderung auf den Monte Ferru, 6 km, 310 hm, 3 Std.
Eine kurze, aber recht steile Trekkingtour führt an der Costa Rei auf den erloschenen Vulkankegel des knapp 300 m hohen Monte Ferru, der so etwas wie das Wahrzeichen der Costa Rei ist. Vom Parkplatz führt der Wanderweg die steile Ostflanke durch Feigenkakteen und Wolfsmilchbäume hinauf. Vom Gipfel überblickst du dann die Costa Rei und das Capo Ferrato. Ein Mini-Abstecher führt dich vom Hauptweg unübersehbar zum Torre di

*Hoch über der Costa Rei führt ein Wander-
weg zum alten Wachturm am Eisenberg*

*Der Felssporn auf dem Kap von Punta
Molentis ist ein echter Hingucker*

Monte Ferru. Der alte Wachturm stammt aus der spanischen Besatzungszeit der Insel und sollte einst vor Piratenübergriffen warnen. Rutschig und steil geht es bergab, eine Brandschneise entlang und auf der kaum befahrenen Provinzstraße zum Parkplatz zurück. Anschließend kannst du Mitgebrachtes auspacken und unter den schattigen Pinien am Capo Ferrato auf einer der zahlreichen Picknickbänke verputzen – Feuer machen und Grillen ist im Sommer allerdings streng verboten!

ⓘ *Start in Capo Ferrato | Der Weg startet auf der gegenüberliegenden Straßenseite (rot-weiße Markierung Sentiero Escursionistico Monte Ferru 402) | Eigener Pkw oder mit dem Rad ab Costa Rei* ⌚ *Frühjahr oder Herbst, am besten früher Vor- oder später Nachmittag* ⚲ *39.298350, 9.610706 (Parkplatz), 39.297537, 9.598660 (Einstieg zum Aufstieg auf den Monte Ferru)*

Für Sonnenanbeter
8 ≋ An der Cala Sinzias

Am Ziel deiner Träume angekommen bist du an dieser Wahnsinns-Bucht mit ihrem goldgelben Sand und türkisblauen Wasser. Lange freie Strandabschnitte sorgen dafür, dass hier vor allem Familien viel Platz finden – außer am Wochenende, da kommen auch viele Sarden aus dem nahen Cagliari hierher ans Meer. Strandbars mit Taumblick und

Lido-Service sorgen für ein Rundum-sorglos-Paket, z. B. das familienfreundliche Tamatete *(lidotama tete.it)* mit Parkplatz, Womo-Stellplatz, Spielplatz und freiem Strandabschnitt oder die Strandbar Is Fradis *(facebook.com/IsFradisBeachClub)* im Hipsterstyle.

ⓘ *Nach Castiadas, zwischen Costa Rei und Villasimius gelegen. Parkplätze bei Marina di San Pietro, vor dem Hotel Cala Sinzias Resort und bei Tamatete* ⌚ *Ganzjährig* ⚲ *39.199889, 9.562026 (zentraler Parkplatz), 39.189129, 9.562241 (Parkplatz am Südende/Tamatete)*

Für Seichtwasser-Freunde
9 ≋ An der Punta Molentis

Kleine Bucht, dahinter Granitwüste – so schön, dass man im Sommer früh da sein muss. Zum Sonnenaufgang kannst du Strand und Felsen ganz für dich allein erleben – herrlich! Das Wasser ist wunderbar seicht, der Granitsand fein wie Puder und die kleine

Taucherbrille nicht vergessen! Blick von Baccu Mandara zur Bucht Kal'e Moru

Strandbar I Due Mari *(puntamolentis.net)* versprüht Karibik-Feeling. Nicht vergessen: ein Selfie am großen Granitsporn oberhalb der Felsinsel! Dahinter kannst du zwischen rundgewaschenen Granitbrocken klettern. **Insider-Tipp** Alle Parkplätze voll? Einfach weiter westlich bei Porto Luna oder Spiaggia Manunzas parken und eine Dreiviertelstunde lang die Küste entlangwandern (ohne Schatten!).

ⓘ *Villasimius, an der Küstenstraße SP 18 Richtung Costa Rei | Zugangsbegrenzter, kostenpflichtiger Parkplatz | Buchung bis zum Vorabend unter pass. brav.it/Villasimius/Frontoffice | € ◷ Frühjahr oder Herbst ◉ 39.135746, 9.552837*

Für Schnorchelfans

10 **An der Bucht Kal'e Moru**

Goldgelber grober Sand, glasklares saphirblaues Wasser, kleine Dünen mit Stechgras und Strandlilien bewachsen, eine kleine Strandbar, nur ein paar Liegestühle, fertig ist das perfekte Urlaubsparadies an der Bucht von Kal'e Moru. Doch hier darfst du auf keinen Fall Taucherbrille, Schwimmflossen und Schnorchel vergessen: Auf der Höhe der Strandbar liegt nur wenige Meter unter Wasser ein kleines Riff, dessen Vielfalt an Unterwasserpflanzen und Fischen, Krabben und Weichtieren in dieser Gegend seinesgleichen sucht! Die deutschsprachige Tauchschule von Marco und Angie *(oceanblue-diving. com/tauchplaetze)* bietet außerdem Kurse für Anfänger und Profis sowie Nachttauchen an (€€–€€€).

ⓘ *Zum Kal'e Moru, Via San Sirio, Strandparkplatz Via Sirio oder ab Cagliari, Überlandbusse 101, Haltestelle Cant. Geremeas ◷ Mai–Okt. ◉ 39.167954, 9.376355*

Ab- und eintauchen am Premium-Sprungfelsen

11 **Sprungfelsen und Schnorchelspot Scoglio di Peppino im Süden der Costa Rei, ½–1 Tag**

So tief kann man springen! Der rundgewaschene Felsklotz von Scoglio di Peppino am Südende der Costa Rei ist ein wunderbar geschütztes Paradies zum Abspringen und Eintauchen. Hier kannst du nicht nur ins kalte Nass hüpfen, sondern auch wind- und wettergeschützt mit Schnorchel und Schwimmflossen die Unterwasserwelt erkunden. Zwischen den seichten Felsen tummeln sich im glasklaren Wasser Unmengen Babyfische, und wilde Wasser-

Schnorcheln am Peppino-Felsen: Die traumhafte Costa Rei im Südosten der Insel

Vorbei an bunten Booten auf der Küstentour entlang der Felsen von Portu Banda

pflanzen krallen sich an den Granitblock, an dem der alte Fischer Peppino, nach dem der Fels benannt wurde, einst seine Angel ausgeworfen hat.
ℹ️ *Am Südende der Costa Rei | Parkplatz (zur Saison gebührenpflichtig) Spiaggia di S. Giusta* 🕐 *Mai–Okt.* 📍 *39.232579, 9.568293 (Parkplatz), 39.234913, 9.571594 (Scoglio di Peppino)*

DER SÜDWESTEN UND DAS SULCIS-ARCHIPEL
Schroffe Felsen mit Küsten-Wow und bunten Booten
🟧 12 🚶 **Küstenwanderung zur Bucht Portu Banda mit steilen Abstiegsstellen, nichts für Menschen mit Höhenangst, 1,5 km pro Strecke, 2 Std.**
In der Kieselbucht Portu Banda stechen wie steinerne Wächter ein paar Felsen aus den Fluten. Richtung Norden kannst du entlang schroffer, roter Felswände und über Geröllfelder die steile Küste entlangwandern, gutes Schuhwerk voraus

gesetzt. Der gelb markierte Weg führt bis Porto Ferro, wo kunterbunte Fischerboote ankern. Pack die Badehose ein: Wenn du mit bestem Blick auf das Inselchen Pan di Zucchero weiterläufst, darfst du dich nach insgesamt einer Stunde mit einem Sprung in das seichte Nass der Kieselbucht Porto Corallo belohnen. Zurück geht's auf der gleichen Strecke.
ℹ️ *Portu Banda, ab Nebida über eine steile Stichstraße zu erreichen* 🕐 *Am schönsten im Herbst, da blüht die Wolfsmilch und das Wasser hat noch Badewannentemperatur* 📍 *39.319004, 8.427659 (Parkplatz)*

Zum Strand der Dino-Eier
🟧 13 🚶 **Einfache Küstenwanderung am Capo Pecora**
Am Capo Pecora (auf Deutsch so viel wie Kap des Schafs) hört zwar nicht die Welt, aber gefühlt doch Sardinien auf. Viele Sarden und Tagescamper kommen hier zum Ausspannen her, wenn Wind und Wetter der Landzunge mal gerade nicht gehörig zusetzen. Richtig einsam wird es, wenn du dem Trampelpfad Richtung Norden folgst. Am Strand Spiaggia delle Uova liegen riesengroße Kieselsteine, die wie Dinosauriereier aussehen. Und nicht

Zumeist windumtost: die tolle Felsland-
schaft am Capo Pecora

Abtauchen zwischen Schnorchelfelsen: Aber
zuvor heißt es Wanderschuhe schnüren!

nur das: Für ein besonderes Spektakel sorgen im April die Goldalgen Chrysophyceae, die die Steine mit einer leuchtenden Schicht überziehen. **Insider-Tipp** Noch weiter die Küste entlang bietet sich eine verwaschene Stein- und Felslandschaft aus bunt übereinandergestapelten Granitquadern, als hätten hier die Dinos mit Bauklötzen gespielt.

ℹ️ *Capo Pecora | Mit dem Pkw* 🕐 *Frühjahr und Herbst, kein Schatten* 📍 *39.456645, 8.383717 (Ausgangspunkt Capo Pecora)*

Erst wandern, dann abtauchen

14 🚶 Mittelschwere Küstenwanderung mit Schnorcheln zur Cala Ferraglione, Halbtagesausflug, 1,5 Std. pro Strecke

Eine gute Stunde dauert es zu Fuß von Chia zur kaum besuchten Bucht von Cala Ferraglione. Anschließend kannst du zwischen einmaligen Schnorchelfelsen umherschwimmen. Zunächst geht's zur Zwiebelbucht – die Cala Cipolla ist mit ihrem glasklaren Wasser, dem seichten Strand und den knorrigen Ginsterbüschen so fantastisch schön, dass sie schon für unzählige Werbespots als Kulisse herhalten musste. Wellenreiter wissen sie im Winter zu schätzen, wenn sich hier die Wellen bei Südwind zu ordentlichen Brechern auftürmen. Rechts der Bucht führt unverfehlbar ein Feldweg zum ehemaligen

Leuchtturm von Capo Spartivento, von dort weiter auf einer alten Römerstraße geradewegs die Küste entlang mit herrlicher Aussicht bergab, dann durch tiefe Regenrinnen schattenlos bergauf. Der letzte Teil des Weges läuft hingegen sanft Richtung der Bucht von Cala Ferraglione aus. Und dann ab ins Wasser! Zurück auf dem gleichen Weg.

ℹ️ *Spiaggia S'Acqua Durci (Chia) | Parkplatz in Chia, am Hotel Aquadulci vorbei bis zum zur Saison gebührenpflichtigen Parcheggio a pagamento di Chia | sardegnaturismo.it/de/orte/sud/chia* 🕐 *Ganzjährig möglich, am schönsten im Frühjahr zur Macchiablüte* 📍 *38.881691, 8.855951 (Parkplatz), 38.881781, 8.829607 (Cala Ferraglione)*

Ein Felsbogen zum Knutschen

15 🚶 Kurzer Spaziergang (10 Min.) und Schwimmen (halber Tag) auf Sant'Antioco

Die Insel Sant'Antioco ist schon seit der Römerzeit über einen Isthmus mit der Hauptinsel verbunden. Während es in den Städten Sant'Antioco und Calasetta recht lebendig zugeht, ist die Westküste der

Romantisch nur, wenn die Gischt nicht gegen die Felsen peitscht: der Kussbogen Arco dei Baci

viertgrößten Insel Italiens einsam und geheimnisvoll. Und romantisch – denn der Vulkanfelsbogen von Is Praneddas wird von den Inselbewohnern auch Arco dei Baci genannt: Am Kussbogen sollen früher leidenschaftliche Liebhaber die einsame Natur genossen haben. Tu es ihnen nach – oder spring bei ruhigem Seegang in das glasklare Wasser des Naturschwimmbeckens. Am besten bist du mit Badeschuhen bewaffnet, denn in den porösen Felsen kleben jede Menge stachelige und glitschige Meeresbewohner. Zum Bogen führt ein kurzer Spaziergang von der Landstraße aus.

ℹ️ *Isola di Sant'Antioco, beim Camping Tonara Richtung Carolina Ranch abbiegen | Bei Localitá Is Praneddas am Feldweg parken | visitsantantioco.info/la_scoperta/arco-dei-baci* 🕐 *Juni–Sept., wenn kein Mistral-Wind weht* 📍 *38.995870, 8.395563 (Parkplatz)*

Für Spätaufsteher

16 ≋ **Baden an der Cala Domestica**

Wie ein Fjord hat sich die Bucht in die Steilküste gebaggert. Je nach Wind und Wellengang kannst

du an der Hauptbucht oder an der Mini-Bucht Cala Lunga baden, die über einen kleinen Felstunnel erreichbar ist. Nach einem Tag am Meer ist ein Abstecher zum alten Wachturm ein Muss: **Insider-Tipp** An der Südflanke führt, vorbei an den Resten einer alten Erzverladestation, ein enger Pfad zu einer Wüstenlandschaft aus verwaschenen Erzgesteinen. Sunset-Feeling für Genießer!

ℹ️ *Südlich von Buggerru, Abzeig von der SP 83 | Großer Parkplatz und Camperstellplatz* 🕐 *Juni–Nov.* 📍 *39.372393, 8.382117 (Parkplatz)*

Als eigener Kapitän rund um Sardinien im Mini-Format

17 🚤 **Schlauchboot-Tagestour nach San Pietro, früheste Anmietung 9 Uhr, Abgabe 18 Uhr**

Das gerade mal 50 km² große Eiland San Pietro hat eine landschaftliche Vielfalt zu bieten, die ihresgleichen sucht. Das schaust du dir am besten vom Wasser aus an! Je nach Wind und Wetter empfiehlt dir der Bootsverleiher die Tour mit oder gegen den Uhrzeigersinn: In der halbmondförmigen Bucht La Mezzaluna fallen die rot schimmern-

Ein wahrer Leckerbissen nicht nur für Kletterfans ist die Fahrt zur (und durch die) Felseninsel Pan di Zucchero

Porto Flavia ist ein alter Verladehafen hoch über der Küste

den Klippen nahezu 150 m senkrecht ins Meer ab. Auf der Höhe des LIPU-Vogelschutzparks führen erstarrte Lavatäler aus bizarrem Vulkangestein bis ans Meer heran. Mit den Stränden La Bobba, La Caletta und dem seichten Strandparadies Guidi ist die Insel aber auch ein Eldorado für Baderatten und Schnorchelfans. Hinter jedem Felsvorsprung ändert sich die Landschaft. Die Insel von San Pietro ist so etwas wie Sardinien in klein! Ein Schlauchboot *(gommone)* kannst du bis 40 PS Leistung auch ohne Bootsführerschein mieten, und zwar schon ab Calasetta, dann sparst du dir die Fähre nach Carloforte!

ⓘ *Ab Calasetta Yachthafen | Kostenlose Parkplätze am Fährhafen | portocalasetta.it/de/tariffe-noleggio-gommoni | €€€ ⊘ Mitte Mai–Ende Sept.*
⊙ *39.112690, 8.368293 (Hafen Calasetta)*

Zeitreise im Schlauchboot

18 🗞 **Schlauchboottour nach Masua, 1–3 Std., je nach Tour**

Sardiniens Südwesten war schon bei den Phöniziern als Bodenschatz-Paradies berühmt. Doch erst im 20. Jh. ging die Industrialisierung so richtig los, weshalb das Sulcis heute wie ein Schweizer Käse von Minen durchzogen ist. In Masua wurden die Gesteine gewaschen und anschließend in einem unterirdischen Magazin für die Verschiffung gelagert. Der Hafen dazu schwebt hoch an der Küste, von einem Verladearm aus wurde in den 1920er-Jahren Blei und Zink verschifft. Am besten siehst du dir dieses Industriedenkmal vom Meer aus an. Die spannende Schlauchboottour führt außerdem zu dem spektakulären Felsinselchen Pan di Zucchero, auf Deutsch Zuckerbrot, das ausgehöhlt ist und mit dem Boot durchfahren werden kann. Kletterfans können den zuckersüßen Felsen sogar besteigen – die spektakulären Klettersteige sind allerdings Profisache!

ⓘ *Spiaggia di Masua, Nebida | Parkplatz Parcheggio Spiaggia Cauli | warungbeach.it/warung-boat-tours/escursioni-in-gommone | €€€ ⊘ Mai–Okt.*
⊙ *39.333703, 8.419599 (Startpunkt Anlegesteg), 39.336118, 8.407892 (Porto Flavia), 39.333976, 8.400375 (Pan di Zucchero)*

Ganz in Weiß: die hohen Puderzuckersand-
dünen von Porto Pino

Ideal zum Kiten: die Flachwasser-
Strände an der Halbinsel Punta Trettu

sardinien, prokitesardegna.com, kitevillagesardegna.
com/de | €€€ ⏱ Ganzjährig, perfekte Winde sind
Mistral und Scirocco 📍 39.117850, 8.440005
(Parkplatz)

Für Dünen-Freunde

20 🏖 **Porto Pino**

Das azurblaue, glasklare Wasser von Porto Pino
wäre an Schönheit kaum zu übertreffen, wären da
nicht die strahlend weißen Dünen, die im Beauty-
Contest locker mithalten können. Im Sommer
wacht ein Wächter darüber, dass Dünenrowdys
den weißen Wundern nicht zu sehr zusetzen, die
haben nämlich ein sensibles Ökosystem! Während
der Westteil der Bucht mit Strandbars zugepflas-
tert ist, geht es weiter Richtung Osten gemütlicher zu. Am besten erreichst du diese Ecke über
die Lagunenstraße, die nur wenige Meter an rosa
Flamingofamilien vorbeiführt.

ℹ *Porto Pino, Sant'Anna Arresi | Parkplätze am
Hafen (Parcheggio Prima Spiaggia Porto Pino) oder
am Ende der Via Corru Manciu am Parkplatz mitten
im Lagunensee (nur Juni–Sept.), € ⏱ Juni–Sept.,
im Winter ist der Südostteil militärisches Sperrgebiet 📍 38.957805, 8.621151 (Parkplatz im
Lagunensee)*

Flachwasser-Kiten für Anfänger

19 🪁 **Kitesurfen in Punta Trettu, Anfänger- und
Fortgeschrittenenkurse, 1 Tag–1 Woche**

Punta Trettu im Südwesten Sardiniens ist ein wahrer Top-Spot für Freunde des Lenkdrachensegelns:
Eine schmale Landzunge schützt die Bucht, die
zwischen dem sardischen Festland und der Insel
Sant'Antioco liegt, vor starken Wellen. Das Wasser
ist herrlich flach, sodass du nicht im offenen, tiefen
Meer landest, wenn Board und Drachen dich mal
im Stich lassen. Außerdem kannst du hier sowohl
bei Mistral aus dem Norden als auch bei Scirocco-
Südwind üben – perfekte Konditionen also, um
dich mit dem Kiten vertraut zu machen. **Insider-
Tipp** Wenn du mehr Erfahrung hast, kannst du
dich hier perfekt im Freestyle üben. Gleich mehrere Kiteschulen bieten Kurse an.

ℹ *An der Punta Trettu, San Giovanni Suergiu |
Parkplätze direkt am Bootssteg | kitegeneration.
com/kitesurf-sardinien/punta-trettu-kitesurfen-*

DER SCHÖNSTE SONNENUNTERGANG

Sonnenuntergang an windumtosten Felsriffen

21 🌅 **Abends am Leuchtturm von Mangiabarche**

Die Inseln des Sulcis-Archipels ganz im Südwesten der Insel sind nicht nur Hotspot für Sonnenanbeter, sondern auch für Sundowner-Fans. Am schönsten kannst du den Sonnenuntergang an den Felsriffen von Mangiabarche erleben, wenn die Sonne je nach Jahreszeit am glitzernden Horizont oder hinter der Isola di San Pietro unter-geht. Wow! An den Untiefen von Mangiabarche, wo ein kleiner Leuchtturm mitten in den Fluten vor den gefährlichen Felsen kurz unter der Wasseroberfläche warnt, hat sich schon so manches Boot verfangen. Verlassene Gefechtsanlagen aus dem Zweiten Weltkrieg verraten, dass es hier nicht immer friedlich zuging.

ⓘ *Auf der Insel Sant'Antioco, bei Calasetta, Ausschilderungen Richtung Hotel Luci del Faro | Auf der Höhe des Hotels parken* ⊙ *39.076025, 8.352587*

Exportschlager von San Pietro: Thunfisch aus Carloforte

Fusion-Küche auf Sardisch: In Cagliari bekommst du die Hitparade sardischer Spezialitäten aus allen Regionen serviert. Die Hauptstädter lieben Fisch und Meeresfrüchte in allen Variationen, im Sulcis wächst wuchtiger Rotwein und nördlich von Cagliari auch süffiger Weißwein.

Frisch vom Netz in die Friteuse

1 🍴 Fritto Misto

Ob Tintenfische, Meerbrassen oder Gamberi – wo kann man das frischer verspeisen als an Bord eines Ausflugsdampfers! Bei den Fischerboot-Touren gibt es nicht nur Schnorchelstopps und atemberaubende Landschaften, sondern auch Sardiniens frische Fische zu erleben.

ℹ️ *Die* **Fiore di Maggio** *ist der günstigste Ausflugskahn in Villasimius – inklusive Bade- und Schnorchelstopps und Verdauungsspaziergang zum Leuchtturm auf der Isola dei Cavoli. Juni–Sept. tgl. ab 10.15 Uhr ab Yachthafen Villasimius, €€€*

Thunfischfrei? Nicht in Carloforte!

2 🍴 Tonno Rosso di Carloforte

Den besten Thunfisch der Welt gibt's auf San Pietro: Die Insel liegt nämlich geradewegs auf dem Weg der begehrten Rotflossen-Thunfische vom Atlantik zu den Laichgründen im Schwarzen Meer. Sie werden hier in Reusensystemen gefangen und flux als teure Spezialität per Charterflug nach Japan exportiert. Nur eine kleine Menge darf in Carloforte bleiben. In dem kleinen Fischerstädtchen begegnet dir der Thun auf Schritt und Tritt.

ℹ️ *Im* **Da Nicolo** *gibt's Thunfisch satt: roh als Tartar oder mit Linguine-Nudeln, Pecorino und Zitronenschale oder als Steak. Tgl. mittags und abends, Corso Cavour 32, Carloforte. ristorantedanicolo.com, €€€*

Blätterteig als Pizza

3 🍴 Pizzetta Sfoglia

Italiener essen zum Frühstück nur Süßes? Von wegen: Die Cagliaritaner stehen voll auf ihre Pizzetta Sfoglia! Die herzhaften Blätterteigtörtchen mit Tomaten- und Kapernfüllung gibt's in jeder Bar der Inselmetropole sogar zum Cappuccino!

ⓘ Bei **TASTA** gibt's die Törtchen traditionell oder als süße, belegte oder überbackene Varianten. Via Garibaldi 76a, Cagliari, tastacagliari.it, €

Nudeln zum Kugeln

4 🍴 Fregola

Die Fregola sind Hartweizenkügelchen und Quadrate, die besonders rauh sind und deswegen den Geschmack der Soße besonders gut aufnehmen. Sie werden ähnlich wie Risotto verwendet und rund um Cagliari meist mit Meeresfrüchten oder Muscheln (cozze e arselle) serviert. Nur in der kalten Jahreszeit werden sie traditionell als Minestrone zubereitet, meist mit Wintergemüse und Artischocken.

ⓘ Die ruppige Bedienung gehört in dieser erstklassigen Meeresfrüchte-Trattoria einfach zum guten Ton! Lillicu, Via Sardegna 78, Cagliari, trattoria-lillicu.business.site, €

Ein(s) für alles

6 🍴 Markthalle San Benedetto

In Cagliari steht Sardiniens größte Markthalle San Benedetto. Hier gibt es wirklich alles (unter der Hand sogar Thunfisch aus Carloforte!) zum Schnäppchenpreis. Besonders spektakulär ist die Fischhalle im Untergeschoss (Mo geschl.)! Bei den zahllosen Bäckern im Erdgeschoss gibt es auch die leckeren Pizzetta Sfoglia als Snack auf die Hand.

ⓘ Tgl. 7–14 Uhr, Via Francesco Cocco Ortu, Cagliari, €–€€

Sardiniens kräftigster Roter

5 🍴 Carignano

Sagenumwoben ist der kräftige Rotwein Carignano del Sulcis. Im Südwesten der Insel wird erzählt, dass er schon im 9. Jh. v. Chr. von den Phöniziern nach Sardinien gebracht wurde. Bewiesen ist das allerdings nicht.

ⓘ Die **Cantina Mesa** bei Porto Pino hat mit dem Label Buio Buio den schweren, dunkelroten Sarden salonfähig gemacht. Wine Tasting gibt's direkt auf dem schicken Weingut. Verkostungen online buchbar unter cantinamesa.com, 39.00018, 8.59466, €€–€€€

Führen nur im Winter Wasser, dafür grünt und blüht es dann in den Flachwasserseen auf der Hochebene Giara di Gesturi

Landesinneres Süd

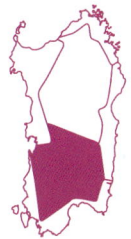

KORNKAMMER UND BESCHAULICHKEIT

Kaum zu glauben, wie viel Wasser im Inland Sardiniens steckt: Riesige Stauseen halten heute zurück, was früher in den Wintermonaten regelmäßig für Überschwemmungen sorgte. Heute kannst du Wasserfälle besichtigen, in eiskalten Gumpen baden oder tiefe Höhlen erkunden. Gleichzeitig kannst du hier Beschaulichkeit entdecken: Verschlafene Dörfer, endlose, sanfte Landschaften und imposante Ausgrabungsstätten laden zum Entschleunigen ein. Rund um Barumini liegen flache, karge Hochebenen, auf denen noch heute ungestört Wildpferde leben. Ganz anders die Kulturlandschaften nördlich von Cagliari: In San Sperate gedeihen Pfirsiche, in Villacidro und Gonnosfanadiga Zitrusfrüchte und Oliven in endlosen Hainen, dazwischen liegen weitläufige Stoppelfelder in der flachen Landschaft des Campidano, das schon in der Antike als die Kornkammer Roms galt.

MARCO POLO
OUTDOOR-HIGHLIGHTS ★

★ **Spektakel an der XXL-Kaskade Piscina Irgas**
Wasserfall ganz groß in den Bergen von Monte Linas bei Villacidro → S. 180

★ **In den Tiefen der Schlucht von Sa Brecca de is Tapparas**
In die dunkle Tiefe führt diese Abenteuerwanderung → S. 182

★ **Unterwegs zu den wilden Pferden**
Sardiniens Wildpferdeparadies auf der Giara di Gesturi → S. 184

★ **Im Naturpark bei den wilden sieben Brüdern**
Hier röhrt der Hirsch: Per pedes oder Pedalen durch die Wälder der Sieben Brüder → S. 186

★ **Aufregende Tour durch die Höhle San Giovanni**
Durch diese Tropfsteinhöhle führt eine echte Straße! → S. 188

Cabras
Oristano

Golfo di Oristano

Terralba

Guspini

Spektakel an der XXL-Kaskade Piscina Irgas ★

Villacidro

6 🚶

Aufregende Tour durch die Höhle San Giovanni ★

10 🚴

Iglesias

🚗 40 km, 30 Min.

Villamassargia

9 🚴

SP2

7 🚶

Carbonia

Sant'Antioco

Isola di S. Antioco

Santadi

Tortolì

3 🍴

4 🍴

19 🎿   13 🚶

17 〰️

15 〰️

1 🚶   **In den Tiefen der Schlucht von Sa Brecca de is Tapparas ★**

Unterwegs zu den wilden Pferden ★

14 〰️

16 〰️

● Gadoni

18 〰️

1 🍴   20 🎿

4 🎿   11 🚶

2 🤸

5 🍴

🚗 75 km, 1,5 Std.

○ Escalaplano

🚗 150 km, 2,5 Std.

12 🚶

2 🍴

3 🤸

5 🚶

○ San Sperate

● Assemini

Selargius

Im Naturpark bei den wilden sieben Brüdern ★

🚶

Quartu Sant'Elena

Cagliari

Pau

SS131

SS130

SS131

SS195bu

SS125var

SS125var

SS125var

SS389var

Golfo di Cagliari

M A R E   T I R R E N O

OUTDOOR-HIGHLIGHTS
*DIE BESTEN ERLEBNISSE DRAUSSEN

Spektakel an der XXL-Kaskade Piscina Irgas ★

Das Agrarstädtchen Villacidro ist für seine Zitrusfrüchte, Oliven und Süßkirschen bekannt. Seine wilde Berglandschaft kennt dagegen kaum jemand. Dabei verstecken sich in den scheinbar endlosen Schluchten des Monte Linas gleich drei spektakuläre Wasserfälle.

Aufstieg zur tosenden Kaskade

Die spektakulärste Kaskade von Villacidro ist Piscina Irgas. Zunächst führt eine Fahrstraße vorbei am Stausee Lago di Lerni tief in den Staatsforst von Montimannu. Am Forsthaus Cantina Ferraris kannst du bequem parken. Gemächlich geht es zunächst den holprigen Fahrweg entlang, dann folgst du links der Ausschilderung „Cascata Piscina Irgas 113" über eine Brücke über den Flusslauf des Rio Cannisoni. Jetzt wird es steil: In schroffen Serpentinen durch einen dichten Steineichenhain wird deine Anstrengung ganz oben mit einem wunderbaren Ausblick auf das Ziel belohnt: eine fast 50 m hohe Kaskade, die sich über mehrere Ebenen in eine schattige Klamm stürzt. Anschlie-ßend geht es wieder bergab. Im Tal führt der Weg zu seinem Tosbecken (nichts für Warmduscher: Das Wasser ist klirrend kalt, das ganze Jahr über!) über rutschige Granitplatten, zwischen denen sich mehrere seichte Badebecken bilden, in denen du deine geschundenen Waden kühlen kannst.

Nach dem kühlen Bad zur Wildbeobachtung

Der wilde Orrida-Canyon zählt flussabwärts weitere Badebecken und führt bis zum Ausgangspunkt zurück – allerdings ist der Weg nicht immer ausgeschildert, und die Brücke am Ende des Tals ist seit Jahren zerstört. Deswegen ist der sicherste Weg der direkte Weg zurück, vor allem nach starken Regenfällen.

Wenn du zur Abenddämmerung zurückkommst, kannst du nicht selten wilde Hirsche sehen: Die bekommen an der Forstwirtschaft Ferraris nämlich öfters eine Portion Wildfutter ab!

Noch ein Wasserfall gefällig?

Wenn du den Hinweg über die Bergkuppe zurück zum Fluss nimmst, kommst du wieder an den Rio Cannisoni. Der wird von einem weiteren Wasserfall gespeist – dem Muru Mannu. Der Weg dorthin am Bachlauf entlang ist ausgeschildert und kaum zu verfehlen. Plane für den Umweg anderthalb Stunden ein, im letzten Teilabschnitt gibt es einige Stellen, die nur bei niedrigem Wasserstand leicht überquert werden können.

Wasserfall für Faule: Fast bis Sa Spendula kommst du mit dem Auto: Die Kaskade ist über einen einfachen Spazierweg zu erreichen.

Die Tour im Überblick

🏃 Mittelschwere Wanderung in den Bergen des Monte Linas, 7 km hin und zurück, gute 3 Std., 350 hm

ℹ️ *Am südlichen Ortseingang von Villacidro Ausschilderungen nach F.D. Montimannu folgen, dann Forststraße am Lago di Lerno vorbei bis zum Wanderparkplatz Cantina Ferraris*

🕐 *Winter, Frühjahr und Herbst, im Sommer ist die Kaskade meist nur ein Rinnsal*
⚙️ *Wanderschuhe, Trinkwasser, Badesachen*
📍 *39.399726, 8.649389 (Wanderparkplatz), 39.408080, 8.631908 (Wasserfall Piscina Irgas)*

✓ DOWNLOAD GPX-Track

Die Piscina Irgas (li.) und Muru Mannu (re. o.) sind die spektakulärsten der Kaskaden (re. u.) bei Villacidro.

In den Tiefen der Schlucht von Sa Brecca de is Tapparas ★

Mitten im Nichts der sardischen Berge und Hügel befindet sich Perdasdefogu. Das Bergstädtchen liegt abseits der üblichen Reiserouten, nur wenige wissen um den hiesigen Naturpark Parco Naturale Comunale Bruncu Santoru. Der aber birgt ein spektakuläres Geheimnis: die 400 m lange, über 40 m tiefe Felsspalte Sa Brecca de is Tapparas, durch die ein Spazierweg führt.

Abstieg in die tiefe Schlucht

Du folgst vom Parkplatz aus einfach dem asphaltierten Fahrweg in Richtung Sorgente Abbamessi, an dem Brunnen vorbei und durch ein Pinienwäldchen. An der Einzäunung des Naturparks hältst du dich links. Hinter einem Forsthaus führt eine steile Brandschutzschneise bergab bis zu einem Feldweg, der nach rechts führt und an einem Tor mit Wildschutzschleuse endet. Bitte das Tor unbedingt wieder verschließen, denn in dem Naturpark leben sardische Hirsche in freier Wildbahn!

Vorbei an einem verlassenen Infopoint mit Brunnen führt dich ein Trampelpfad durch Mastix und Erdbeerbäume. Ein verwitterter Wegweiser zeigt nach rechts auf einen kleinen botanischen Lehrpfad, der direkt am Eingang zu Sa Brecca de is Tapparas endet. Hier wird es abschüssig und rutschig – Obacht also, wenn es kurz zuvor geregnet hat. Eine Metalltreppe führt die letzten Meter in die Tiefe. Bis zu 40 m hinauf ragen die Steilwände, von denen aus nur noch wenig Licht durch die Bäume am Abgrund bis in die Schlucht dringt. Enge Passagen, überhängende Felsen, Kletterstellen, mit Seilen gesicherte Ab- und Aufstiege – etwa 400 m zieht sich die Spalte durch die Tiefe, bevor ein leichter Aufstieg wieder ans Tageslicht führt. Auf dem Weg durch den Spalt herrschen das ganze Jahr über 15 Grad, im Sommer sorgt die enge

Schluchten und Aussichtspunkte: Im Naturpark von Perdas-
defogu geht es tief hinab in die Schlucht von Sa Brecca de is
Tapparas (li.) und hoch hinaus zum Punto Panoramico (re.)

Schlucht für eine echte Abkühlung. Auf einem engen Trampelpfad nach rechts geht es wieder zum
Ausgangspunkt zurück.

Weiterwandern zur Steinkaskade

Nach so tiefen Einblicken ein Mega-Ausblick gefällig? Insider-Tipp. Auf dem Hauptweg führt
ein Pfeil zum Punto Panoramico, der einen herrlichen Blick auf das tiefe Karsttal des Rio Su Luda
und seine steilen Felswände bietet. Du hast noch
Kondition? Unübersehbar führt ein Weg in steilen
Serpentinen hinab ins Tal zu einer alten Köhler-
hütte und zur Cascata di Porfido – ein mächtiges
Geröllfeld, das sich wie eine Kaskade den steilen
Hang des Massivs von Bruncu Santoru hinunter-
zieht. Der Aufstieg zurück ist allerdings recht anstrengend. Vom Infopoint geht es auf dem Hinweg
zurück zum Parkplatz.

Die Tour im Überblick

🚶 **Einfache Wanderung durch Sa**
Brecca de is Tapparas bei Perdasdefo-
gu, 2,5 km, 3 Std., 250 hm

ℹ️ *In Perdasdefogu den Ausschilderungen*
nach Parco Naturale Bruncu Santoru folgen
und am Parkplatz der Landkirche Chiesa di
Santa Barbara parken. Der Ort liegt an der
SP 13 von Escalaplano nach Jerzu

🕐 *Ganzjährig*
⚙️ *Wanderstiefel, Trinkwasser*
📍 *39.688212, 9.428548 (Wanderpark-*
platz Bosco di Santa Barbara), 39.695407,
9.418116 (Einstieg Sa Brecca de is Tapparas)

✓ **DOWNLOAD GPX-Track**

Unterwegs zu den wilden Pferden ⭐

Einer der letzten Rückzugsorte der wilden sardischen Pferderasse Equus caballus jarae trägt den Namen ihrer Heimat: Giara di Gesturi. Das Basalt-Hochplateau erhebt sich über 500 m über die sanfte Kulturlandschaft der Marmilla. Die schroff abfallenden Wände des Tafelbergs verhindern, dass die kleinen Pferdchen ausbrechen können.

Per Zweirad durch das Pferdeglück

Auch wenn die nur etwa 1,20 m groß werdenden, meist schwarzbraunen Cavallini regelmäßig registriert werden, leben sie die meiste Zeit des Jahres in freier Wildbahn auf der Ebene und lassen sich nicht von dir stören. Die Giara ist eigentlich ein unwirtliches Gebiet: Eine gerade einmal 30 cm hohe Humusschicht trocknet in den Sommermonaten aus, und nur ein paar Paulis genannte Senken führen in der regenlosen Zeit Wasser, das bis zum Herbst für Tiere und Pflanzen auf der Ebene reichen muss. Wenn du keinen eigenen Drahtesel dabeihast, kannst du dir an dem alten Campingwagen am

Parkeingang gegen eine Spende einen ausleihen. Die Zweiräder sind zwar alt und klapprig, aber auf der weitgehend flachen Hochebene mehr als ausreichend. Ohnehin solltest du durch die spannende Natur nicht einfach nur hindurchrauschen. Im Mikroklima der Giara hat sich eine erstaunlich vielfältige Flora und Fauna entwickeln können: Hasen, Wildkatzen, Marder, Bussarde und Rebhühner fühlen sich auf dem Tafelberg ebenso wohl wie Myrtenbüsche und Erdbeerbäume, Orchideen und Alpenveilchen und im Frühjahr Unmengen an Raustielröhrlingen. Die leckeren Pilze wachsen unter dem dichten Zistrosenbuschgestrüpp. Am besten folgst du den Ausschilderungen bis zu der Senke

Pauli Salamengianu: Im Frühjahr blüht hier ein Meer von Wasserhahnenfuß und zu jeder Jahreszeit kommen die Wildpferde hierher zum Trinken und Baden. Psst! ==Insider-Tipp Unbedingt Fernglas mitnehmen und auf Wildpferdchenpirsch begeben!==

Zu Fuß zu uralten Siedlungen

Wenn du statt von Gesturi von Tuili aus auf die Hochebene fährst, kannst du den Drahtesel auch zu Hause lassen. In Fußnähe befindet sich hier ein kleiner botanischer Garten, Morisia genannt, und an der Abbruchkante der Hochebene thront die kleine Landkapelle Santa Maria Bambina gleich neben einer Nuraghe. Die Neusteinzeitsarden haben auf der Ebene mehrere Siedlungsreste hinterlassen. Mit etwas Glück begegnest du auch hier ein paar Pferdchen neben Rudeln von halbwilden Hausschweinen und Schafherden.

Die Tour im Überblick

🚲 Leichte Radtour über die Giara di Gesturi, zwischen den Orten Tuili und Gesturi gelegen, etwa 6 km pro Strecke, mit dem Rad etwa 20 Min. einfach, zu Fuß etwa 1 ¼ Std.

ℹ️ *In Gesturi Richtung Altopiano della Giara und der engen Straße 4 km folgen | parcodellagiara.it | Parkplätze vorhanden*

🕐 *Okt.–Mai*
⚙️ *Feste Schuhe, Mückenspray, Fernglas*
📍 *39.735736, 8.998937 (Wanderparkplatz für Radler), 39.731783, 8.974860 (Wanderparkplatz für Fußgänger)*

✔ DOWNLOAD GPX-Track

Eines der letzten Wildpferdereservate Europas befindet sich auf der Basalthochfläche Giara di Gesturi (li.). Vielleicht bekommst du ja bei einer Brotzeitpause an einem Rastplatz unerwarteten Besuch (re.)

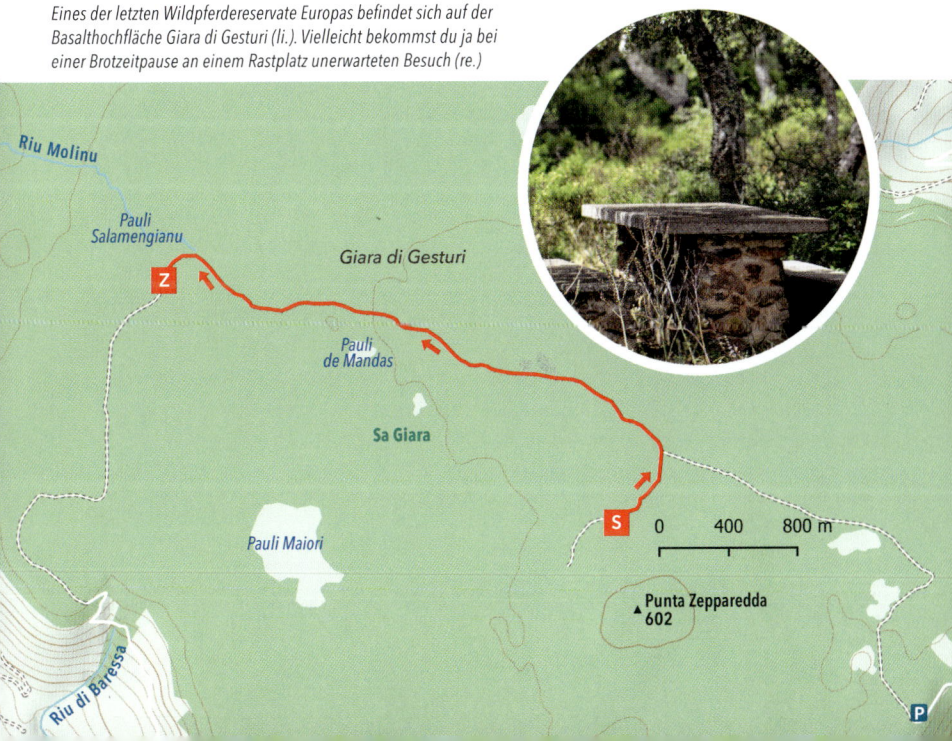

Riu Molinu

Pauli Salamengianu

Z

Giara di Gesturi

Pauli de Mandas

Sa Giara

Pauli Maiori

S

0   400   800 m

▲ Punta Zepparedda 602

Riu di Baressa

P

Im Naturpark bei den wilden sieben Brüdern ★

Sie sind der Hausberg des Südostens: die sieben Granitzacken der Sette Fratelli. Über den Hügeln und Tälern kreisen Adler und Falken, der Bach plätschert und in angenehm frischem Waldklima des Naturparks kann man die steilen Hänge und Hügel erkunden – und das zu fast jeder Jahreszeit.

In weiten Kurven durch den verwunschenen Wald

Ganz hoch hinaus kommst du am besten per Bike: Du kannst bis zu den Bergspitzen radeln, die an ihrem höchsten Punkt Punta Ceraxa stolze 1016 m gen Himmel ragen und in den Wintermonaten nicht selten verschneit sind. Ein einfacher MTB-Trail führt auf einem Forstweg von der Brücke über den Riu Maidopis an der Schranke immer bergauf, in engen und weiten Kurven durch einen verwunschenen Wald aus Steineichen, Erdbeerbäumen, Laubbäumen, Heidekraut, Korkeichen und Mastixsträuchern. Dein Weg hat keine technischen Schwierigkeiten, dafür ist beim Aufstieg Kondition gefragt. An der ersten großen Gabelung biegst du

scharf rechts Richtung Baccu Malu ab. Kurz darauf lichtet sich der Wald und die Felsspitzen der Punte Sette Fratelli (dt. Sieben Brüder) ragen aus den Steineichen. Immer geradeaus weiter, bevor du vor der Schutzhütte Baccu Malu noch einmal links abbiegst. Nach einem guten Kilometer endet die Straße. Diese Mega-Aussicht über die Berglandschaft und die Felsspitzen hast du dir verdient, bevor es nur noch bergab zurückgeht.

Doch lieber zu Fuß unterwegs?

Der Staatsforst mit schattigen Stein- und Korkeichen ist von einem dichten Netz an Wanderwegen durchzogen, allerdings sind die Zeitangaben auf den Ausschilderungen etwas knapp bemessen.

Die Tour im Überblick

🚵 Mittelschwere MTB-Tour in den Sette Fratelli, 7,5 km pro Strecke, 1,5 Std. hoch, 30 Min. zurück, 560 hm

ℹ️ *SS 125 von Cagliari nach San Priamo, am Pass von Arcu e Tidu zum Parco Is Setti Fradis abbiegen und links in den Naturpark einfahren | An der Ponte sul Riu Maidopis am Wegesrand parken*

🕐 *Sept.–Juni*
⚙️ *MTB oder Wanderschuhe und ausreichend Trinkwasser mitnehmen!*
📍 *39.302733, 9.404363 (Brücke), 39.298198, 9.436147 (Aussichtspunkt)*

✔ DOWNLOAD GPX-Track

Insider-Tipp Eine kurze Runde zu den Steingiganten von Perda sub'e Pari startet auf halber Strecke zwischen der Brücke und dem Botanischen Garten und dauert etwa anderthalb Stunden (Markierung 812A/812). Aufpassen, wenn's raschelt: Im Unterholz verstecken sich Horden von Wildschweinen, die auf der Suche nach Pilzen und Wurzeln ganze Hänge durchforsten, der sardische Hirsch, von dem hier mehr als 2000 Exemplare leben, und wilde Mufflon-Schafe. Am Ende der Tour erwartet dich der auch über eine Schotterpiste erreichbare Botanische Garten Maidopis mit Wildgehege. Schautafeln informieren über die Flora und Fauna des sardischen Südens. Zurück geht's auf dem Fahrweg. Im Park verstreut finden sich lauschige Picknickplätze am Bach. An den Plätzchen unter Steineichen mit Feuerstellen kannst du dich nach der Anstrengung herrlich im Schatten entspannen.

Hoch hinaus zu den Felszacken der Sette Fratelli (li.)! Mit etwas Glück begegnet dir unterwegs ein Exemplar des seltenen sardischen Hirschs (re.). Wenn nicht, gibt es bei Maidopis ein Wildgehege!

Aufregende Tour durch die Höhle San Giovanni ★

Bis 1999 war sie der längste befahrbare Naturtunnel der Welt. Auf 860 m Länge führt eine Straße durch die Grotte, die einst durch den Absturz eines enormen Kalkfelsens entstand und aus Naturschutzgründen nur noch Fußgängern und Radlern vorbehalten ist. Dazu gibt's heute Beleuchtung, WLAN und – etwas gewöhnungsbedürftig – ein Audiosystem, das den winterlichen Wasserfluss imitieren soll.

Durch den bizarren Tunnel zu den alten Minen

Der erste Teil dieser Rundtour ist weniger schwer als vielmehr spektakulär: Ursprünglich fuhren Lastwagen, später dann nur noch Autos durch den natürlichen Tunnel auf einer Fahrbahn. Im Tunnel kannst du zahlreiche Stalagmiten und Stalaktiten in bizarren Formen bewundern. **Insider-Tipp** Sa Trona, also die Kanzel, nennt sich ein riesiger, gedrungener Stalagmit, auf dem sich eine dünne Wasserfläche gebildet hat. Absolut sehenswert! Die Grotte von San Giovanni ist dank der alten Straßen ohne nennenswerte Hindernisse zu erkunden und damit auch für ältere Menschen, Rollstuhlfahrer und mit Kinderwagen zugänglich. Außerdem ist es hier auch im Sommer angenehm kühl!

Zugang leicht gemacht

Bis du am Nordausgang angekommen, folgst du dem schattigen Asphaltweg, bis vor einer Brücke ein Feldweg bergauf führt. Ab hier begleitet dich die rot-weiß-rote Markierung 323. Die parallel zum Fluss verlaufende Straße verlässt du nach links an einer Schranke vorbei bergauf. Hier begegnest du alten Wirtschaftsgebäuden und Silos der alten Minen von Su Corovau. Denn einst wurden hier Blei, Silber und Zinkmineralien im großen Stil aus dem Berg gebuddelt und mit einer Kleinbahn abtransportiert.

Keine Kleinbahn mehr, dafür toller Ausblick

Die Schienen wurden längst rückgebaut, dafür kannst du heute auf der alten Trasse gemütlich radeln – und die Aussicht genießen: über das Nordportal der Grotta San Giovanni und die steilen Felswände des Tals, in die Freeclimber Unmengen an Klettersteigen gebohrt haben. Etwas Vorsicht ist aber trotzdem geboten: Die alte Bahntrasse hat keine Brüstung und links von dir geht es steil bergab. Unterwegs begegnet dir ein kleiner Tunnel durch einen Felsvorsprung und Eingänge zu mehreren Minenschächten, die allerdings sicher verschlossen sind. Das letzte Teilstück (rechts nach Chiesa di San Giovanni abbiegen) führt dich vorbei an einer Kapelle zum Ausgangspunkt zurück. Ursprünglich befand sich die Kapelle des Heiligen Johannes in der Grotte selbst, wurde aber abgerissen, als die Straße gebaut wurde.

Die Tour im Überblick

🚲🚶 Erkundung der Grotte San Giovanni und Tour auf der alten Bahntrasse bei Domusnovas, mit dem Rad **5,7 km, 1,5 Std., 125 hm, Wanderzeit 3,5 Std.**

ℹ️ *Von der Hauptstraße Cagliari–Iglesias SS 130 nach Domusnovas abbiegen | grottasangiovanni.com | €*

🕐 *Ganzjährig, MTB-Tour Sept.–Juni*
⚙️ *Mountainbike, Helm, Trinkwasser*
📍 *39.336763, 8.627510 (Parkplatz vor der Grotte), 39.350562, 8.616703 (Abzweigung Forstweg)*

✔ DOWNLOAD GPX-Track

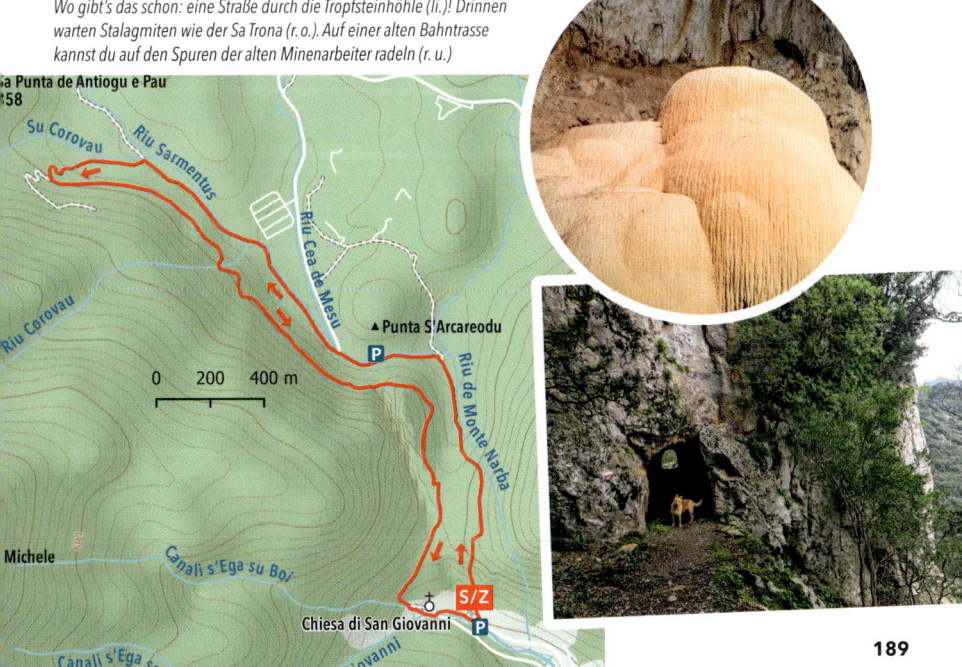

Wo gibt's das schon: eine Straße durch die Tropfsteinhöhle (li.)! Drinnen warten Stalagmiten wie der Sa Trona (r. o.). Auf einer alten Bahntrasse kannst du auf den Spuren der alten Minenarbeiter radeln (r. u.)

189

MEHR ERLEBEN
*WEITERE ABENTEUER & AUSFLÜGE

Jurassic Park lässt grüßen in Sardiniens einzigem Kinder-erlebnispark Sardegna in Miniatura

Von schwarzem Steinzeitgold über bunte Tulpen bis hin zu Dinosauriern wird dir in Zentralsardinien jede Menge geboten. Westlich von Cagliari wartet ein Wanderparadies für Genießer, mächtig mystisch geht es rund um Sadali und den Flumendosa zu: Stonehenge, Avatar, Wasserfälle und Plätscherkaskaden bieten Wasserspiele und ein Inselerlebnis für Entdecker!

BARUMINI UND UMGEBUNG
Dem schwarzen Steinzeitgold auf der Spur

1 🚶 **Spaziergang auf dem Obsidian-Wanderweg Sentiero dell'ossidiana di Sa Scaba Crobina, Rundweg, 2 km, 70 hm**

Im Wald von Monte Arci versteckt sich Obsidian! Das vulkanische Gesteinsglas kommt an dem ehemaligen Vulkan in rauen Mengen vor und war schon in der Neusteinzeit sardischer Exportschlager. Hier wurde er urzeitlich-industriell abgebaut, zu messerscharfen Rohlingen, aber auch Pfeilen und Messern verarbeitet und von Tharros aus nach Korsika, Frankreich, Spanien und in die Toskana verschifft. Heute kannst du auf den antiken Ab-

raumhalden entlangspazieren. Unter den Füßen knirscht es, als würdest du auf Glas laufen. Mitbringsel mitnehmen ist aber streng verboten! An der Quelle S'Acqua Frida kannst du unter Steineichen picknicken. **Insider-Tipp** Unterwegs kommst du an einer kuriosen Ochsenskulptur vorbei: Su Boi ist ganz aus Ästen errichtet!

ⓘ *Von der SS 131 nach Ales abbiegen, dann auf der SP 48 weiter nach Pau, am nördlichen Ortsausgang von Pau Richtung Monte Arci abbiegen | Parken am verlassenen Campingplatz Senniseddu* ⏱ *Sept.–Juni* 📍 *39.804589, 8.769922 (Parkplatz), 39.805700, 8.769965 (Einstieg Wanderweg), 39.804268, 8.748676 (Picknickplatz)*

Dinos im Mini-Sardinien

2 🎿 **Im Erlebnispark Sardegna in Miniatura mit Tieren und Ausstellungen, 1 Tag**

Sardiniens einziger Erlebnispark. Mit dem Minizug oder zu Fuß kannst du Modelle der wichtigsten Denkmäler der Insel entdecken, durch nachgebaute Rundhütten der Nuraghenzeit streifen. Im Regenwaldreservat gibt es Piranhas, Schildkröten und Echsen zu entdecken, und die Kids können

Steinzeitgold auf Schritt und Tritt am Obsidian-Wander-weg am Monte Arci – Mitnehmen streng verboten!

Keine Tulpen aus Holland! Die Gärten bei Turri beherbergen ungewöhnliche Blumenpracht

Koi-Karpfen streicheln. Ein großer Spaß für die Kleinen ist der Dinopark. Die lebensgroßen Urzeitmonster bewegen sich sogar! Dazu ein kleiner Zoo, Planetarium und Astronomiemuseum, Spielplätze und Picknickbänke.

ℹ️ *Von der Schnellstraße SS 131 über Las Plassas nach Tuili. Von Barumini den Ausschilderungen folgen | Parkplatz vor dem Park | sardegnain miniatura.it | €€* 🕐 *März–Sept. 9–19 Uhr* 📍 *39.701518, 8.979342*

Ab in die Luft – und wieder runter

3 🪂 **Tandem-Fallschirmsprung, etwa 1 Std.**

Ganz hoch hinaus bringt dich das kleine Sportflugzeug – runter kommst du wieder im Fallschirm! Bei deinem Adrenalin-Kick begleitet dich ein Instruktor im Tandemsprung – du musst also nicht viel machen, außer Mut fassen und die Landschaft genießen. Hoch über der Kulturlandschaft Parteolla schwebst du sanft in die Olivenhaine hinab. Ein paar Zahlen: Der Absprung startet in 4000 m Höhe, nach einem freien Fall von einer Minute geht auf 1500 m der rettende Fallschirm auf. Eine Video-Doku gibt's gratis dazu!

ℹ️ *Flugfeld Aviosuperficie Del Parteolla, Serdiana | An der SS 387 von Serdiana nach Sant'Andrea Frius*

gelegen | skydivesardegna.it | €€€ 🕐 *Ganzjährig* 📍 *39.400891, 9.141281*

Holland-Feeling in Zentralsardinien

4 🚶 **Spaziergang durch den Tulpen- und Rosengarten Tulipani in Turri, 1 Std.**

Jedes Frühjahr verwandelt sich die Landschaft zwischen Tuili und Turri in ein kunterbuntes Blütenmeer: Über 500 000 Tulpen sorgen für Holland-Feeling mitten in Sardinien. In dem kleinen Blütenpark kannst du zwischen endlosen Tulpenreihen wandeln, in schön arrangierten Rabatten Bilder machen und die Aussicht auf die sanfte Hügellandschaft genießen. Alles Tulpe? Von wegen! Es warten außerdem Iris, Narzissen und über 5000 Rosen auf dich! Die Tulpen darfst du auch pflücken, und im Eintrittspreis ist ein Körbchen mit Tulpenzwiebeln enthalten. Auch wenn die Zierpflanzen in der kleinen Agrargemeinde inzwischen der Platzhirsch sind, hat Blumenzwiebelzucht in Turri Tradition: Schon seit Ewigkeiten wird hier Safran angebaut, der Anfang November in

Sound aus Stein: Die Klangsteine des Bildhauers Pinuccio Sciola machen tatsächlich Musik

Straßengalerie: Im Museumsdorf San Sperate begegnet dir Kunst an jeder Hausecke

mühsamer Kleinstarbeit aus den lila Krokusblüten gewonnen wird.

ⓘ *Il Giardino de Turri, Parkplatz am Rathaus in Turri | € ⏱ Ende März–Ende April 📍 39.703895, 8.917971 (Parkplatz), 39.703389, 8.921105 (Parkeingang)*

WESTLICH VON CAGLIARI
Wo Steine Musik machen

5 🚶 Spaziergang durch das Museumsdorf (paese museo) San Sperate und durch den Skulpturengarten der klingenden Steine (pietre sonore), je ca. 1 Std.

In San Sperate leuchten dich von den Mäuerchen der alten Bauernhäuser *murales* an. Das Bemalen der Fassaden ist hier Dorftradition, und das seit 1968. Beim Spazieren durch die Altstadtgassen begegnen dir über 400 Wandmalereien auf Schritt und Tritt! Lass dich einfach durch die Gas-

sen treiben. Auch ein paar Skulpturen des aus San Sperate stammenden Bildhauers Pinuccio Sciola stehen hier wie in einem Freilichtmuseum an jeder Straßenecke. Noch mehr davon gibt es in dem kleinen Museum Il Giardino Sonoro, wo der Künstler aus Basalt und Kalk mit feinsten Schnitten summende Steinskulpturen geschaffen hat, aus denen du ungewohnte Töne hervorlocken kannst – Steine können tatsächlich klingen!

ⓘ *Von der SS 131 nach San Sperate abbiegen. Start am Park Giardino Megalitico | Ab Cagliari mit Buslinien ARST 111 und 112 | Parkplatz am Giardino Megalitico | sansperate.net, psmuseum.it | € ⏱ Ganzjährig 📍 39.360668, 9.006368 (Parkplatz im Ort), 39.356774, 8.998902 (Giardino Sonoro am Ortsrand)*

Ab in den Bauch der Berge

6 🚶 Grotte di Su Mannau und leichte Wanderung zum Römertempel Antas, Wanderung etwa 3 Std. je Strecke

Sardiniens schönste Grotte hat es in sich: Seit Jahrmillionen plätschert ein unterirdischer Fluss in der wahrscheinlich über 8 km langen Grotte (die genaue Länge kennt keiner, da nicht alle Verzweigungen erforscht sind) mit ihren unzähligen Stalag-

Ein Tempel steht im Wald: In Antas verehr-
ten bereits die Ursarden ihre Götter

Die Schauhöhle der Grotte Su Mannau beeindruckt
durch fantastische Stalaktiten und unterirdische Seen

miten, die vom Boden emporragen und in einem Jahrhundert etwa 1 mm wachsen. Die Stalaktiten wachsen in der gleichen Zeit etwa um 1 cm nach unten. Nur 600 m der Grotte kannst du erkunden. Im ersten Teil taten das schon die Nuraghen, und auch die Römer hinterließen zahlreiche Kultgegenstände. Oberhalb der Erde wurden nur wenige Kilometer weiter andere Götter verehrt: Mitten im Berg- und Talland von Fluminimaggiore thront der imposante Römertempel von Antas – und der steht auf einem alten Puniertempel. ==Insider-Tipp== ==Von der Grotte zum Tempel führt ein 5 km langer Wanderweg (ausgeschildert, am besten ein Auto an einer der Stätten stehen lassen).==

ℹ️ *Am Parkplatz vor dem Höhleneingang | Beide Stätten sind an der SS 126 von Iglesias nach Fluminimaggiore gelegen | sumannau.it (Grotte), startuno.it (Tempel) | €€ ⏱ April–Okt.*
📍 *39.407596, 8.493939 (Grotta di Su Mannau), 39.393992, 8.500192 (Tempio di Antas)*

Auf dem Urzeitfriedhof flanieren

7 🚶 **Spaziergang zur Nekropole von Montessu, 2 Std.**
Erobere die mystische, aber kaum bekannte Nekropole Montessu: Ganze 40 in der Jungsteinzeit in den Trachyt gehauene Gräber sind hier über zwei Hügel verteilt. Am besten entdeckst du das weite Gelände auf eigene Faust auf den angelegten Pfaden. An der Grabstätte Tomba delle Spirali kannst du uralte Steinritzungen erkennen, die erstaunlich modern aussehen. Spektakulär sind die beiden Königsgräber: Sie wirken wie zwei riesige Gesichter, die sich anstarren.

ℹ️ *Am Kassenhäuschen von Montessu | Villaperuccio, kurz hinter dem Ortsende Villaperuccio Richtung Narcao | comune.villaperuccio.ci.it/la-necropoli-di-montessu | € ⏱ Ganzjährig*
📍 *39.131147, 8.671482*

Geisterschloss mit Aussicht

8 🚶 **Kurzer, steiler Aufstieg zum Geisterschloss Castello di Acquafredda, 2 km, 2,5 Std., 170 hm**
Wuchtige Schlossmauern und ein Geisterdorf in schwindelerregender Höhe: Auf einem spitzen Vulkankegel in der weiten Cixerri-Ebene hat sich

Die großen Ölbäume von Villamassargia sind über tausend Jahre alt

Legendär: das Castello di Acquafredda unweit von Cagliari

im 13. Jh. ein toskanischer Edelmann namens Ugolino Della Gherardesca ein Denkmal gesetzt. Wenn du in den alten Gassen, Stallungen und Häusern wandelst, wirken die alten Wirtschaftsgebäude allein schon ziemlich spooky. Aber richtig unheimlich ist es dann im alten Schloss: wuchtige Wehrmauern, riesengroße Wasserspeicher und eine fantastische Aussicht in 256 m Höhe bis zum Meer bei Cagliari. Viel hatte der Schlossherr allerdings nicht von dieser Aussicht, weil er aufgrund von Steuerschulden in Pisa im Gefängnis landete. Aber nicht ohne Gossip und Glamour: Italiens Dichterkönig Dante hat ihn sogar in seinem „Inferno" erwähnt.

ℹ️ *Am Tickethäuschen unterhalb des Burgbergs | Von der Schnellstraße SS 130 zwischen Cagliari und Iglesias nach Siliqua abbiegen und den Ausschilderungen folgen | Parkplätze und Picknickbänke am Tickethäuschen | castellodiacquafredda.com | €*

🕐 *Ganzjährig, im Aug. Nachtwanderungen mit Führung* 📍 *39.263718, 8.817145*

Oliven ganz groß

9 ⊛ **Spaziergang durch den Olivenhain S'Ortu Mannu, 2 Std., und Aufstieg zum alten Kastell von Gioiosa Guardia, 30 Min./Strecke**

S'Ortu Mannu, der „Große Garten" an der SP 2 bei Villamassargia, ist ein großer Park mit mehr als 700 geschichtsträchtigen Olivenbäumen aus dem 14. und 16. Jh., darunter Sa Reina, die Königin, ein 1100 Jahre alter Methusalem mit einem Stammumfang von 16 m. Schon die Römer bauten hier Ölbäume an, und manche Exemplare, von den Pisanern veredelt, stammen noch aus der Antike. Die Energie, die von den Baumriesen ausgeht, ist faszinierend. Und die Bäume haben Familientradition: Die Gemeinde Villamassargia hat jeder Familie des Dorfes einen Baum zur Erbpacht zugeteilt.

Insider-Tipp Ebenfalls fantastisch ist die Aussicht vom alten Pisanerkastell Gioiosa Guardia, das auf dem Berg von Exi liegt: Nach einer halben Stunde steilem Aufstieg hast du von den verlassenen Ruinen aus beste Sicht auf das gesamte Cixerri-Tal.

ℹ️ *Am Park von S'Ortu Mannu bzw. am Parkplatz Castello | An der SP 2 gelegen (Park) bzw. in Villamassargia der Via Terreso folgen (nicht ausgeschildert). Villamassargia liegt südlich der SS 130 | sardegnaturismo.it/de/entdecken/sortu-mannu-*

Bei Matzanni finden selbst Pilzbanausen ein paar Schwammerln im Wald

von-villamassargia ⏱ *Frühjahr bis Herbst, am letzten Oktoberwochenende findet das Olivenfest Sagra delle Olive statt.* ⦿ *39.266022, 8.681860 (Park), 39.257737, 8.671236 (Parkplatz am Aufstieg zum Castello)*

Ab in den Märchenwald der Pilze

10 🥾 **Wandern und Pilze sammeln bei Matzanni, Hinweg 1,3 Std., Rückweg ¾ Std.**

Wenn im Spätsommer die ersten Regenfälle auf die Insel niederprasseln, wachen die im Sommer ausgetrockneten Unterhölzer auf. Dann ist Pilzsaison! Auch wenn die sardischen Pilzesammler geheimniskrämerisch sind, wenn es um ihre besten Sammelplätze geht – in den Wäldern westlich von Vallermosa wird auch der Laie fündig! Unmengen an Riesenschirmpilzen, goldgelbe Korallen, Champignons und so manchen Steinpilz kannst du ausfindig machen, wenn du dich von der Schutzhütte Rifugio Is Prunixeddas aus in den Wald aufmachst (rot-weiß-rote Markierung 127). Vorbei an mehreren Quellen geht der unverkennbare Weg dann steil in den Wald, wo du dich ab ins Unter-

holz begeben kannst. Kein Glück bei der Suche? Die Aussicht ist fantastisch und auf der Bergspitze erwartet dich mit Matzanni eine frei zugängliche Ausgrabungsstätte mit gleich drei Brunnentempeln aus der Nuraghenzeit. Hier stößt du auf einen Fahrweg, der dich am Bergkamm entlang zurück zum Ausgangspunkt führt.

ℹ️ *Rifugio Is Prunixeddas | Am südlichen Ortseingang von Vallermosa Richtung Parco Archeologico Matzanni abbiegen, am westlichen Ortsausgang der Via Kennedy folgen (nicht ausgeschildert)* ⏱ *Ende Aug.–Dez., am besten 10–14 Tage nach den ersten Regenfällen* ⦿ *39.383084, 8.736163 (Parkplatz), 39.375577, 8.701753 (Matzanni)*

SADALI UND FLUMENDOSA-TAL
Aussichtspunkt mit Kick

11 🚶 **Mittelschwere Wanderung zum Steinplateau Sa Trona, je nach Parkmöglichkeit 1–2 Std. je Strecke**

Wile E. Coyote und der Roadrunner lassen grüßen: Auf dem Felsplateau hoch über dem Flumineddu-Tal kannst du beste Bilder schießen, beim

Perfekt fürs Social-Media-Profil: Das Felsplateau von Sa Trona lässt Instagrammer-Herzen höher schlagen

Versuch, das kleine Felsplateau ins Tal zu stürzen. Wird dir nicht gelingen – denn das Sandsteinplateau ragt ziemlich stabil in die Landschaft. Die beste Fotoperspektive hast du ein paar Meter östlich des Plateaus, von dort aus scheint die Steinplatte hoch über den Bergen zwischen Himmel und Tal zu schweben. Aber erst mal musst du hinkommen, denn das Naturdenkmal liegt mitten im Nichts, östlich des Bauerndorfs Escalaplano. Die Zufahrt ist steil und rutschig und führt im Winter durch Bachfurten – deswegen am besten am Straßenrand parken und losmarschieren! Der letzte Teil der Strecke führt vom Fahrweg am Felsgrat entlang.

ⓘ *An der SP 13 von Ballao nach Perdasdefogu | In Escalaplano Richtung Santa Barbara abbiegen, weiter in die Via Canonico Zedda, zweiter Abzweig links. Dem Straßenverlauf folgen | Markierung: im oberen Teil der Straße grüne, gemalte Hinweisschilder nach Sa Trona* 🕑 *Okt.–Mai, am besten unter der Woche | Nicht bei Regen (rutschige Felsplatte!)* 📍 *39.622902, 9.406689 (Einstieg zur Gratstrecke) 39.621350, 9.409709 (Sa Trona)*

Energie tanken am sardischen Stonehenge

12 🚶 **Spaziergang durch einen antiken Kraftort in der Pranu Mutteddu, 2 Std.**

Magische Megalithsteine! In den Bergen bei Goni im Südosten der Insel hat man auf einer riesigen Hochebene über 60 Menhire gefunden – schön in Reihe oder in Zweiergruppen aufgestellt, dazu aus Sandsteinfindlingen ausgehöhlte Grabstellen auf der aus Schiefer bestehenden Pranu Mutteddu, der Hochebene des Mirto. Highlight der Kultstätte: das Königsgrab, nebst konzentrischen Ringmauern und Vorplätzen. Das Geheimnis, wer hier so göttlich gebettet wurde, nahmen die Ursarden mit ins Grab. Die Felsbrocken im Stonehenge Sardiniens sind uralt – große Teile stammen von der sogenannten Ozieri-Kultur, die Sardinien vor 6000 Jahren beherrschte. **Insider-Tipp** In der schön angelegten Parkanlage kannst du in einem Korkeichenhain spazieren und meditieren. Der Kraftort der Ursarden hat heute noch immer die Energie von damals.

ⓘ *An der SP 23 von San Basilio nach Goni gelegen | Parkplatz direkt am Parkeingang |*

Avatar lässt grüßen: der Felsturm Su Campanili im Flumendosa-Tal

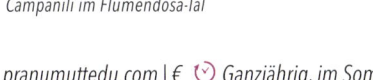

Plätschern im Walde: Das Wasser fällt im Wald von Nurallao bis zu 20 m tief

pranumuttedu.com | € ☉ Ganzjährig, im Sommer am besten abends ⌖ 39.567756, 9.269078

Auf nach Avatar!

13 🚶 Leichte Wanderung durch Foresta di Corongia zum Aussichtspunkt auf die Felsnadel Su Campalini, 2,5 km je Strecke, 1,5 Std. je Strecke

Auch wenn das Vorbild zur Landschaft aus dem Film „Avatar" wohl in Zhangjiajie in China ist, hat auch Sardinien ein Stück magische Landschaft abbekommen. Su Campalini heißt der über 84 m hohe Felsturm, der unten dünner ist als oben – eine wirklich seltsame Felsform, die zu guter Letzt auch noch einen Mittelfinger zu zeigen scheint. Das Ganze thront filmreif über dem tiefen Flumendosa-Tal. James Cameron hätte es nicht besser inszenieren können! Besten Blick hast du vom Waldplateau von Foresta di Corongia aus, durch das von der Pilgerstätte Cappella Madonna di Bauzzoni ein schattiger, leichter Wanderweg führt. Aufgepasst, wenn ein Holzschild zum Plateaurand zeigt: Die Aussichtspunkte auf Su Campanili sind nicht gesichert und es geht kerzengerade in die Tiefe – nichts für dich, wenn du Höhenangst hast oder Kinder dabeihast.

ⓘ *Cappella Madonna di Bauzzoni | Von der SS 128 von Laconi nach Meana Sardo nach Santa Sofia*

abbiegen, dann scharf links nach Funtana Raminosa, dann bei 39.869012, 9.155993 rechts abbiegen (keine Ausschilderung) und an der Cappella Madonna di Bauzzoni parken ☉ Ganzjährig ⌖ 39.855535, 9.161357 (Parkplatz), 39.845781, 9.177756 (Aussichtspunkt)

Ein Wasserfall im Walde

14 ≋ Waldwanderung zum Wasserfall Craddaxoleddu, 2 km, 1 Std.

Mitten im Nichts plätschert bei Nurallao glasklar der Rio Mannu im Wald. Der kurze Wanderweg (Ausschilderung Cascate) führt wunderschön am Wasser entlang, das sich in kleinen Becken anstaut. Wunderbar wäre die Ruhe, plätscherte es nicht überall und ohne Unterlass. Dort, wo das Wasser niedrig ist, führt ein in die Bäume gespanntes Seil über den Bach – wehe, wer hier nass wird! Highlight ist der 20 m hohe Wasserfall von su Craddaxoleddu, der sich durch die dichten Felsen und Steineichen quetscht. Auf demselben Weg geht es zum Parkplatz zurück oder du kämpfst dich

197

Spektakuläre Felsdusche: der Wasserfall San Valentino in Sadali

Nichts für Warmduscher: das Brausebad von Su Stampu de su Turrunu

bergauf durch das Dickicht auf den Fahrweg. Anschließend kannst du auf Picknickbänken vespern, und die Kids können an kleinen Bächlein spielen, sogar einen Camper-Stellplatz (ohne Service) gibt es. Wenn du den Grill anwerfen willst, musst du das allerdings vorher bei der Gemeinde anmelden und einen kleinen Obolus vorab überweisen.

ⓘ *In Nurallao an der SS 128 von Isili nach Laconi am Rathaus Richtung Funtana Is Arinus abbiegen. Hinter dem verlassenen Restaurant Funtana Is Arinus der Ausschilderung „Cascate" folgen* ⏱ *Okt.–Juni, im Sommer an bestimmten Tagen Nachtwanderung mit Beleuchtung* 📍 *39.814521, 9.120658 (Parkplatz), 39.820331, 9.118068 (Wasserfall)*

Kurztrek zur Superdusche

15 ≋ **Mittelschwere Wanderung zur Naturdusche von Su Stampu de su Turrunu, 1 km pro Strecke, 1 knappe Stunde pro Strecke, 120 hm**
Mitten in den schroffen Schluchten von Sadali liegt Sardiniens spektakulärstes Wasserspektakel. In der Felshöhle Su Stampu de Su Turrunu schießt ein steter Wasserstrahl aus dem Gestein 16 m tief direkt in ein Wasserbecken. Nichts für Warmduscher, aber

diese Naturdusche sprudelt das ganze Jahr über prächtig und eiskalt! Startpunkt ist die Grotta Is Janas, von hier geht ein kurzer, knackiger Waldweg hinab zur Quelle. Achtung, der mit Seilen gesicherte Abstieg kann bei feuchter Witterung rutschig sein!

ⓘ *Am Ristorante alle Grotte (Grotta Is Janas) den Ausschilderungen nach Su Stampu de Su Turrunu folgen | Von Sadali den Ausschilderungen nach Grotta Is Janas folgen | Am Ristorante alle Grotte parken* ⏱ *Ganzjährig* 📍 *39.845025, 9.265944 (Parkplatz), 39.850198, 9.264474 (Wasserfall)*

Dorf des Wassers

16 ≋ **Spaziergang durch die Gassen von Sadali und Besuch des Wasserfalls San Valentino, Stadtbesichtigung auf eigene Faust, 1 Std.**
Überall gurgelt und plätschert es: Das Dorf liegt unterhalb eines Kalkplateaus, das jede Menge kühles Nass durch das Dorf leitet. Sogar einen eigenen Wasserfall gibt es: Die Cascata di San Valentino, knallgrün von Moosen und Farnen bedeckt, sprudelt mitten im Dorf. Ganz schön romantisch!

Tröpferlbad oder Regenwald? Sa Stiddiosa speist mehrere Badegumpen

Nur das alte Mühlrad dreht sich längst nicht mehr. Zwischen den Häusern fließen Bäche, und die Dorfgärten werden noch traditionell bewässert. Hier kannst du durch die alten Gassen streifen, in kleinen Läden Spezialitäten kaufen oder in der Kneipe vor der Dorfkirche die (Sommer-)Frische genießen. Zum Abschluss mach noch einen Abstecher zur Grotte Sa Ucca Manna, in der das Wasser von Sadali in einem tiefen Schlund verschwindet.

ⓘ *An der Kirche von San Valentino | An der SS 198 von Lanusei nach Villanova Tulo ins Dorfzentrum abbiegen | comune.sadali.ca.it* ⏱ *Frühjahr und Herbst* 📍 *39.817548, 9.277587*

Regenwald-Feeling an der Plätscherkaskade

17 〰 **Mittelschwere Trekking-Tour zur Badegumpe von Sa Stiddiosa mit Wasserfall, 1 km je Strecke, 1,5 Std. je Strecke, 600 hm**

Der Abstieg ist steil, der Aufstieg gefühlt unendlich – denn hier musst du ziemlich tief in engen Kehren ins Flumendosa-Tal absteigen. Aber die Mühe lohnt sich! Die immergrüne Tröpfelkaskade von Sa Stiddiosa ist eine spektakuläre Felswand, ganz von Venushaar überzogen – so schön, dass die Instagram-Gemeinde die Flussoase und die dazugehörige Badegumpe für sich und ihre Selfies entdeckt hat. Entschleunigen und meditieren geht hier am besten zur Nebensaison – das klirrend kalte Flusswasser ist ohnehin zu jeder Jahreszeit nichts für Warmduscher! Am besten nimmst du neben festem Schuhwerk noch ein paar Badeschuhe mit. **Insider-Tipp** Flussabwärts wird es übrigens menschenleer – für Ambitionierte führt ein Wassertrek zu einsamen Badestellen.

ⓘ *Am Wanderparkplatz oberhalb der Kaskade | Auf der SP 8 oberhalb von Seulo Richtung Gadoni an der Kirche Santa Barbara abbiegen, dann nach Sa Stiddiosa abbiegen | Gebührenpflichtiger Parkplatz, €* ⏱ *Frühjahr und Herbst, da im Sommer sehr beliebt* 📍 *39.851621, 9.192592 (Parkplatz), 39.849038, 9.186117 (Cascata Sa Stiddiosa)*

Die Landkapelle von San Sebastiano liegt heute auf einer Insel im gleichnamigen Stausee

Exotische Botanik und Burgruinen im kleinen Stadtpark von Laconi

Zur Kirche paddeln

18 ≋ **Paddel- oder Tretboottour auf dem See von Is Barroccus, 2 Std.**

Einst war die Kapelle von San Sebastiano ein Landkirchlein auf einer Bergkuppe – heute liegt sie mitten im Stausee von Is Barroccus auf einem Inselchen. Da musst du hinpaddeln! Auf dem erst 2008 fertiggestellten Stausee kannst du mit Seekajaks, Tretbooten oder zusammen mit einer Gruppe auf einem Drachenboot entlangschippern und an dem Inselchen anlegen. Die Kraftanstrengungen des kurzen, steilen Aufstiegs entlang des ruppigen Sedimentfelsens werden durch die fantastische Aussicht belohnt!

ⓘ *Am Bootssteg des Circolo Nautico Isili | Von der SS 128 von Isili nach Nurallao hinter der Brücke links abbiegen (Ausschilderung Lago di San Sebastiano) | circolonauticoisili.com | € ⏱ Sept.–Juni, nur nach Voranmeldung per Whatsapp +39 32 98 27 71 98 ⚲ 39.762895, 9.100913*

Stadtpark mit Wasserspielen

19 🍃 **Spaziergang durch den Wasser- und Botanikpark von Parco Aymerich, 2 Std.**

In Laconi plätschert es an allen Ecken und Enden an Felshängen, in Bächlein und Kanälen. In dem Steineichenwäldchen am Ortsrand der kleinen Agrargemeinde kannst du die Sommerfrische genießen. Den Park hat einst der Feudalherr Don Ignazio Aymerich Ripoll gegründet und Pflanzen aus aller Welt herbeigeschafft, darunter Himalaya-Zedern, immergrüne Magnolien und leuchtender Feuerdorn. Aber auch ein paar Wildorchideen, die nur hier wachsen, verstecken sich in der kleinen Parkanlage. Das verfallene Mittelalterschloss mit seinen katalanisch-gotischen Fenstern ist ein Highlight für Selfie-Fans! **Insider-Tipp** Regen angesagt? Dann ab ins Menhir-Museum gleich nebenan: Hier kannst du Sardiniens beeindruckendste Sammlung an Steinzeitstelen bewundern!

ⓘ *Im kleinen Stadtzentrum, über die kleinen Gassen Via Sant'Ignazio und Via Don Minzoni zum Parkeingang spazieren | Öffentlicher Parkplatz am Rathaus | visitlaconi.it ⏱ Ganzjährig ⚲ 39.85376, 9.05242 (Parkplatz), 39.854598, 9.054335 (Parkeingang)*

DER SCHÖNSTE SONNENUNTERGANG
Sonne unter in Serri

[20] Sundowner in einer einmaligen Ausgrabungsstätte, Spaziergang etwa 1 Std.

Die Basaltebene von Serri ist heute kahl und schroff. Zur Zeit der alten Sarden war sie aber eines der wichtigsten Zentren der Nuraghenkultur und liegt heute völlig zu Unrecht weitab der Touristenströme. Hier steht der spektakuläre nuraghische Wallfahrtsort mit Tempelbezirk, bestens erhaltenem Brunnentempel und ovalem Sportplatz, wo man sich im Wettkampf maß. Einmalig ist der Sonnenuntergang am vordersten Ende der Hochfläche, wo die Kapelle Santa Vittoria über dem flachen Hügelland der Marmilla zu schweben scheint.

Westlich von Serri am Rande der Hochebene gelegen | Serri liegt östlich der SS 128 von Mandas nach Isili, im Ort den Ausschilderungen folgen | acropolinuragica.it | € | Ende Aug.–Dez., am besten 10–14 Tage nach den ersten Regenfällen | 39.715171, 9.106915 (Parkplatz), 39.711747, 9.101683 (Santa Vittoria)

LOKALE SPEZIALITÄTEN
*UND WO DU SIE PROBIEREN KANNST

Besser als Bolognese: die Malloreddus-Nudeln mit Salsiccia-Sugo

Pasta, Gemüse und Wein: In Sardiniens Kornkammer wächst, gedeiht und entsteht alles, was Leckermäuler glücklich macht!

Power-Pasta

1 🍴 **Malloreddus alla Campidanese**

Pasta Bolognese? Von wegen! Auf Sardinien wird Salsiccia-Sugo kredenzt! Die auch „sardische Gnocchi" genannten Malloreddus bestehen nicht aus Kartoffeln, sondern aus Hartweizen und sehen ein wenig wie kleine Muscheln aus. Manche sagen auch, ihre Form erinnere an Maden. In die Sugo kommt sardische Bratwurst (Salsiccia), dazu Zwiebeln, reife Tomaten, eine Prise gemahlener Safran, Basilikum und obendrauf natürlich reichlich Pecorino! Supereinfach selbst zu machen. Schmeckt übrigens auch lecker kalt am nächsten Tag.

ℹ️ *Kein Touristennepp! Superlecker isst du im* **Ristorante Il Cavallino della Giara** *direkt gegenüber dem Nuraghen von Barumini. Viale Su Nuraxi 2, Barumini, ristorantecavallinodellagiara.com, €*

Stachelige Korbblütler

2 🍴 **Carciofo Spinoso di Sardegna**

Kilometerweit wird auf den Feldern die leckere und kerngesunde Distel aus der Familie der Korbblütler angebaut. Carciofi kommen in der sardischen Küche vor allem von Ende Oktober bis in den April auf den winterlichen Essenstisch. Auf Sardinien ist die Artischocke besonders stachelig, feinherb und aromatisch und schmeckt auch roh. Das Gemüse dazu großzügig putzen und nur den weichen Teil der Blätter, in gutes Olivenöl getunkt, verzehren. Gegart schmecken sie lecker mit Bottarga, Lamm oder Kartoffelstücken – oder einfach eingelegt in Olivenöl. Die gibt's natürlich das ganze Jahr zu kaufen.

ℹ️ *Jedes Jahr Mitte März findet in Sardiniens Artischocken-Hauptstadt Samassi die* **Sagra del carciofo** *statt. Auf dem Dorffest kannst du die knollige Blüte in allen Variationen an diversen Streetfood-Ständen probieren! facebook.com/ sagradelcarciofosamassi, €*

Prost den Hundertjährigen
3 Vino Mandrolisai DOC

Weltweit gibt es fünf Regionen, in denen Menschen viel länger als der Durchschnitt leben. Die sogenannten Blue Zones befinden sich in Okinawa (Japan), Nicoya (Costa Rica), auf der griechischen Insel Ikaria und in einer protestantischen Freikirchengemeinde in Kalifornien – und eben auf Sardinien. Das Bergdorf Seulo hielt von 1996 bis 2016 den Rekord mit 20 Hundertjährigen, ist statistisch also der Ort, an dem die Menschen am längsten leben. Auch in Perdasdefogu leben mehrere Hundertjährige. Die Sarden sind die einzigen Blue-Zoner, die Weintrinker sind, noch dazu Rebensaft mit hohem Tanningehalt. In Sorgono in der Region Mandrolisai glaubt man fest an die lebensverlängernde Wirkung des Weins!

ⓘ *Einen Wein mit dem passenden Namen Kent'Annos (Hundert Jahre) keltert die Winzergenossenschaft* **Cantina del Mandrolisai**, *Corso IV Novembre 20, Sorgono, mandrolisai.shop,* €€

Alles, was das Herz begehrt
5 Domu Antiga

Bei Samuel und seiner Familie arbeiten alle unter einem Dach: Maria Grazia steht in der Küche und zeigt dir, wie Malloreddus-Nudeln gerollt oder Ravioli gefüllt werden. Gleich nebenan in der Käserei Sinnios kannst du dem Meister über die Schulter blicken. Zum Essen gibt's leckeren Hauswein. Geschlafen wird in antik eingerichteten Fremdenzimmern.

ⓘ *Domu Antiga, Via 4 Mori 5, Gergei, domuantiga.it,* €€€

Brot ganz groß
4 Bauernbrot Su Civraxiu

Jeder Bäcker hat seinen eigenen Sauerteig! Die Mutterhefe (lievito madre) ist die beste Basis für das Su Civraxiu, das es vor allem im Süden der Insel gibt. Das schmackhafte, krosse Bauernbrot darfst du bloß nicht im Supermarkt kaufen! Lecker schmeckt es überall dort, wo versteckt „panificio" steht. Die besten Bäcker brauchen keine Leuchtreklame, das morgendliche Gewusel vor dem Bäckerladen reicht als Werbung völlig aus!

ⓘ *In* **Villaurbana** *findet jedes Jahr Ende Oktober das Brotfest Sagra del Pane statt (www.sagradelpane.it).*

Gut
zu wissen

Wenn die Mittagssonne auf die roten Felsen an der Costa Paradiso im Nordwesten Sardiniens knallt, hilft nur der Sprung ins Wasser

OHNE FLIEGER NACH SARDINIEN

Während andere auf den Check-in warten, bist du schon auf Reisen. Nach Sardinien kommst du auch mit Bahn und Fähre.

DEINE ROUTE

1 **Mit dem Nachtzug oder Eurocity geht's von München oder Wien nach La Spezia und von dort über Cinque Terre und Pisa nach Livorno Centrale.**

2 **Gönn dir einen Platz im Schlaf- oder Liegewagen, dann bist du am nächsten Morgen frisch für die Überfahrt oder einen Tag zwischen Ligurien und der Toskana.**

3 **Die Fähren von Livorno nach Olbia oder Golfo Aranci legen frühmorgens oder nach 20 Uhr ab. Auf der Nachtfähre bietet sich ein Liegesessel oder eine Kabine an. Für Fährverbindungen checke directferries.de, für Züge trainline.com**

Hamburg
Berlin
Köln
Stuttgart
München
Wien
Zürich
ca. 13-15 Std.
Bologna
La Spezia
Pisa
Livorno
ca. 1-1,5 Std.
ca. 10 Std.
Rom
Olbia
Cagliari

DU WILLST IN DEN SÜDEN?

Dann nimm von Olbia den Bummelzug nach Cagliari (4 Std.) oder setze ab Civitavecchia (bei Rom) über. In Cagliari liegt gleich neben dem Fährhafen das Busterminal mit Überlandbussen in alle Orte Südsardiniens, vom Bahnhof aus erreichst du Carbonia/Iglesias oder Oristano.

Mit Auto und Wohnmobil

🚗 Frankfurt–Basel–Luzern–Gotthardtunnel–Mailand–Genua oder Livorno 🎁 ➝ **Sardinien**

🚗 Stuttgart–Singen–Zürich–Gotthardtunnel–Mailand–Genua oder Livorno 🎁 ➝ **Sardinien**

🚗 Ulm–Lindau–San Bernardino–Mailand–Genua oder Livorno 🎁 ➝ **Sardinien**

🚗 München–Brennerpass–Bologna–Parma–Livorno 🎁 ➝ **Sardinien**

Ab Genua starten die teuren, langen Nachtüberfahrten nach Olbia (Nordosten, nur Ostern bis Oktober) oder Porto Torres (Nordwesten, ganzjährig). Die Reedereien Moby Lines/Tirrenia (mobylines.de) und GNV (gnv.it) schenken sich preislich meist nicht viel. Die schnellste und günstigste Strecke nach Sardinien startet ab Livorno mit Tag- oder Nachtfähren nach Olbia oder Golfo Aranci. Kabinen bei Nachtfähren bieten auch Stockbetten und ein eigenes Bad. Ab Livorno konkurrieren Moby Lines und Lowcost-Anbieter Grimaldi Lines *(grimaldi-lines.com/de)* mit der haustierfreundlichen Sardinia Corsica Ferries *(corsica-ferries.de)*. Die mit einer deutlich längeren Anfahrt verbundene Reise nach Civitavecchia bei Rom lohnt sich nur, wenn du die Grimaldi-Fähre nach Cagliari nehmen willst. Wer in der Hochsaison reist, sollte unbedingt rechtzeitig buchen, da im August ganz Italien Ferien macht und die Fähren meist rappelvoll sind. Wenn du flexibel sein willst, kannst du dein Ticket auch erst vor Ort buchen, dann kann es aber sein, dass die Fähren schon ausgebucht sind. Außerhalb der Hochsaison werden zahlreiche teils sehr günstige Tarife angeboten. An- und Aufbauten auf jeden Fall mit angeben, es wird nachgemessen! Hier lohnt es sich, frühzeitig die Newsletter der Fährgesellschaften zu abonnieren und auf Rabattaktionen zu warten. Vor der Abfahrt solltest du dir unbedingt eine Reisetasche mit allem packen, was du für die Überfahrt benötigst, denn nach Abfahrt werden die Garagen abgeschlossen. Eine Windjacke ist auch im Hochsommer Pflicht, wenn du die Abfahrt und Ankunft vom Sonnendeck aus genießen willst. Am besten machst du ein Handyfoto mit dem Namen und der Nummer der Zugangstreppe, damit du bei Ankunft nicht lange nach deinem Auto suchen musst. An Bord gibt es meist recht teure Restaurants, aber auch Mitgebrachtes darf an Bord verspeist werden.

Mit dem Flieger

Von Ostern bis Oktober gibt es Direktflüge nach Olbia und Cagliari von Lufthansa, Austrian, easyJet, Condor, Eurowings, Swiss sowie – nach Alghero und Cagliari – Ryanair. Eher teuer sind die Tarife im Mai und zum Saisonende im Oktober, günstiger im Juli und August, da dann die Unterkunftspreise sehr hoch sind. Außerhalb der Saison heißt es umsteigen: ITA Airways bietet sehr günstige Preise ab Frankfurt, Berlin, Wien und Zürich nach Cagliari, mit easyJet und Ryanair kannst du auf eigene Verantwortung in Mailand Malpensa, Bergamo oder Rom-Ciampino umsteigen.

Grün & fair reisen

Du willst beim Reisen deine CO_2-Bilanz im Hinterkopf behalten? Dann kannst du deine Emissionen kompensieren *(atmosfair.de; myclimate.org)*, deine Route umweltgerecht planen *(routerank.com)* oder auf Natur und Kultur *(gatetourismus.de)* achten. Mehr über ökologischen Tourismus erfährst du hier: *oete.de* (europaweit); *germanwatch.org* (weltweit).

VOR ORT UNTERWEGS
*ENTDECKE DIE MÖGLICHKEITEN

Auf Sardinien kommst du wie hier bei Golfo Aranci (Nordosten) auch gut mit der Bahn von A nach B

Mit dem Auto

Die italienischen Verkehrsregeln sind – zumindest auf dem Papier – weitgehend mit den deutschen identisch. Außerorts muss allerdings auch tagsüber immer mit Licht gefahren werden, und für jeden Mitfahrer ist im Fahrgastraum eine Warnweste mitzuführen, die im Pannenfall beim Verlassen des Autos angelegt werden muss. Die Höchstgeschwindigkeit beträgt in Ortschaften 50, auf Landstraßen 90, auf Schnellstraßen rund um Cagliari 110 km/h. Auf Sardinien gibt es keine Autobahnen und keine mautpflichtigen Strecken. Navis leisten oft gute Dienste, aber wenn eine Straße unwegsam ist, wird diese meist nicht besser, auch wenn die Künstliche Intelligenz etwas anderes behauptet! An Tankstellen steht außerhalb der Öffnungszeiten ein Tankautomat bereit, der mit Kreditkarte und/oder mit Geldscheinen funktioniert. Es wird meist ein Betrag von 100 € autorisiert und danach abgerechnet. Immer wieder gibt es aber Probleme mit ausländischen Bankkarten, deshalb ausreichend Puffer zur Tankstellensuche einplanen, wenn du deinen Mietwagen rechtzeitig zurückgeben musst!

Mietwagen

Es ist immer günstiger, bereits vor der Reise über einen großen Reiseanbieter im Internet zu buchen. Einen Kleinwagen bekommst du ab ca. 250 € pro Woche, in der Saison kostet dieser oft das Vierfache. Auf Vollkasko-Versicherungsschutz achten! Wenn du einen Mietwagenanbieter mit Shuttleservice buchst, sind die Preise meist günstiger, plane dann aber bei An- und Abreise immer eine Stunde extra ein!

Elektrisch weiterkommen

Wer nachhaltig die Insel mit elektrischem Untersatz erkunden will, muss Geduld mitbringen. Ladestationen sind noch nicht breit gestreut und meist an Hotels angeschlossen. Aber auch immer mehr Supermarktparkplätze bieten Ladesäulen, an denen sich im Sommer die E-Autos stauen können. Das größte Ladenetz bietet Enel X (www.enelx.com). Nicht immer funktionieren ausländische Lade-Abos tadellos. Keine gute Idee ist es, das Elektroauto im eigenen Ferienhaus an der Steckdose laden zu wollen – das macht keine sardische Sicherung mit!

OHNE AUTO UNTERWEGS

MIT DEM FAHRRAD
Nicht nur für Sportliche

MIT DEM BUS
Damit kommst du in fast jedes Dorf

Die Überlandbusse der ARST fahren jeden noch so kleinen Ort der Insel an *(arst. sardegna.it)*. Alle größeren Orte besitzen eine zentrale Busstation *(stazione autobus)*, in Dörfern ist die Haltestelle meist in der Ortsmitte. Pro Bus dürfen maximal zwei Fahrräder mitgenommen werden! Ferienorte wie Budoni und San Teodoro bieten Strandshuttles an. In Cagliari, Olbia und Alghero werden viele Strände vom Stadtbus angefahren.

Ob für einen Tag oder eine Woche, ob Rennrad, MTB oder E-Bike: Fahrradverleiher findest du in allen großen Städten und in manchen Hotels. In Alghero verleiht z. B. *algherorentabike.com*, in Pula *probikein resort.com*, in San Teodoro *renteodoro.com* und in Cagliari *newwaysardinia.com*. Dolcevita bietet selbstgeführte Touren auf der ganzen Insel an *(dolcevitabiketours.com)*.

MIT DER BAHN
klappt es zwischen großen Städten

Die Öffis auf der Insel sind spottbillig! So kommst du z. B. für unter 20 Euro von Olbia nach Cagliari. Die Hafenstädte auf dem Festland haben Bahnanschluss, auf Sardinien liegt der nächste Bahnhof maximal 15 Min. Fußmarsch entfernt. Es existiert eine Hauptlinie von Golfo Aranci/Olbia nach Cagliari mit Abzweig nach Porto Torres und Iglesias. Mehr Infos: *trenitalia.com*. Fahrradmitnahme nur begrenzt möglich!

Vorbei an Ginsterstauden geht's zum Adrenalinkick am Rocce Rosse, dem roten Felsen bei Arbatax (Ostküste)

Allein unterwegs

Geht auf Sardinien! Allerdings ist etwas Flexibilität bei der Planung gefragt, vor allem wenn du ohne Auto unterwegs bist. In der Saison kosten Einzelzimmer oft so viel wie Doppelzimmer. Hostels mit Mehrbettzimmern gibt es in den großen Städten, z. B. in Alghero *(piccolocatalunya.it)* und Cagliari *(hostelmarinacagliari.it)*. Trampen ist auf Sardinien eher ungewöhnlich und auf den großen Schnellstraßen verboten.

Angeln

Eine Angelgenehmigung benötigst du nur für Flüsse und Seen sowie Meeresschutz- und Sperrgebiete. An Felsen, Kliffs und Stränden darf von Sonnenunter- bis -aufgang gefischt werden.

Auskunft

sardegnaturismo.it ist die offizielle Tourismus-Website der Region Sardinien. Das italienische Fremdenverkehrsamt gibt Infos unter *italia.it*. Die umfang-

reichste deutschsprachige Sardinien-Website ist der Blog *pecora-nera.eu*, der mit detaillierten und aktuellen Infos aufwartet. Auf Facebook finden sich unter dem Stichwort „Sardinien" unzählige Foren und Interessengruppen zu Themen wie Camping und Fähren.

Campen

Freistehen und Wildcampen ist fast auf allen Parkplätzen der Insel verboten. Wenn du es riskieren willst, gilt der Ehrenkodex: Den Platz sauber zu hinterlassen und Müll mitzunehmen ist Ehrensache, illegales Entsorgen ist ein absolutes No-Go. Auf offiziellen Campingplätzen muss in der Regel nicht vorgebucht werden.

Miet-Camper auf Sardinien sind selten unter 100 € pro Nacht zu haben. Achte auch auf das Kleingedruckte und die Nebenkosten wie Tarife für die Flughafenzustellung. Bestehe auf einem guten Versicherungsschutz! Deutschsprachigen Camperverleih in der Nähe von Alghero bietet *sardinienurlaub-gmbh*.

de. Mietcamper ab Cagliari gibt es bei *chelucam per.com*, ab Porto San Paolo (Olbia) bei *camper sardegna.net.*

Diebstahl, Einbrüche und Blechschäden

Langfinger haben nur zur Hochsaison Dienst auf Sardinien. Die meisten Autoeinbrüche geschehen dann, wenn Wertgegenstände in Sicht liegen gelassen werden – das iPad auf der Hutablage oder die Geldbörse hinter der Windschutzscheibe sind eine echte Einladung. Solltest du bei angeblichen Parkremplern und dubiosen abgebrochenen Seitenspiegeln Zweifel haben, immer versuchen, die Polizei hinzuzuziehen (Polizia Municipale). Bei Mietwagen immer auf Vollkaskoversicherung ohne Selbstbehalt bestehen.

Essen und Trinken

Essen gehen ist nicht gleich essen gehen: In einem Ristorante findest du gedeckte Tische. In der etwas einfacheren Trattoria gibt es oft keine feste Speisekarte, sondern nur eine kleine Auswahl an Tagesgerichten. Gegessen, was auf den Tisch kommt, wird im Agriturismo – dafür authentisch, frisch und hausgemacht! Die Pizzeria öffnet meist nur in den Abendstunden – Pizza zum Mittag deutet auf Touristenfalle hin.

Die klassische Speisenfolge beim Mittag- oder Abendessen beginnt mit einem Antipasto, es folgt ein Primo piatto (erster Gang, meistens Nudeln), dann kommt der Secondo (zweiter Gang, meist ein Hauptgericht Fleisch (Terra) oder Fisch (Mare) und die Beilagen Contorni (meist Gemüse, Salat), die extra bestellt werden müssen. Als vierten und letzten Gang gibt es Dolci, süße Nachspeisen, für die die Italiener immer ein Plätzchen im Magen reservieren. Du kannst auch von der klassischen Reihenfolge abweichen und z. B. nur ein Antipasto und ein Hauptgericht bestellen, ohne schief angeschaut zu werden.

Buon appetito: Pane Carasau, Pecorino, Ricotta, Salami und Schinken

Wer einen guten gemischten Salat auf der sardischen Speisekarte sucht, wird meist enttäuscht. In Strandbars solltest du darauf achten, ob eine richtige Küche vorhanden ist, ansonsten kann die Pasta aus der Mikrowelle kommen!

Für Notfälle

Allgemeiner Notruf Tel. 112
Musst du einen Notruf absetzen, bleibe dabei ruhig und berichte:
- Wo ist es passiert?
- Was ist passiert?
- Wie viele Verletzte gibt es?
- Welche Verletzungen liegen vor?

Warte dann auf Rückfragen der Leitstelle, beende das Gespräch nicht unaufgefordert.

Pannenhilfe
vom Festnetz Tel. 80 31 16
vom deutschen Handy Tel. 80 011 68 00

Die ganze Pracht der Ernte auf dem San-Benedetto-Markt von Cagliari

Hunde

Vor dem Trip auf die Insel solltest du deinen Heimtierausweis mit empfohlenen Impfungen auffrischen. Die beste Reisezeit für Ferien mit Fellnase ist die Nebensaison: April und Mai sowie September und Oktober bis November herrschen angenehme Temperaturen zum Wandern und Baden. Die Sommermonate sind zu heiß! Hunde dürfen tagsüber offiziell von April bis Ende Oktober nur an Hundestrände (Bau Beach oder Spiaggia per Cani). Ausnahme: Ab 20 Uhr (im September ab 19 und im Oktober schon ab 18 Uhr) bis 8 Uhr morgens darfst du auch mit dem Vierbeiner ans Meer. Leine und Kotbeutel bei der Hand ist überall Pflicht!

Märkte

Wochenmärkte gibt es in jedem größeren Dorf, an unterschiedlichen Tagen und nur vormittags. Neben frischen Lebensmitteln werden jede Menge Krimskrams, Klamotten, Souvenirs und Haushaltswaren angeboten. Direkt beim Erzeuger kannst du auf den über 20 Coldiretti-Märkten der Campagna Amica einkaufen: *campagnamica.it/la-nostra-rete/mercati-a-km-0* und „Sardegna" eingeben.

Medizinische Versorgung

Mit der Europäischen Krankenversicherungskarte EHIC hast du im selben Maß Anspruch auf medizinische Versorgung wie Einheimische, musst aber auch die Praxis- und Krankenhausgebühren bezahlen. Gegebenenfalls werden Gebühren auf Antrag von der heimischen Kasse erstattet. Ferienorte haben während der Saison eine Guardia Medica Turistica, eine Ambulanz für Feriengäste, die unbürokratische und kompetente Erstversorgung leistet. Verzeichnis: *sardegnasalute.it/assistenza* (Guardie Mediche ganzjährig bzw. Guardie turistiche zur Saison).

Mücken

Sardische Mücken sind lästig, aber keine Überträger von Krankheiten. Viele Italiener schwören auf Mückenspiralen, die in den Abendstunden angezündet werden. Ein gutes Mückenspray gehört in jede Reisetasche.

Notruf und diplomatische Vertretungen

Allgemeine Euro-Notrufzentrale Tel. 112
Pannennotdienst ACI 800116800
Deutsches Konsulat in Cagliari: Via Garzia Raffa 9 | Tel. 0 70 30 72 29
Österreichische Botschaft in Rom: Viale Pergolesi 3 | Tel. 0 68 44 01 41
Schweizerisches Konsulat in Cagliari: Via XX Settembre 16 | Tel. 0 70 66 36 61

Öffnungszeiten

Läden sind täglich meist von 8.30 bis 13 und von 17 bis 20 Uhr geöffnet, Märkte nur vormittags. In der Saison öffnen zahlreiche Geschäfte bis 22 oder gar 24 Uhr. In den Städten sind die Fußgängerzonen während der Mittagspause wie leergefegt. Restaurants schließen mittags gegen 14.30 Uhr und öffnen abends nicht vor 19.30 Uhr.

DRAUSSEN UNTERWEGS MIT KINDERN

Lieblingstouren

Touren entlang von Bächen oder kleinen Seen sind wunderbar. Wenn's heiß ist, können alle ihre Füße kühlen, Rindenschiffchen bauen oder flache Steinchen hüpfen lassen.

Mit allen Sinnen

Eine süße Blume und ein herbes Kraut riechen, Moos und Steinchen barfuß spüren, mit geschlossenen Augen das Knacken und Rascheln hören, mit Lupe oder Fernglas Tiere beobachten: Ein Naturspaziergang ist für Kinder wie ein toller Sinnespfad.

Wie weit mit Kids?

Wie lang darf eine Wanderstrecke mit Kindern sein? Als grobe Orientierung nennt der Deutsche Wanderverband: das Lebensalter mal 1,5 nehmen. Eine Siebenjährige könnte danach 10,5 km schaffen, einen Kilometer je 100 hm abziehen. Als Zeitbedarf plane die doppelte Zeit ein, die für erwachsene Wanderer angegeben wird.

Notausstieg

Wähle Wanderrouten aus, die du leicht abkürzen kannst – je nach Kondition und Stimmung. Beziehe bei der Vorbereitung einer Tour die Kinder unbedingt mit ein: gemeinsam die richtige Wanderkarte auswählen und unterwegs zusammen gucken, wie der Weg weitergeht.

Lesefutter

Toll illustrierte Kinderbücher über Pflanzen, Tiere, Gewässer und Gebirge machen Lust auf den Naturausflug. Der passende Band wandert mit – damit es noch mehr zum Entdecken gibt.

Abenteuer am Wegesrand

Wohnt ein Räuberhauptmann in der Burgruine? Und sind hier wirklich Steinzeitjäger an den Felsklippen entlanggeschlichen? Wähle Wanderrouten aus, die an besonderen Orten vorbeiführen. Kleine Geschichten machen sie für den Nachwuchs zu spannenden Abenteuerplätzen.

Der Hitze entkommen

Vor allem mit kleineren Kindern kann sehr heißes Sommerwetter richtig anstrengend sein. Wenn mal alle nach einer Abkühlung lechzen: Macht doch einfach einen Tagesausflug in die Berge. Ein Picknick im Wald, ein kühler Bergbach – und der Tag ist gerettet. Richtwert: Pro 100 hm ist es ca. ein Grad kühler.

Matschverhüterli

Große, stabile Mülltüten sollte man als Eltern immer im Auto haben. Warum? Kinder sind mobil und immer gerne dort unterwegs, wo es spannend und oft auch schmutzig ist, z.B. im Matsch. Aber sooo ins Auto? Kein Problem: Steck dein Kind vor der Weiterfahrt einfach bis zur Taille in die Tüte und der (Miet-)Wagen bleibt sauber.

RUCKSACK-APOTHEKE

Wer draußen unterwegs ist, sollte immer ein Erste-Hilfe-Set dabeihaben. Und natürlich solltest du wissen, wie du Binden und Kompressen anwendest – ein Erste-Hilfe-Kurs schadet nie.

Sei auf Notfälle vorbereitet
- Pflaster (zum Abschneiden) für kleine und größere Schürf- und Schnittwunden
- Blasenpflaster
- Mullbinden und Kompressen zum Abdecken von Wunden
- Dreieckstücher zum Ruhigstellen von Gelenken bei Brüchen
- Desinfektionsmittel
- Allergiemittel
- Schmerztabletten
- Wundheilsalbe
- Insektenschutz
- Verbandschere
- Pinzette
- Einmalhandschuhe
- Rettungsdecke als Schutz vor Unterkühlung
- Kältekompresse
- Signalpfeife
- Zeckenzange

Schon gewusst?
Im Notfall kannst du drei Minuten ohne Sauerstoff, drei Tage ohne Wasser, drei Wochen ohne Nahrung, aber nur drei Stunden ohne Schutz vor Wind, Nässe und Kälte aushalten. Hab also auch immer Kleidung für alle Eventualitäten im Rucksack.

Parken und Strafzettel

Parksäulen funktionieren ähnlich wie in Mitteleuropa, manchmal muss das Autokennzeichen eingegeben werden (steht bei Mietwagen auf dem Anhänger des Wagenschlüssels). Parkvergehen müssen in der Regel innerhalb der nächsten fünf Tage bezahlt werden, sonst steigt der Gebührensatz. Bezahlen kannst du meist im Tabakladen oder auf der Post. Bußgeldbescheide werden auch oft Jahre später in die Heimat nachgesandt, mit saftigen Gebühren.

Post

Briefmarken gibt's nur noch mit viel Glück im Tabakladen, auf der Post musst du oft lange Schlange stehen. Porto für Briefe und Postkarten ins europäische Ausland kosten 1,30 €. Briefmarken weisen keinen Nennwert mehr aus, sondern den Aufdruck B Zona 1.

Preise

Für die Bargeldabhebung im Ausland berechnet die heimische Bank in der Regel hohe Gebühren. Auch kleine Beträge am Strandkiosk können bargeldlos bezahlt werden, außer das Kartenterminal ist mal wieder ausgefallen („POS fuori uso").

Strände und FKK

Alle Strände auf Sardinien sind frei zugänglich. Auch wenn es immer mehr Strände mit Lido-Betrieb gibt, muss ein Teil des Strands frei bleiben (spiaggia libera), und Spazierengehen am Ufer ist immer erlaubt. Oben ohne wird an den großen Stränden toleriert. Sardiniens offizielle FKK-Strände liegen im Westen auf der Südseite des Dünenstrands Piscinas, am Nordende von Porto Ferro (Alghero), bei Is Benas (Oristano) und am Nordende von Feraxi (Muravera) an der Südostküste.

Telefon, Handy und Internet

Vorwahlen: Deutschland 00 49, Österreich 00 43, Schweiz 00 41, Italien 00 39. Innerhalb Italiens gibt

Alle Strände frei zugänglich: Küstenland-schaft bei Rena Majore im Nordwesten

Nicht vergessen aufzufüllen: Trinkwasserbrunnen in Barbagia di Belvì im Gennargentu-Nationalpark

es keine Vorwahlen, bei Anrufen nach Italien muss die Null am Beginn von Festnetznummern daher immer mitgewählt werden. Seit EU-weit die Roaming-Gebühren abgeschafft wurden, lohnt sich eine italienische Prepaid-Karte eigentlich nicht mehr. Die Handy-Netzabdeckung auf Sardinien ist gut, nur in den Bergen kann es zu netzfreien Zonen kommen. Im Sommer sind die Netze am Strand oft überlastet. Die Navi-Software solltest du besser offline auf das Handy laden! Google Maps funktioniert auf Sardinien zuverlässiger als die Kartensoftware von Apple.

Toiletten

Sardische Toiletten in Restaurants und Bars sind leider selten sauber und gerade auf Campingplätzen herrschen in den Sanitäranlagen oft anarchische Zustände. Deshalb solltest du immer ein paar Feuchttücher griffbereit haben. Die solltest du wiederum nirgendwo ins Klo werfen, da sie nicht biologisch abbaubar sind und schnell die engen Rohre verstopfen. Letzteres gilt auch für Ferienhäuser und Hotels. An Strandbuden musst du meist an der Bar nach dem Schlüssel für die Toilette fragen.

Ins Meer zu pinkeln ist übrigens völlig in Ordnung, weil für die Meeresflora und Fauna völlig ungiftig. Nur genügend Abstand zu anderen Badegästen sollte eingehalten werden.

Was kostet wie viel?

Kaffee	1–1,50 € für einen Espresso im Stehen
Imbiss	3–5 € für ein *panino* mit Käse
Eis	meist nach Größe der Tüte, ab 3 €
Pizza Margherita	7–10 €
Wein	4–7 € für eine Karaffe Vino della Casa (0,25 l)
Liegestuhl	10–25 €/Tag, in der Hochsaison z. T. drastisch mehr
Benzin	1,80–2 €/Liter

Trinkgeld

Auf Sardinien ist es in der Gastronomie, in Bars und beim Frisör nicht üblich, Trinkgeld zu geben. Im Restaurant wird der Service automatisch mitberechnet *(coperto)*.

Trinkwasser

Leitungswasser ist auf Sardinien bedenkenlos trinkbar, kann im Sommer aber stark gechlort sein. Trinkwasserquellen (fontane) gibt es vor allem in den Bergen und Wäldern der Insel. Dort, wo die Sarden kanisterweise Wasser zapfen, kannst auch du bedenkenlos deine Reserven auffüllen. Auf Wanderwegen sind Quellen selten, und wenn, sind sie meist als „Aqua non potabile" (kein Trinkwasser) ausgewiesen, weil sie nicht auf Reinheit überprüft wurden, sind aber meist unbedenklich.

Verordnungen und Verbote

Sand, Steine und Muscheln mitzunehmen ist auf Sardinien streng verboten. Tatsächlich wird dies auf den Flug- und Fährhäfen auch kontrolliert und streng geahndet.

Zoll

Frei ein- und ausgeführt werden dürfen innerhalb der EU alle Waren für den persönlichen Gebrauch. Richtmengen hierfür sind u. a. 800 Zigaretten, 10 Kleinverkaufspackungen an Substituten für Tabakwaren und 10 l Spirituosen, 110 l Bier und 60 l Schaumwein. Für Menschen mit Schweizer Staatsangehörigkeit gelten dagegen erheblich geringere Freimengen, u. a. 5 l Wein und 1 l Spirituosen, 1 kg Fleisch und Fleischzubereitungen sowie 250 Zigaretten.

Aus der Ferne grüßt das Zuckerbrot: Küstenstraße nahe der Insel Pan di Zucchero im Süden Sardiniens

ERKENNE, WAS UM DICH IST
Apps für Naturfreunde

SO KOMMST DU BESSER ANS ZIEL
Navi-Unterstützung für Aktive

Geschafft! Der Gipfel ist erobert, die Rundsicht auf die Bergwelt der Hammer. Aber wie heißen die ganzen Spitzen, die da am Horizont in den Himmel piksen? Das verrät die App PeakFinder – einfach mit der Kamera in die gewünschte Richtung halten. Das Ganze gibt's übrigens auch für den Nachthimmel, Apps wie SkyMap oder SkyView sind wie ein Astronom für die Hosentasche, der dir das Weltall erklärt.
Für Pflanzen z. B. PlantNet, Flora incognita (vor allem für D) und iNaturalist, für Vogelstimmen NABU Vogelstimmen oder BirdNET.

Mit Apps wie Komoot, Maps 3D, GPSies oder von Runtastic wird dein Smartphone zum Navi, egal ob du zu Fuß oder auf zwei Rädern unterwegs bist. Google Maps funktioniert zwar auch, findet aber oft nur die Haupt- und nicht die schönen, verkehrslosen Nebenrouten. Zur Sicherheit solltest du immer eine Powerbank für eine Extraakkuladung im Gepäck haben, denn die GPS-Funktion des Smartphones ist energiehungrig.

ANALOG UNTERWEGS
Die passende Karte finden

Mist, der Akku des Smartphones ist leer. Nimm deshalb immer auch eine gute Karte deines Wandergebiets mit. Bist du in einem kleineren Gebiet unterwegs, ist der Maßstab 1: 25 000 perfekt, dann sind vier Zentimeter auf der Karte ein Kilometer im Gelände. Hast du eine Tour über größere Entfernungen vor, dann greif zum Maßstab 1:50 000. Zwei Zentimeter auf der Karte entsprechen dann einem Kilometer.

Auf der Karte kannst du übrigens auch sehen, wie steil das Gelände wird: Je enger die Höhenlinien – jene Linien, die dem Geländeverlauf folgen – liegen, desto steiler wird's. Bei einer 50 000er-Karte sind zwischen zwei Höhenlinien meist 20 m. Wenn dein Wanderweg einer Höhenlinie folgt, hast du Glück: Der Weg ist (relativ) eben.

Darf auf keinem Dorffest fehlen: Der sardische Rundtanz Ballu Tundu wird in großen Gruppen getanzt

Open-Air-Konzerte, Sportveranstaltungen, Freilichttheater oder Volksfeste – in Sardinien gibt es das ganze Jahr Events, die draußen stattfinden und viele Besucher:innen anziehen.

Februar/März

Carnevale di Barbagia: Rigoros im Freien: Faschingsfeste mit altertümlichen Karnevalsmasken in Fonni, Gavoi, Orani und Mamoiada finden auf den Gassen statt!

Sa Sartiglia ist das farbenfrohe Karnevalskostüm-Fest nach dem Vorbild eines iberischen Reiterwettbewerbs in Oristano. *sartiglia.info*

März/April

Settimana Santa: Beeindruckende Passionsspiele zu Ostern nach Einbruch der Dunkelheit in den Altstadtgassen von Cagliari, Alghero und Iglesias.

April

Sagra degli Agrumi: Das Zitrusfrüchte-Fest mit Umzügen, Ständen und Feiern in den Gassen der kleinen Agrargemeinde Muravera. Wer hier ohne Körbe von Orangen nach Hause geht, ist selber schuld!

Olbia in Fiore: Die Fußgängerzone wird mit Millionen von Blumen zu einer riesigen Grünanlage geschmückt. *helloolbia.com/olbia-in-fiore*

Mai

Sant'Efisio: Sardiniens größter Folkloreumzug findet in Cagliari am 1.-Mai-Vormittag statt, bei dem zu Ehren des Schutzpatrons alle Trachten der Insel gezeigt werden. Etwas geruhsamer geht es am 4. Mai zu, wenn der Heilige samt Pilgern am Abend aus dem fernen Pula zurückkehrt. *cagliariturismo.it*

San Simplicio: Bei der bunten Kirmes mit Prozessionen, Umzügen, Fahrgeschäften und Reitwettkampf Anfang Mai ist tagelang ganz Olbia auf den Beinen. *comitatosansimplicio.org*

Primavera nel Cuore della Sardegna: Frühlingsfeste und Kulinaria-Events in den Dörfern an der Ost- und Westküste. *cuoredellasardegna.it*

Rally Sardegna Italia: Staubige Kurven, spektakuläre Stunts und jede Menge Action gibt es bei der Sardinien-Etappe der Rallye-Weltmeisterschaft. *rallyitaliasardegna.com*

Juni

Superyacht-Regatta in **Porto Cervo**: internationaler Megayachten-Wettbewerb, ideal zum Luxus-Schiffe Gucken an der Costa Smeralda. *yccs.it*

August

Musica sulle Bocche **rund um Santa Teresa Gallura und Castelsardo:** Jazzfestival mit Konzerten zum Sonnenauf- oder -untergang am Strand. *musicasullebocche.it*

Time in Jazz: Weit über die Insel hinaus bekanntes Jazz-Sommerfestival rund um das Weindorf Berchidda, organisiert von dem bekannten Jazz-Trompeter Paolo Fresu. *timeinjazz.it*

September

San Salvatore **bei Cabras:** Beim Pilger-Barfußlauf im Morgengrauen ist das ganze Dorf schon zu früher Stunde auf den Beinen. *sardegnaturismo.it/de/ die-corsa-degli-scalzi-barfuss-fuer-einen-mythos*

September–Dezember

Autunno **in Barbagia:** Erntedankfeste in den sardischen Bergen. Auf zahlreichen Herbst-, Wein- und Spezialitätenfesten wird jedes Wochenende in der zentralsardischen Barbagia-Region gefeiert, getanzt und jede Menge Rotwein ausgeschenkt. Aber auch Dorfbesichtigungen, Trekkingtouren und Sportevents werden organisiert. *cuoredellasardegna.it*

Dezember

Cap d'Any de l'Alguer–Alghero feiert Silvester natürlich draußen! Die nordwestsardische Hafenstadt lockt zum Jahresbeginn Feierwütige aus der ganzen Insel zu Konzerten und Straßenpartys. *capdany.algheroturismo.eu*

Feiertage

1. Jan.	Neujahrstag
6. Jan.	Epifania (Hl. Drei Könige)
März/April	Pasquetta (Ostermontag)
25. April	Liberazione (Jahrestag der Befreiung vom Faschismus)
1. Mai	Festa del Lavoro (Tag der Arbeit)
2. Juni	Festa della Repubblica (Tag der Republik)
15. Aug.	Ferragosto (Mariä Himmelfahrt)
1. Nov.	Ognissanti (Allerheiligen)
8. Dez.	Immacolata Concezione (Mariä Empfängnis)
25. Dez.	Natale (Weihnachten)
26. Dez.	Santo Stefano (Zweiter Weihnachtsfeiertag)

Erntedank auf Sardisch: Bei Autunno in Barbagia wird kredenzt, was Feld und Garten hergeben

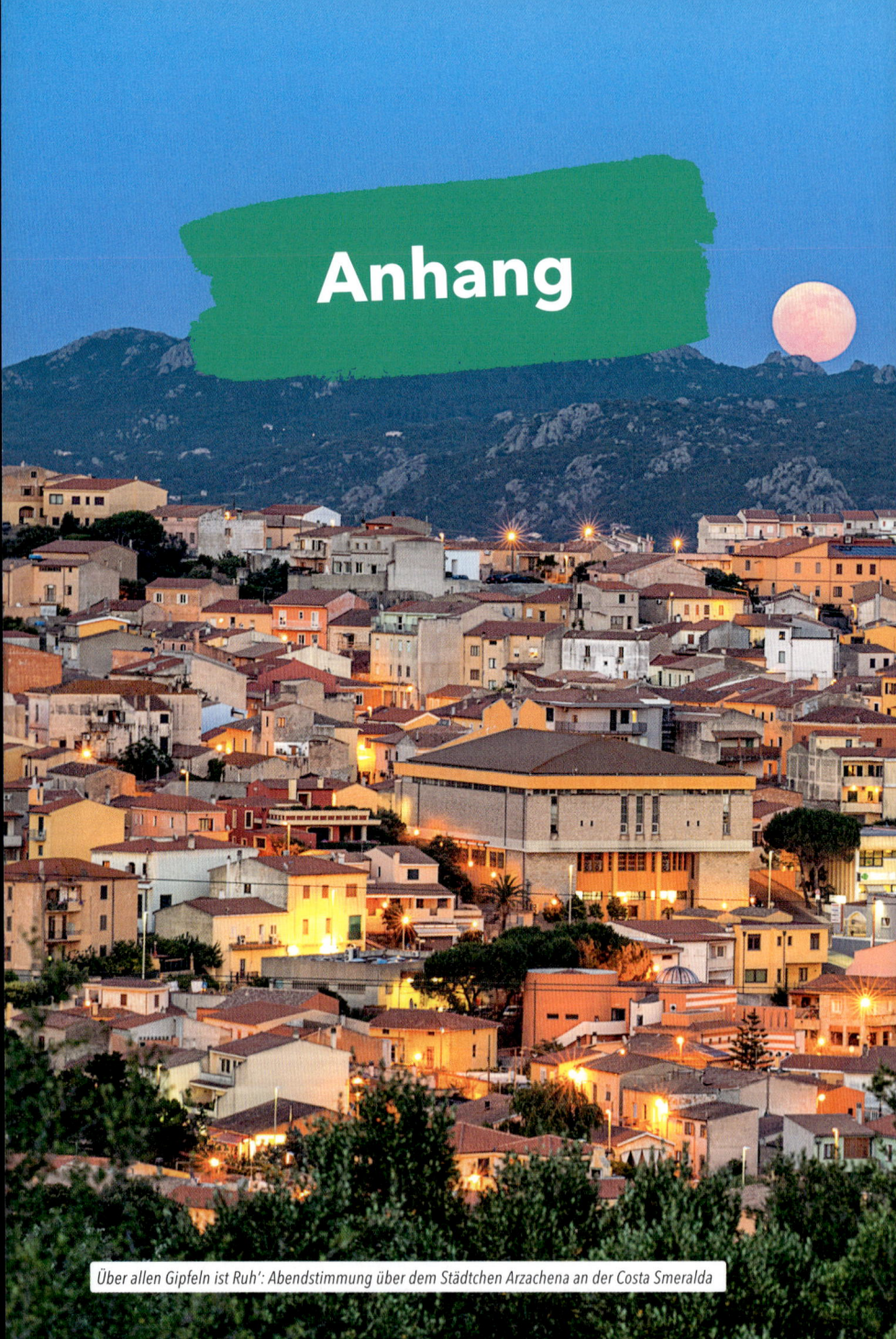

Anhang

Über allen Gipfeln ist Ruh': Abendstimmung über dem Städtchen Arzachena an der Costa Smeralda

Nach der Reise ist vor der Reise:
Hier findest du noch mehr beste Frischluftabenteuer
für deinen Urlaub

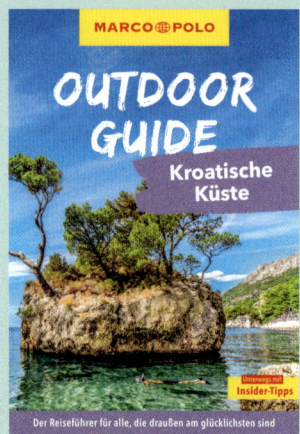

ISBN 978-3-575-01918-9

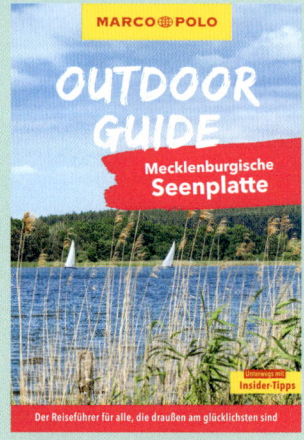

ISBN 978-3-575-01921-9

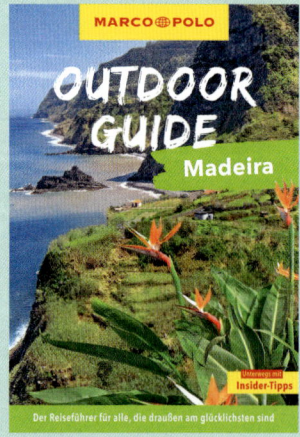

ISBN 978-3-575-01919-6

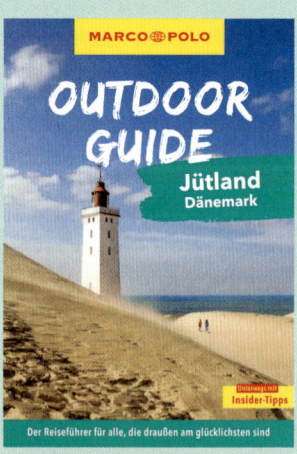

ISBN 978-3-575-01917-2

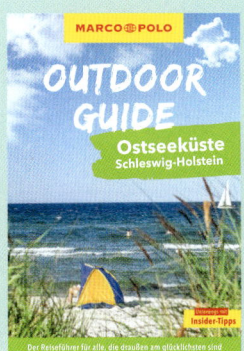

ISBN 978-3-575-01924-0

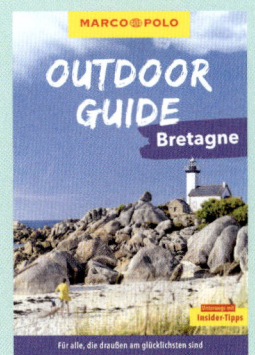

ISBN 978-3-575-01901-1

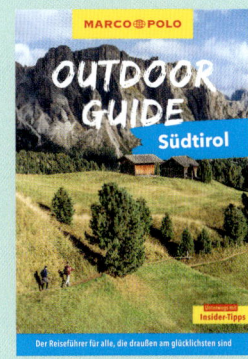

ISBN 978-3-575-01928-8

ISBN 978-3-575-01922-6

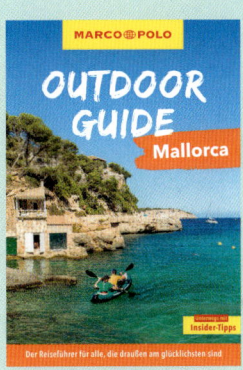

ISBN 978-3-575-01920-2

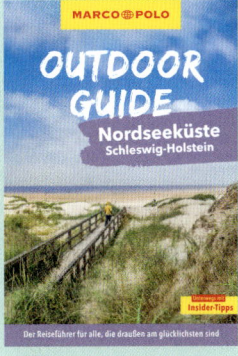

ISBN 978-3-575-01923-3

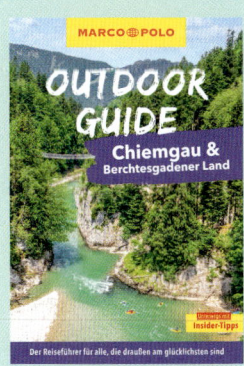

ISBN 978-3-575-01916-5

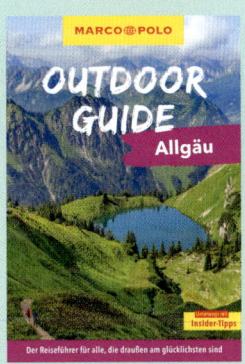

ISBN 978-3-575-01927-1

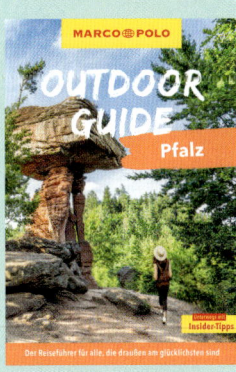

ISBN 978-3-575-01925-7

REGISTER
*NACH ORTEN

REGISTER
*NACH AKTIVITÄTEN

1. Auflage 2024
© 2024 MAIRDUMONT GmbH & Co. KG, Ostfildern
ISBN 978-3-575-01926-4

Texte: Timo Lutz, mit Ausnahme S. 26, 213, 214 (Ruck-sack-Apotheke), 217, Umschlaginnenseiten (Jens Bey, Stuttgart)
Konzept & Projektleitung: Monique Sorban
Gestaltung Umschlag & Layout: Nicola Hammel-Siebert, Tanja Schnurpfeil, Weimar & Leipzig, zebraluchs.de
Illustrationen: Nicola Hammel-Siebert (S. 13), Carolin Weidemann, Köln, weidemann-design.com (Umschlag, S. 26, 206, 209)
Lektorat und Satz: booklab, München
Korrektorat: Kirsten Skacel, Wölpinghausen, lektorat-rotstift.de
Kartografie: © 2024 KOMPASS-Karten GmbH, Karl-Kapferer-Straße 5, A-6020 Innsbruck unter Verwen-dung von © OpenStreetMap Contributors, osm.org/copyright
Als touristischer Verlag stellen wir bei den Karten nur den De-facto-Stand dar. Dieser kann von der völker-rechtlichen Lage abweichen und ist völlig wertungsfrei.

Printed in Poland

Lob oder Kritik? Wir freuen uns auf deine Nachricht! Trotz gründlicher Recherche schleichen sich manchmal Fehler ein. Wir hoffen, du hast Verständnis, dass der Ver-lag dafür keine Haftung übernehmen kann.
MARCO POLO Redaktion, MAIRDUMONT, Postfach 3151, 73751 Ostfildern, info@marcopolo.de

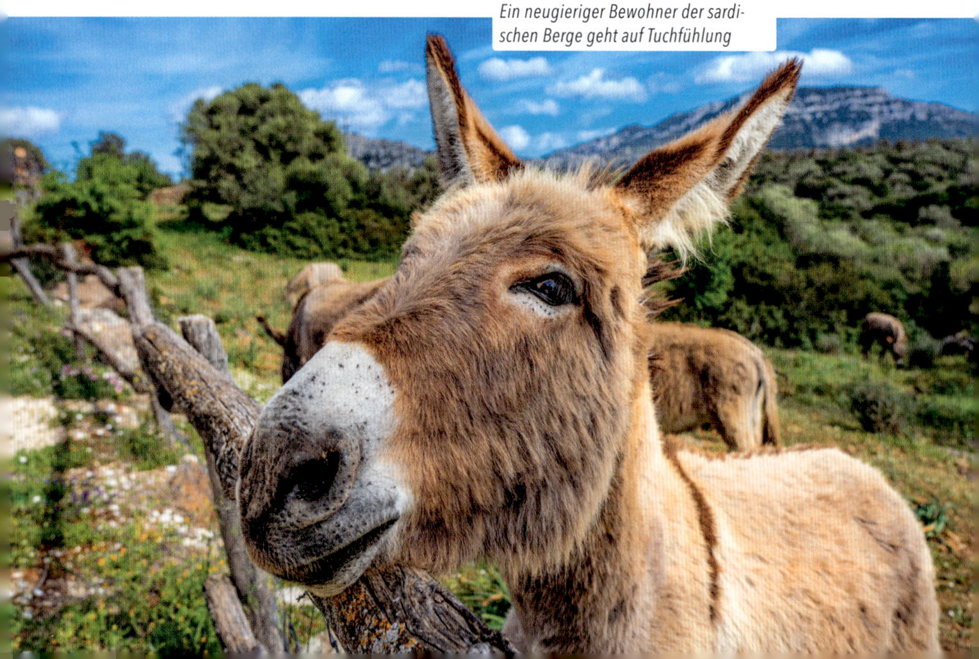

Ein neugieriger Bewohner der sardi-schen Berge geht auf Tuchfühlung

Zeuge früher Belagerungen: der alte Torre Spagnola auf der Isola Rossa

Titelbild: Strand an der Cala Luna, Ostküste (Shutterstock. com: fokke baarssen)

Motive Rückseite: Giara-Pferde (l.) und Castelsardo (r.)

Fotos: DuMont Bildarchiv: Christina & Toni Anzenberger-Fink (Umschlagrückseite r., 1 o., 15, 19, 29 r. o., 58, 61, 63 u., 82 r., 90, 118, 159 u., 198 l., 204/205, 211, 215 r., 215 l., 218, 220/221, 229); Francesco A. Rondoni (115); Getty Images: Francesco Riccardo Iacomino (36), Slonov/iStockphoto (72), Stefan Mohme/500px (16), Stefano Oppo/Image Source (74); Matias Rey (172 l.); Mauritius Images: AGF/Elio Villa (24), alberto maisto/Alamy Stock Photos (91 o.), Bruno Kickner (152), Enrico Spanu/CuboImages (78), Fabiano Caddeo Goreme/Alamy Stock Photos (20), Fabiano Caddeo/CuboImages (148), Giuseppe Sedda/CuboImages (180), Markus Lange (30), Matthias Riedinger/Alamy Stock Photos (10/11), Roman Babakin/Alamy Stock Photos (208), Sue Willoughby/Alamy Stock Photos (109), Travel Wild/Alamy Stock Photos (113); Maurizio Usai (107 l.); memabiketours (104, 105); Museo archeologico Dorgali (143 l.); Parco Sardegna in Miniatura - Tuili (SU): Roberto Bandinu (190); Rosanna C. (111 l.); Santuario Nuragico di Santa Vittoria a Serri (201); Shutterstock.com: Adwo (194 l.), Alessio Orru (119 o., 146, 175 o., 202, 203 o., 203 u., 216), Andrew Mayovskyy (87), Anyarnia (166 r.), arhire alexandru (59 l.), Babi_82 (170), Barbara Piras (29 l. u.), ChWeiss (18 l. o.), Content Creators (128), D Bond (120), D.serra1 (181 u., 189 o.), DaLiu (157), daniele fanni (62), Danita Delimont (110), Dave Poc (173), Elisa Locci (17 l. M., 44, 45, 137 r., 172 r.), endemico (168 l.), Eva Bocek (143 r.), fabiano goreme caddeo (Umschlagrückseite l., 28/29, 142, 147 u., 159 o., 168 r., 176), Fabio Michele Capelli (232), Filip Fuxa (155), flo bra (88 r.), Francesca Murroni (147 o.), Francesco Maltinti (48), Francescomoufotografo (14, 22, 119 u., 175 u.), Frank Lambert (98, 228), Gabriele Maltinti (12, 17 r. u., 29 r. u., 40), Giammarco Figus (9, 193 l., 193 r.), GIANFRI58 (219), Gonzalo Jara (86 r.), IHS Channel (17 o.), Image Source Trading Ltd (131), Iurii Dzivinskyi (31), ivan canavera (17 l. o., 194 r.), Ivoha (164), Iza Meczykowski (126), Jana Land (191 l.), krivinis (135 r.), Kuco13 (107), LouieLea (52 l.), Luxury Fred Sherman (130), M. Vinuesa (25 r.), Marcin Krzyzak (137 l.), Marco Bongera (17 r. o.), Marco Mul (96, 141), Martin Valigursky (136 l., 158, 167), Massimiliano Finzi (54 r.), Patrizio Martorana (174), ROBERT67 (160), Roberto Lo Savio (32, 140 l.), RobertoRossi (161), Rodolfo Baldussi (18 r. u., 92, 165 r., 169 r., 181 o., 186, 187), Roman Babakin (28 o.), Sabino Parente (212), saxanad (49), Sildf (192 l.), Sophie Lenoir (132), studioanghifoto (102, 103), Tore65 (83), Torruzzlo (154, 162, 188), travelwild (25 l.), Tupungato (18 l. u., 29 l. o.), Vesna Kriznar (88 l.), Vincenzo Iacovoni (17 r. M.), Vlas Telino studio (28 u.), Volodymyr Sobko (153), vvoe (63 o.), Wigandt (91 u.), Wynian (163 r.); Timo Lutz (1 u., 4/5, 6, 7, 8, 17 l. u., 18 l. M., 18 o., 18 r. M., 27, 41, 42, 43, 46, 47, 50, 51 l., 51 r., 52 r., 53, 54 l., 55, 56 r., 56 l., 57 l., 57 r., 59 r., 60, 64, 68, 69, 70, 71, 73, 75, 76, 77, 79 r., 79 l., 80 r., 80 l., 81, 82 l., 84, 85 r., 85 l., 86 l., 89, 97, 99, 100, 101, 106, 108 r., 108 l., 111 r., 112 l., 112 r., 114 r., 114 l., 116, 117, 124, 125, 127, 129 o., 129 u., 133, 134, 135 l., 136 r., 138, 139 l., 139 r., 140 r., 144 r., 144 l., 145, 156, 163 l., 165 l., 166 l., 169 l., 171 l., 171 r., 182, 183, 184, 185, 189 u., 191 r., 192 r., 195, 196, 197 l., 197 r., 198 r., 199, 200 r., 200 l., 210, 230, 231)

Ob zu Fuß, mit dem Mountainbike oder dem SUP – auf über 150 Ausflügen und Abenteuern war Timo für den **OUTDOOR GUIDE** unterwegs. Was war besonders, was bleibt noch zu sagen?

5 FRAGEN AN TIMO LUTZ

1 Was ist deine Lieblingsaktivität und bei welcher Tour im Buch hattest du am meisten Spaß?

Am liebsten Waldwandern im Winter – dazu braucht es kaum Ausrüstung und die Tourenlänge kann man nach Lust und Tagesform variieren. Und das Beste: In allen sardischen Forsten gibt es Grillstellen, da kann man hinterher gemütlich zusammensitzen und jeder bringt was Selbstgemachtes mit. Wie z. B. beim Wandern in Nurallao – kurzer Spaziergang, unendliche Grill-Session (und dabei hatten wir noch vergessen, das Ganze ordnungsgemäß anzumelden …)

2 Was darf in deiner Ausrüstung nicht fehlen?

Ganz klar – ein Badehandtuch! Denn es gibt immer irgendwo unterwegs einen Strand, an dem man einfach anhalten muss! Schwieriger wird's im Hinterland, aber gerade südlich und östlich der zentralen Berge gibt es immer wieder Badestellen zu erkunden.

3 Dein Lesetipp für Sardinien?

In „Elf Wege über eine Insel – Sardische Notizen" zeigt uns die Italienerin Michela Murgia anspruchs-voll, aber kurzweilig ihr Sardinien und skizziert Hintergründe zu Land und Leuten.

4 Was war dein verrücktestes Erlebnis bei der Recherche?

Bei einer Tour an den Strand von Murtas im Salto di Quirra hatte ich die unwirtliche Strecke unterschätzt. Nach einem Strandtag kam ich auf dem Rückweg in den Treibsand – und steckte fest. Als ein paar Locals versuchten, mir zu helfen, füllte sich der Motorraum beim Zurücksetzen bis zum Kühlergrill mit Sand. Zum Glück kam ein Offroad-Fahrer vorbei und zog mich mit der Seilwinde raus, sonst hätte ich dort wohl nächtigen müssen. Er meinte, das passiert Urlaubern dort öfter …

5 Wohin gehst du in Sardinien am liebsten mit Freunden?

Auch wenn es keiner hören will – die Costa Smeralda hat einen Wahnsinns-Reiz! Man muss nur die besten Ecken kennen und nicht unbedingt vor den Luxusvillen baden wollen. Und wenn man zum Mittagssnack nicht am Strand stoppt, sondern dort, wo die Handwerkerwagen parken, kann man sogar gut und recht preiswert zu Mittag essen.

Ständig die Wetter-App checken

Sardinien ist eine Insel, und die Winde wehen aus allen Richtungen – und genauso kann Schlechtwetter kommen und gehen. Mehr als 2–3 Tage Im-Voraus-Vorhersagen sind Kaffeesatzleserei. Deshalb nur nicht von Handyvorhersagen verrückt machen lassen. Außerdem gilt die alte Outdoor-Regel: Es gibt kein schlechtes Wetter, sondern allenfalls falsche Kleidung!

Unbedingt ins Strandhotel wollen

Sardinien hat über 700 Strände zu bieten – da wäre es doch viel zu schade, immer nur am Hausstrand abzuhängen. Außerdem wirst du ohnehin je nach Wind- und Wetterlage die Bucht wechseln. Unterkünfte im Inland sind nicht nur günstiger, sondern auch authentischer!

Sand und Muscheln mitnehmen

Null tolerant sind die Sarden beim Sand: Der muss, wie auch Muscheln und Steine, schön auf der Insel bleiben. Wer ein kostenloses Sandsouvenir mit nach Hause nehmen will, dem drohen empfindliche Strafen! Am Strand von La Pelosa sind sogar Handtücher verboten, weil hier jedes Jahr tonnenweise versehentlich Sand in Strandtaschen und in Schuhen landet.

Zur Mittagszeit auf Städtetour gehen

Nicht wundern, wenn nachmittags in Cagliari, Alghero oder Olbia Sonntagsstimmung herrscht. So einen Stadtbummel von 13 bis 17 Uhr würde kein Sarde machen – viel zu heiß! Da wird lieber zu Hause Siesta gemacht. Offen sind in den Innenstädten zu dieser Zeit ohnehin nur die internationalen Modeketten, die es überall auf der Welt gibt. Dafür geht es im Sommer abends zur Sache: Dann öffnen in den Ferienorten Läden und Geschäfte bis Mitternacht! Übrigens: Designerklamotten und teure Taschen gibt es nur im Laden, nicht am Straßenrand oder beim Strandverkäufer. Das ist ausnahmslos gefälschte Ware, und auch schon der Kauf ist strafbar!

Mit dem Feuer spielen

Jedes Jahr brennt es auf der Insel, und die zurückbleibenden kahlen Steinwüsten benötigen Jahre, bis sie wieder grün werden. Funkenflug beim Picknick-Feuer kann verheerende Folgen haben, von Zigarettenstummeln oder heißen Auspuffen über trockenem Gras ganz zu schweigen! Von November bis Mai darf in ausgewiesenen Feuerstellen gegrillt werden.

Vor der Siesta geht's mittags noch in eine Trattoria an der Piazza Carlo Alberto im Zentrum von Cagliari